BULLETIN

DE

LITTÉRATURE ECCLÉSIASTIQUE

PUBLIÉ PAR L'INSTITUT CATHOLIQUE DE TOULOUSE

1929

BULLETIN

DE

LITTÉRATURE ECCLÉSIASTIQUE

PUBLIÉ PAR L'INSTITUT CATHOLIQUE DE TOULOUSE

1929

TOME XXX

RÉDACTION ET ADMINISTRATION

31, rue de la Fonderie, 31

TOULOUSE

MONSEIGNEUR LE CHANCELIER
DE
L'INSTITUT CATHOLIQUE DE TOULOUSE

On a pu remarquer récemment la grande place que tiennent toujours en France les Evêques. La foule se pressait, recueillie, autour du cercueil de l'Archevêque de Toulouse défunt; elle est accourue avec allégresse pour accueillir l'Archevêque nouveau. Après tant d'efforts en apparence couronnés de succès pour ruiner tout ensemble et l'influence du sacerdoce et l'empire des croyances religieuses, c'est l'autorité de l'Eglise qui reste à peu près seule debout dans le cœur du peuple. Là où le peuple croit à quelque chose, il croit en Dieu; s'il respecte quelqu'un, c'est l'Evêque. L'homme que le choix de Dieu a tiré du diocèse de Gap pour le placer sur le siège de saint Saturnin n'a eu qu'à paraître pour que le peuple chrétien qui ne sait guère de lui qu'une chose, c'est qu' « il vient au nom du Seigneur », l'entourât de sa vénération et de sa confiance. Tel est le caractère propre de la hiérarchie catholique : l'Evêque est par état, aux yeux des fidèles, un chef en qui la conscience peut se reposer parfaitement, qui ne dit rien que de vrai, qui ne veut rien que de juste.

Mais c'est du Chancelier de l'Institut catholique et non de l'Archevêque que nous avons à parler dans ce Bulletin. Il nous est d'ailleurs aussi agréable que facile de dire ce que nous pensons : Mgr Saliège se présente au premier abord comme le Chancelier providentiel de l'Institut catholique. Il entend remplir l'idée du titre qu'il prend. Il ne se contentera pas d'examiner la tâche que nous avons à faire ni de considérer avec sympathie la bonne volonté que nous y déployons. Notre œuvre sera la sienne : il y mettra la main, il travaillera de toutes ses forces à la soutenir, à la développer, à l'agrandir Il n'y a qu'à l'écouter pour s'assurer qu'il connaît son métier de chef; comme ce qu'il veut, il le sait, il le dit également sans ambages et sans hésitation.

Au reste, il semble bien que Dieu l'a doué des qualités nécessaires pour réaliser lès espérances qu'il fait naître. La foi est le trait dominant de cette physionomie où se réunissent tant de beautés morales, une foi toujours en élan et prête à l'action, parce qu'il n'y a point d'ombre. C'est la foi, une foi vive et sereine qui fait sa force, qui lui donne de l'assurance, qui le rend tout ensemble prodigue de lui-même et confiant dans les autres. Il a reçu enfin les dons qui plaisent et qui attachent. L'éloquence lui est naturelle : elle coule de source, prompte, abondante, forte et toujours simple. Dans l'entretien familier, il est vif, soudain, plein de répartie, d'un esprit aimable et présent. Sa gravité est souriante, même enjouée : c'est la joie qui rayonne de la tranquillité d'une âme vraiment chrétienne. Comme il n'a d'autre ambition que d'accomplir son devoir, qu'il ne méprise point les hommes et qu'il les aime, Dieu lui donnera, nous en avons le ferme espoir, de faire de grandes choses.

Germain BRETON.

Monseigneur Pierre Batiffol

Mgr Pierre Batiffol, prélat de Sa Sainteté, chevalier de la Légion d'honneur, aumônier du Collège Sainte-Barbe, ancien Recteur de l'Institut Catholique de Toulouse, docteur *honoris causa* des Universités d'Oxford et de Louvain, est mort à Paris, le dimanche 13 janvier, après une très courte maladie.

« Dimanche 13 janvier, à 10 h. 1/2, S. Exc. le Nonce apostolique apprenait la gravité de l'état de santé de Mgr Batiffol; à 11 heures, Mgr Maglione était auprès du mourant pour lui redire la sympathie du Saint-Père et le réconforter. Quand le représentant du Saint-Siège annonça qu'il allait demander à Pie XI la Bénédiction apostolique, le malade, qui ne pouvait plus parler, exprima par ses regards sa filiale reconnaissance. Vers 6 heures du soir, S. Em. le cardinal Dubois, archevêque de Paris arriva au moment de l'agonie.

« La maladie fut presque foudroyante, mais néanmoins la Bénédiction du Pape a pu arriver à temps. « Avec ses senti- « ments paternels, Sa Sainteté envoie à Mgr Batiffol une spé- « ciale Bénédiction apostolique, gage d'abondantes grâces « célestes. Sa Sainteté désire être informée au sujet de sa pré- « cieuse santé ».

« La nouvelle de cette mort a produit, dans les milieux intellectuels et religieux de Toulouse et du diocèse une vive surprise et une grande émotion... En Mgr P. Batiffol, le clergé de France perd un de ses membres les plus éminents et la science historique un de ses meilleurs maîtres » (1).

Le jeudi 17 janvier, à dix heures, à Notre-Dame de Paris, avaient lieu, avec les cérémonies réservées aux chanoines titulaires, les obsèques du si regretté Prélat. « La messe a été célé-

---

(1) *La Semaine Catholique de Toulouse* du 20 janvier 1929.

brée par M. le chanoine Delage, archiprêtre de l'église métropolitaine, l'absoute a été donnée par S. G. Mgr Herscher, archevêque titulaire de Laodicée.

« Ces cérémonies solennelles se sont déroulées devant une très nombreuse assistance, où l'on remarquait des membres de l'Académie française et de l'Institut, des représentants du Parlement, de la Sorbonne, du Collège de France, des personnalités dirigeantes de multiples œuvres parisiennes, des professeurs, des directeurs de revues, des journalistes, des étudiants, sans parler des élèves du collège Sainte-Barbe et des représentants du clergé séculier et régulier.

S. Em. le cardinal Dubois, archevêque de Paris, NN. SS. Herscher, Baudrillart, Dreyer, Roland-Gosselin, Chaptal, Courcoux avaient pris place au chœur. S. Exc. Mgr Maglione, nonce apostolique, accompagné de Mgr Forni, avait tenu à s'associer personnellement au deuil du clergé de Paris; offrant ses condoléances à M. Louis Batiffol, il se plut à souligner la grande perte que venait de faire avec le Saint-Siège, l'Eglise de France » (2).

***

Mgr Batiffol était né le 27 janvier 1861 à Toulouse, où son père, catholique de vieille roche, était professeur et très estimé au lycée. Il jouit ainsi, dans ses jeunes années, du bienfait d'une famille profondément chrétienne, sur laquelle veillait une mère à l'âme délicate et du bénéfice d'une formation universitaire aussi attentive que possible : deux influences dont il reçut une empreinte ineffaçable. En octobre 1879, le jeune lycéen de Toulouse entrait au collège Sainte-Barbe de Paris, pour y préparer l'examen d'entrée à l'Ecole Normale supérieure. Mais au grand regret de ses camarades, comme l'attestait tout récemment l'un d'entre eux, au début du second trimestre, en janvier 1880, il renonçait à l'Ecole Normale pour entrer au Séminaire Saint-Sulpice, à Issy-sur-Seine.

A propos de ses origines universitaires, Mgr Batiffol a dit avec reconnaissance qu'il devait à l'Université non seulement

---

(2) *Croix* de Paris du 17 janvier. L'Institut catholique de Toulouse était représenté aux obsèques par le signataire de ces lignes. M. l'abbé Rivière représentait la Faculté de Théologie de Strasbourg.

« l'art d'écrire en français ou à peu près (c'est lui qui parle, bien entendu), mais aussi son éducation politique et un certain sens de la société contemporaine et de sa mentalité ». Et à ce sujet, en le recevant à l'Académie des Jeux Floraux, le 1er février 1903, le comte d'Adhémar ajoutait :

Il y a beaucoup de choses dans ces derniers mots, Monseigneur, et il n'est pas nécessaire de les presser beaucoup pour en conclure que vous êtes sorti des écoles de l'Etat assez dégagé politiquement des anciennes traditions de notre pays, et plutôt disposé à croire aux progrès et aux tendances du présent... C'est pourquoi, lorsque votre vocation se décida, et que, normalien en herbe, vous allâtes tout à coup vous enfermer au séminaire de Saint-Sulpice, vous apportiez en vous des tendances diverses encore peut-être mal accordées et qui vous tourmentèrent longtemps. Elles firent de vous une exception dans le milieu rigoriste où vous alliez vivre. Si bien qu'une bonne mère de famille, la propre fille d'Ozanam, dont la bienveillance protégeait vos débuts et qui tenait comme vous, par son père, à l'Université, put s'écrier un jour (non sans effaroucher beaucoup vos nouveaux maîtres) : « Voici enfin un séminariste qui a quelque chose d'universitaire ».

Ce mot résume l'histoire de vos doubles origines et malgré les évolutions que vous avez traversées plus tard en mûrissant, il définit encore votre esprit (3).

Heureusement le caractère particulier du Séminaire Saint-Sulpice allait bien faciliter l'adaptation de la jeune recrue qui s'enrôlait ainsi en cours d'année. A Saint-Sulpice, le recrutement des élèves est non seulement diocésain, mais national et même international. De là, une communauté des plus éclectiques par l'âge, les origines, la formation et la vocation et où la déférence et le respect mutuels sont une tradition et un charme. Dans un tel milieu, il est difficile que des aspirations même bien personnelles ne trouvent pas avec qui sympathiser. A Issy, l'abbé Batiffol se lia pour la vie avec un étudiant diplômé en droit, qui allait bientôt quitter le Séminaire pour entrer dans l'Ordre des Frères-Prêcheurs : l'abbé M.-J. Lagrange. A Saint-Sulpice, il eut pour professeur M. Hogan, dont l'ouverture d'esprit et l'enseignement ont laissé un grand souvenir aux plus remarquables de ses élèves (4). Par M. Hogan, par

(3) *Recueil de l'Académie des Jeux Floraux*, Toulouse, 1903, p. 123.

(4) Mgr Mignot, qui avait été élève de M. Hogan à Saint-Sulpice, a retracé le caractère de l'enseignement de son maître dans la préface écrite par lui pour le livre intitulé *Les Etudes du clergé*, par M. Hogan, Paris, 1901.

M. Brugère et par d'autres de ses maîtres, il reçut une des impressions les plus fécondes que l'on puisse emporter du Séminaire : la révélation de l'intérêt passionnant et de la fécondité des études ecclésiastiques conduites comme elles doivent être. Quant à leur nécessité, son expérience de lycéen la lui disait assez.

Aussi, lorsqu'il fut ordonné prêtre, en 1884, les souvenirs universitaires et les impressions sulpiciennes du jeune abbé s'accordaient-ils à le vouer à une vocation intellectuelle et c'est l'honneur de Mgr Batiffol que le rappel de sa vie de travail soit inséparable de l'histoire des études ecclésiastiques à notre époque.

Quel renouveau dans l'Université et dans l'enseignement ecclésiastique pendant ces années, de 1880 à 1884 ! C'est en 1884, qu'Ernest Lavisse publiait ses *Questions d'enseignement national*, qui posaient les bases de la réforme de l'enseignement historique dans les Facultés et de la réforme de ces Facultés elles-mêmes, où allaient se combiner l'esprit de l'Ecole des Hautes Etudes, fondée en 1867, et l'exemple des Universités allemandes. Des nécessités pareilles s'imposaient tout autant dans l'enseignement ecclésiastique. Toutes les critiques ne sont pas à rejeter dans les fameux rapports injustes et sectaires de Boysset et de Paul Bert (5) pour la suppression des Facultés universitaires de théologie catholique en 1883. Mais depuis la fondation des Instituts catholiques, les signes et les instruments du renouveau intellectuel étaient apparus.

Cette aurore est bien rappelée dans une lettre intime adressée par Mgr Duchesne aux Bollandistes, à la mort du P. De Smedt, leur confrère de la Compagnie de Jésus, et reproduite dans les *Analecta Bollandiana* de 1911.

Le P. De Smedt et moi, nous étions comme deux frères jumeaux. Nous vînmes en même temps à la lumière des études. C'est vers 1877

---

(5) *Journal officiel*, 2 février 1882, Documents parlementaires, Chambre, Annexe n° 375, p. 290. Proposition de loi Boysset supprimant les Facultés de théologie. — *Journal officiel*, 7 février 1882, *ibid.*, Annexe n° 394, p. 341. Proposition de loi Paul Bert ayant le même objet.
Journal officiel, 13 février 1883. Documents parlementaires, Chambre. Annexe n° 1701, p. 253-255. Rapport sur les propositions Boysset et Paul Bert. — Les Facultés universitaires de théologie catholique ont été supprimées par voie d'amendement au budget de 1885.

que je pris conscience de mon être scientifique. Je m'éveillais alors, comme Dante, dans une forêt obscure. Comme je regardais autour de moi et n'apercevais que quelques lueurs bien pâles, bien lointaines, bien fugitives, je m'entendis appeler. Un autre que moi cherchait sa voie, demandant qu'on pût servir l'Eglise par son histoire, par son histoire consciencieusement étudiée et franchement exposée. Nous étions deux. Aussitôt nos mains se serrèrent et nous commençâmes à marcher ensemble. Depuis il en vint d'autres... Le P. De Smedt a terminé son sillon... Sa chère âme est entrée tout de suite dans mes prières : *Praecessit cum signo fidei, dormiat in somno pacis*.

Depuis 1881 exista chez nous le *Bulletin critique*, fondé par l'abbé Duchesne et qui, par ses comptes rendus bibliographiques, devait donner une impulsion décisive aux études religieuses. L'année suivante, en 1882, le Père De Smedt avait fondé la revue des *Analecta Bollandiana*, qui allait donner des modèles de la critique historique et bibliographique. C'est en cette même année 1882, que l'abbé Duchesne avait écrit *Les témoins antenicéens du dogme de la Trinité* et, l'année suivante, il donnait l'article programme des *Origines du christianisme en Gaule*.

Ainsi se trouvait lancé, de la manière la plus vigoureuse, ce mouvement des études ecclésiastiques dont Mgr Baudrillart (6) a si bien montré la nécessité, car il y avait tant à faire ! Sans doute, déjà on pouvait prévoir des difficultés. Mais l'enthousiasme et les espérances l'emportaient. Pourtant, c'est l'opposition faite à son article sur *Les témoins antenicéens* qui amena l'abbé Duchesne à s'écarter dès lors définitivement de l'histoire du dogme, pour se cantonner dans l'histoire ecclésiastique. Or, c'est à ce moment même que sortait de Saint-Sulpice le jeune prêtre qui devait bientôt entrer dans le domaine délaissé par l'illustre maître.

Consacré aussitôt au ministère parisien, l'abbé Batiffol trouva le temps, entre 1884 et 1888, de suivre les cours de l'Institut Catholique et de l'Ecole des Hautes Etudes, où il eut pour pro-

(6) *L'Enseignement catholique dans la France contemporaine*, Paris. 1910. Cf. principalement p. 1 : *Le renouvellement intellectuel du clergé de France au* XIX*e* *siècle*; p. 209 : *L'apostolat intellectuel de Mgr d'Hulst*; p. 582 : *Crise intellectuelle dans le clergé; ce que doit être l'enseignement des Grands Séminaires et des Facultés de théologie.*

fesseur l'abbé Duchesne. Bien plus, il réussit à pousser de front la préparation de la licence ès lettres, la collaboration au *Bulletin critique*, à la *Revue des questions historiques*, à la *Revue archéologique*, aux *Archives des missions scientifiques et littéraires*, et la publication de mémoires séparés : initiation si réussie et si rapide qu'elle le mettait au premier rang parmi ses émules. Dans le milieu intellectuel où il vivait, le séjour à Athènes ou à Rome, les missions archéologiques à l'étranger et dans le proche Orient passaient pour le couronnement indispensable d'une haute culture scientifique. Il suivit tout naturellement la voie de ses pairs. Il passa deux ans à Rome comme chapelain de Saint-Louis-des-Français et s'acquitta avec succès d'une mission en Turquie, pour la recherche de manuscrits grecs (1888-1889)

A Paris, il avait eu, pour le préparer à ses études romaines, un maître livre, le premier volume de l'édition du *Liber pontificalis* publié par l'abbé Duchesne en 1886. A Rome, il fut, en même temps que Mgr Wilpert, l'élève de J.-B. de Rossi, qui l'admit dans son intimité. D'une manière plus continue encore et plus intime, il écouta la grande voix de Rome, celle qu'on entend dans les monuments païens, au fond des catacombes, dans les églises, à travers les ruines et dans le vent de la *Campagna*. Au milieu des admirations et des effusions de sa piété romaine, il n'avait d'ailleurs pas négligé les voix plus lointaines, plus difficiles à interpréter, mais combien profondes et prenantes, qui se font entendre dans les bibliothèques et dans les archives. De ses longues séances à leurs tables de travail, le chapelain de Saint-Louis tira des articles parus, pendant son séjour même à Rome, dans les *Mélanges d'archéologie et d'histoire de l'Ecole française de Rome* et dans la *Rœmische Quartalschrift*. De plus, à son retour en France, il emportait dans ses notes la matière de publications ultérieures. Enfin, la préparation de sa thèse de doctorat ès lettres sur l'abbaye de Rossano l'avait amené à ajouter à ses voyages dans l'Italie centrale et septentrionale une longue excursion dans l'Italie méridionale et en Calabre. Surtout, comme il fallait s'y attendre de la part d'un homme d'Eglise et d'un humaniste de sa trempe, le séjour de Rome lui valut des satisfactions incomparables de cœur, d'intelligence et de goût. Ces impressions romaines restèrent toujours vivantes en lui et allaient former les directives principales de sa vie.

***

En 1889, M. Batiffol rentrait à Paris et devenait aumônier du Collège Sainte-Barbe, où il avait, quelques années plus tôt, préparé, pendant trois mois, l'Ecole Normale. Il allait y faire un premier séjour de dix ans. Un de ses élèves, M. Louis Gillet, a parlé de son zèle des âmes et a ainsi résumé son action sur des groupes d'élite :

> La paix d'une belle âme, les grâces de son commerce, la solidité de l'esprit, la politesse de ses manières, toutes les délicatesses du goût faisait trouver auprès de lui les plaisirs qu'offrait sans doute la société d'un Lancelot ou d'un Nicole, de ces savants Messieurs qui furent les maîtres de Racine.... Il exerçait dans un petit cercle une influence peu soupçonnée et d'une qualité morale supérieure. C'était, avec une exquise réserve, un admirable directeur de conscience. La vie de Charles Péguy serait inexplicable sans cette action mystérieuse. Peu de chose en a transpiré auprès du grand public. Ses amis, J. J. Tharaud en ont donné quelque lueur dans leur beau livre de souvenirs : ils ont esquissé avec tendresse le portrait de l' « aumônier ». Le reste est un secret entre le ciel, Péguy et lui (7).

Ce qui est plus facile à connaître, c'est le vigoureux travail intellectuel de l'aumônier. En rentrant de Rome à Paris, il trouvait le mouvement des études singulièrement fortifié, tant l'activité était grande et rénovatrice dans ces fécondes années. Il ne s'agissait de rien de moins que d'appliquer à l'histoire incomparablement documentée du christianisme, les méthodes critique et philologique qui avaient si bien montré leur puissance dans l'histoire profane. Programme qui aurait été délicat en tout temps, mais que la longue inaction sur ce chantier, l'accumulation des problèmes, la difficulté des méthodes, l'enthousiasme indiscret des néophytes et le manque de préparation du public ecclésiastique rendaient singulièrement périlleux. Mais on allait de l'avant. Du 8 au 13 avril 1888 fut tenu à Paris le premier *Congrès scientifique international des catholiques*, qui, avec l'aide de Mgr d'Hulst, réalisait une idée de

---

(7) *Journal des Débats* du 15 janvier 1929.

M. Duilhé de Saint-Projet, de l'Institut Catholique de Toulouse. En 1889, paraissaient les *Origines du culte chrétien* de l'abbé Duchesne, qui inauguraient des études liturgiques renouvelées.

M. Batiffol donna d'abord ses principaux soins à l'achèvement de ses thèses pour le doctorat ès lettres, qu'il soutint en 1891, mais sans s'interdire des intermèdes aussi sérieux que les *Studia patristica* publiés en 1889 et *La Vaticane de Paul III à Paul V*, en 1890. Débarrassé de cette préoccupation de grade, il aborda les études de son choix. En 1892, il participe à la fondation de la *Revue biblique*, dont il fut secrétaire de rédaction pendant plusieurs années, jusqu'à son rectorat à Toulouse, en même temps qu'un collaborateur très actif jusqu'à la fin. En 1893, c'est son *Histoire du bréviaire romain*. Il donnait des articles au *Bulletin critique*, à la *Revue des questions historiques*, à la *Revue historique*, aux *Mélanges d'archéologie et d'histoire de l'Ecole française de Rome*, à la *Rœmische Quartalschrift*, à la *Byzantinische Zeitschrift*.

Il participait ainsi très activement au mouvement d'études et d'idées mené alors à Paris, malheureusement en ordre assez dispersé, par un groupe impressionnant d'esprits d'élite. L'histoire ecclésiastique, la liturgie, l'exégèse, témoignaient de l'étendue de son information et de sa méthode. Il assistait aux réunions, assez différentes de ton, mais toutes de grand intérêt, tenues chez Mgr d'Hulst et chez M. Duchesne, où la conversation portait sur les préoccupations intellectuelles du moment. A ces rapports personnels et familiers, il gagna de connaître et les figures de premier plan de la science ecclésiastique renouvelée et leurs idées et leurs tendances : toutes notions qu'il n'était pas possible d'acquérir ailleurs et qui même lorsqu'elles étaient un peu inquiétantes ne laissaient pas d'être singulièrement révélatrices.

En 1899, il a raconté comment, dans ce milieu, il rencontra à Paris l'abbé Jacques Thomas, qui a été, de 1881 à 1893, professeur d'écriture sainte à l'Institut catholique de Toulouse.

Je revois encore le clair salon, très haut d'étage, mais égayé par de beaux arbres et la silhouette italienne du dôme des Carmes, où M. Duchesne aimait à nous réunir. L'abbé Thomas mettait toute la maison en éveil et en joie. « Jack », comme on l'appelait dans l'intimité, avait le don de provoquer l'entretien par sa curiosité sagace et informée. On imagine avec quelles ressources de science et d'esprit le maître de la maison s'y prêtait, et si la critique appliquée aux sciences sacrées était un thème à infinis renouvellements ! Je me rappelle une conversation de ce genre, dont la critique avait fait tous les frais et dont le sujet était loin d'être épuisé, lorsque Jacques Thomas s'excusa de se retirer, et avoua simplement qu'il avait commencé et qu'il était pressé d'achever la lecture du *De sacrificio missae* du cardinal Bona. Ce trait suffirait à révéler à quelle famille d'esprits il appartenait, vif et riche assez pour se multiplier en tant d'efforts philologiques, trop grave pour être capable de se désintéresser du sens profond des choses de la foi (8).

Un événement important pour les études ecclésiastiques fut, en 1895, la nomination de l'abbé Duchesne à la direction de l'Ecole française de Rome. Son éloignement de Paris marqua la fin de la période héroïque du *Bulletin critique* qu'il avait dirigé jusqu'alors, menant le bon combat pour le progrès des études ecclésiastiques. On peut chercher dans toute la littérature scientifique. On n'y trouvera pas facilement un recueil de cette tenue, aussi alerte que chargé de science, aussi spirituel et littéraire que technique. C'est un charme d'y voir comment telle œuvre considérable de Renan ou de Harnack est dégonflée en quelques lignes et ramenée à sa vraie valeur. Avec l'exemple constitué par l'œuvre du maître, c'était une leçon de premier ordre. Chez nous (9) et ailleurs (10) on n'a pas suffisamment rendu justice à cette action de M. Duchesne sur tout le mouvement des études ecclésiastiques françaises à notre époque.

Après le départ de Paris du directeur du *Bulletin critique*, cette grande influence allait peu à peu s'affaiblir jusqu'à disparaître. C'est une direction ferme et éclairée qui manquait à la littérature religieuse au moment où celle-ci prenait une activité et une extension sans précédent, par la fondation de deux revues considérables, de caractère différent : l'une de programme ecclésiastique, la *Revue du Clergé français*, en 1895, l'autre se proclamant purement historique et criti-

(8) Dans *Questions d'enseignement supérieur ecclésiastique*, Paris, 1907. L'Enseignement ecclésiastique vers 1880, l'abbé Jacques Thomas, p. 260.

(9) L. de Grandmaison, *Les sciences religieuses* dans *La Vie catholique dans la France contemporaine*. Paris, 1918, p. 243-304.

(10) *Histoire et historiens depuis cinquante ans*, méthodes, organisation et résultats du travail historique de 1876 à 1926. Recueil publié à l'occasion du cinquantenaire de la *Revue historique*, 2 vol. Paris, 1928.

que, la *Revue d'histoire et de littérature religieuses*, en 1896. MM. Duchesne (*Les premiers temps de l'Etat pontifical*), Loisy, Lejay, Margival (*Richard Simon*) donnèrent, pendant les deux premières années, les articles les plus remarqués de la nouvelle revue. L'abbé Batiffol fut un fidèle collaborateur de la première et n'eut aucun rapport avec la seconde, n'ayant pas fréquenté M. Loisy. Il devait même bientôt prendre position contre elle. En 1896, il donnait, à l'Institut Catholique de Paris, ses *Six leçons sur les Evangiles*. L'année suivante, à la fin de 1897, il publia dans *La Quinzaine*, un article très plein et qui marquait bien l'heure. Le titre en était : *Les études d'histoire ecclésiastique et les catholiques de France*. A propos de trois œuvres récentes, il montrait l'unité essentielle de méthode qui inspirait ce mouvement d'études historiques et les variétés d'une importance non négligeable qu'il présentait dans l'exécution. Il indiquait ensuite ce qui restait à faire : « Nous croyons que c'est au domaine de l'exégèse et de l'histoire des dogmes que nous devons aller si nous ne voulons pas que le mouvement actuel soit un mouvement incomplet et au lieu de prouver notre force, montre aux esprits logiques où s'accuse notre déficit ». Cet article était un véritable programme. L'abbé Batiffol allait être bientôt mis à même d'en poursuivre l'application.

En 1897, Mgr Mathieu, archevêque de Toulouse, avait à trouver, pour le Rectorat de l'Institut Catholique, un successeur au très méritant Mgr Duilhé de Saint-Projet. Dans ses vingt premières années, cette maison avait, pour son recrutement, traversé des moments difficiles. Son existence n'avait été maintenue que grâce à l'intervention énergique de Mgr Bourret, évêque de Rodez et ancien professeur de droit canonique en Sorbonne. Mgr Mathieu allait fortifier et rendre définitive la confiance du Conseil des Evêques protecteurs en l'avenir. Enfin, Mgr Germain, successeur de Mgr Bourret à Rodez et de Mgr Mathieu à Toulouse, allait, comme Chancelier, assurer à l'œuvre son concours et sa bienveillance pendant son si bienfaisant épiscopat.

Durant quelques mois, Mgr Mathieu se crut obligé de proposer comme Recteur aux Evêques protecteurs un vicaire général de la région universitaire que la Direction des cultes refusait de reconnaître. Mais l'agrément officiel ayant enfin été donné à cette nomination, redevenu libre de son choix, il le fixa sur l'abbé Batiffol que lui recommandaient si heureusement sa notoriété scientifique et son origine toulousaine.

En 1898, le *Bulletin de l'Institut catholique* annonçait cette nomination de la manière suivante :

> Le mardi de la Pentecôte, 31 mai, Mgr l'Archevêque de Toulouse, entouré de NN. SS. les Evêques protecteurs de l'Institut ou de leurs délégués, a présenté aux professeurs, aux anciens élèves et aux étudiants, M. l'abbé Batiffol, du clergé de Paris, qui prendra parmi nous, dès la rentrée prochaine, les fonctions de Recteur.
>
> Notre éminent chancelier a rappelé les titres nombreux et signalés du nouvel élu...
>
> Aux justes éloges que lui adressait Mgr l'Archevêque, le nouveau Recteur a répondu avec une simple élégance et un tact parfait. Quelques jours plus tard, devant MM. les Professeurs, il a conquis tous les suffrages par son intelligence vive et précise, son esprit pratique, la loyauté de sa parole et la bonne grâce de son accueil.
>
> En venant parmi nous et en quittant Paris, où abondent les ressources intellectuelles et où ses mérites exceptionnels lui avaient déjà assigné une place choisie, M. l'abbé Batiffol a dû certainement sacrifier des goûts bien chers et de légitimes espérances. Mais il sera récompensé de son dévouement en ce pays qui est le sien par le respect, la sympathie, le concours de nos chers étudiants, des ecclésiastiques du diocèse et de ses collaborateurs heureux de voir à la tête de l'Institut un prêtre digne par le talent et la science, par les convictions et les vertus de son âme sacerdotale, de recueillir et de faire fructifier l'héritage de son regretté prédécesseur.

Le nouveau Recteur connaissait les ressources de l'œuvre où il entrait. Elle avait fait plus que de vivre et méritait de vivre. Dès l'année suivante, dans deux articles émus (11), il rendait un juste hommage à deux maîtres disparus : à l'initiateur que fut Mgr Duilhé de Saint-Projet et au professeur d'Ecriture sainte outillé à la moderne qu'était l'abbé Jacques Thomas; trois ans plus tard, en 1902, dans une troisième notice, à Léonce Couture, en tête du volume de *Mélanges* qui devaient lui être offerts pour son soixante-dixième anniversaire. Ces

(11) P. Batiffol, *Questions d'enseignement supérieur ecclésiastique*. Paris, 1907, p. 225-248. Un précurseur du mouvement présent, Mgr Duilhé de Saint-Projet. — P. 253-277 : L'enseignement ecclésiastique vers 1880 : l'abbé Jacques Thomas.

trois maîtres n'étaient pas des exceptions. L'Institut de Toulouse avait suivi très honorablement la marche générale des études dans notre pays. Sur certains points, la Faculté libre des lettres avait devancé par ses initiatives la Faculté officielle. L'Ecole des sciences rivalisait avec la Faculté des lettres. A la Faculté de théologie, où se groupaient alors les professeurs de philosophie scolastique et de droit canonique, on adhérait pleinement aux *Congrès scientifiques internationaux des catholiques*. En critique historique, M. Douais, futur évêque de Beauvais, avait les principes de M. Duchesne et des Bollandistes. Il avait organisé les cours pratiques d'histoire au mieux pour le temps dont on disposait. Le *Bulletin critique* arrivait à l'Institut et M. Douais en parlait si bien que tel étudiant s'y abonnait en rentrant dans son diocèse (12). Le *Bulletin* de l'Institut avait suivi une marche toujours ascendante. Des rapports affectueux et confiants rattachaient étroitement à l'œuvre l'Association des Anciens Elèves. Enfin, bien que méridional, l'Institut ne cherchait pas à faire du bruit, parce que, jusqu'alors, le bien avait été possible sans bruit.

Toutes ces précieuses ressources, le nouveau Recteur allait, grâce à la connaissance qu'il avait du programme intellectuel des milieux les plus éclairés, les grouper, les stimuler, les augmenter, leur fixer des buts précis et leur donner un pavillon qui allait attirer de très loin les regards. Suivant son mot d'alors, l'Institut atteignait sa majorité. L'année même où il quitta Toulouse, en 1907, il publiait ses *Questions d'enseignement supérieur ecclésiastique* qui étaient dignes de leur titre : livre qui, avec *L'Enseignement catholique dans la France contemporaine*, de Mgr Baudrillart (1910), a une portée au moins égale à ceux d'E. Lavisse et Ch.-V. Langlois pour les études universitaires. Pour connaître son œuvre à Toulouse, il faut lire ce livre, les Chroniques du *Bulletin de littérature ecclésiastique* et le *Bulletin* lui-même.

(*A suivre*).

Louis Saltet.

---

(12) *L'œuvre historique de Mgr Douais*, dans *Bulletin de littérature ecclésiastique*, 1917, p. 442-464.

LA DOCTRINE DE LA PÉNITENCE AU IIIme SIÈCLE

A côté du travail d'analyse se rapportant à un écrivain particulier et cherchant à dégager sa pensée sur un sujet donné, il y a place pour l'œuvre de synthèse groupant, d'une façon plus ou moins systématique, dans des cadres appropriés, les résultats de ces enquêtes spéciales, et les ordonnant en un tout organique. Quand il s'agit notamment de doctrines et de pratiques assez complexes, cet essai de groupement permet de ramener à leur véritable importance tels ou tels éléments qui, chez un auteur isolé, ont pu prendre une place hors de proportion avec leur influence réelle dans le milieu contemporain. Les assertions diverses sur le même objet se corroborent et se corrigent; on pénètre mieux le sens de telle expression obscure ou compliquée; on prend une idée plus juste de la vie d'une doctrine et des multiples aspects de ses applications. C'est ce que je voudrais essayer de faire dans les pages qui vont suivre, à propos de la doctrine sur la pénitence, en cette période particulièrement importante que constitue le IIIe siècle de l'ère chrétienne. Les documents, sans être complètement satisfaisants, sont cependant assez abondants, qu'il s'agisse de l'Orient ou de l'Occident. Renvoyant à leur place, plus loin, les questions particulières d'authenticité ou de critique, qui peuvent se poser, je ne m'attarderai pas ici à décrire les œuvres et la biographie des auteurs consultés. Ils sont assez connus : Clément d'Alexandrie, Origène, la *Didascalie*, pour l'Orient; Hippolyte, Tertullien, saint Cyprien, pour l'Occident, telles seront les principales sources. Divers auteurs secondaires seront allégués à l'occasion, et, en guise de confirmation ou de complément, on aura également recours aux œuvres précédant immédiatement le Concile de Nicée; aux décisions des divers synodes d'Ancyre, de Néocésarée, d'Elvire, d'Arles, ainsi qu'aux ouvrages de saint Méthode et de Lactance.

I. — La Doctrine sur le péché

Tertullien a judicieusement noté quel doit être le point de départ de toute enquête sur la doctrine pénitentielle : il faut d'abord étudier les causes qui la rendent nécessaire, c'est-à-dire le péché (1). Sans m'attarder à relever tout ce qui est dit sur ce sujet, je retiendrai particulièrement ce qui intéresse la doctrine pénitentielle.

1. — *L'existence du péché*

Se faisant l'écho de l'Ecriture, les écrivains ecclésiastiques mettent volontiers en relief cette idée que Dieu seul est impeccable ainsi que son Fils Jésus-Christ; celui-ci, à cause de cela même, peut racheter les péchés du monde. A ce propos, Clément d'Alexandrie, se ressouvenant d'un développement de Philon, expose une théorie intéressante sur les divers degrés d'affranchissement par rapport au péché :

Notre Pédagogue, écrit-il (2), ressemble à son Père, le Dieu dont il est le Fils, impeccable, irrépréhensible et impassible quant à l'âme; Dieu immaculé dans la forme humaine, serviteur de la volonté paternelle, Verbe Dieu, celui qui est dans le Père, celui qui est à la droite du Père; en sa forme il est Dieu. Il est pour nous une image sans tache; c'est sur lui qu'il nous faut de toutes nos forces essayer de modeler notre âme. Mais lui, il est complètement affranchi des passions humaines, c'est pourquoi même il est seul juge, car seul impeccable. Pour nous, autant que nous le pouvons, essayons de pécher le moins possible. Rien ne presse plus que de nous débarrasser d'abord des passions et des maladies; puis il faut encore éviter de tomber facilement dans l'habitude des péchés. Le meilleur est de ne point pécher du tout, d'aucune manière; cela est de Dieu; le second degré, de ne jamais se livrer à aucune action injuste délibérée : c'est le propre du sage; le troisième, de ne pas se laisser entraîner à beaucoup d'involontaires; cela appartient aux gens bien formés; ne pas s'attarder longtemps dans ces péchés occupera le dernier rang et ceci même, pour ceux qui sont invités à reprendre le combat de la pénitence, est salutaire.

Clément éclaire alors sa pensée par le commentaire symbolique du texte des Nombres (6, 9) : « Si quelqu'un vient à mou-

---

(1) *De pudicitia*, 2, 11-12 : Ipsae prius causae eius distinguantur, sine confusa propositione. Causae paenitentiae delicta condicimus.
(2) *Paedagogus*, I, 2; PG, 8, 251 C — 252 B, éd. Staehlin, 91-92.

rir subitement près du Nazaréen, aussitôt la tête de celui-ci qu'il a vouée sera souillée, et elle sera rasée ». La mort subite désigne ici le péché involontaire, auquel il faut porter remède en rasant la tête, c'est-à-dire en supprimant les cheveux de l'ignorance qui offusquent la raison : ainsi dégagée de la matière touffue du mal, celle-ci, qui a son siège dans le cerveau, recourra vite à la pénitence. Un peu plus loin, faisant allusion à l'expression biblique « jours déraisonnables », il y voit avec le divin pédagogue, les péchés, qui sont contraires à la raison. Leur caractère involontaire est marqué par l'expression *subitement*, leur caractère peccamineux par celle de *déraisonnable*, d'où le soin qui est pris de prohiber le péché comme contraire à la raison.

Dans un sens un peu différent, Origène mentionne deux degrés concernant le péché : « Bienheureux d'abord qui ne pèche point; en second lieu, par comparaison, celui qui n'a qu'un mince péché (par opposition aux gros : *pinguia*) (3). Il y a d'ailleurs d'autres degrés : Origène n'admet point que tous puissent subitement passer de la servitude sous la loi du péché à celle du Christ, de sorte qu'il n'y ait plus rien à condamner en lui. La justice, la vérité, la chasteté, la piété, la sagesse réclament chacune, et les autres vertus aussi, une perfection absolue, à laquelle seuls l'exercice, l'effort et le travail prolongé peuvent conduire. Le progrès se fait peu à peu : d'abord peu de péchés, puis un tout petit nombre; enfin, si l'on peut y arriver, aucun. C'est en ce sens que l'Apôtre oublie le passé et se tend vers l'avenir (4). De son côté, saint Cyprien écrit : « Le premier degré du bonheur est de ne point pécher, le second de connaître ses fautes : là court l'innocence entière et immaculée qui sauve; ici, lui succède le remède qui guérit (la pénitence) (5) ».

Sur ce privilège exclusif de Jésus-Christ, le Dieu fait homme, par rapport aux autres membres de l'humanité, Origène est revenu à maintes reprises, par exemple dans son commentaire

(3) *In Lucam*. h. 35; PG, 13, 1894 A; cf. *In Ezech*. h. 1, 12; PG, 13, 678 A; ed. Baehrens, 336, l. 5.

(4) *In epist. ad Rom*., 6, 11; PG, 14, 1092 BC; *ibid*., 5, 10, 1049 A.

(5) *Epist*., 59, 13, Hartel, II, 681; Bayard, II, 182.

sur saint Jean (6), à propos de l'affirmation de Jésus (8, 49) qu'il « n'est point possédé du démon ». Après avoir exposé le rôle de celui-ci dans l'économie du péché, Origène affirme que nul parmi les hommes n'est soustrait à son empire, parce que nul n'est sans souillure (Job, 14, 4); nul qui soit juste sur la terre, qui fasse le bien et ne pèche point. » (Eccle, 7, 21). Nous aurions beau répéter pour notre compte l'affirmation de Jésus, l'expérience est là qui montre l'influence constante du démon par les actes qu'il nous fait commettre.

Mais peut-être quelqu'un, prétextant les saints patriarches, le serviteur sacré, ou les admirables prophètes ou les très puissants apôtres de Notre-Seigneur Jésus, essaiera-t-il de nous réfuter, comme si ceux-ci pouvaient dire de même que Jésus : « Nous ne sommes point sous le pouvoir des démons ». Il faut leur dire : ceux-ci ont péché, sinon il serait faux de dire : « Tous ont péché et sont privés de la gloire divine » (Ro, 3, 23) et les autres textes déjà mentionnés, lesquels sont énoncés avec vérité et circonspection. Il est évident que toutes les Ecritures sont vraies : ils n'ont donc pu, ni toujours, ni dès le commencement, même ceux qui sont passés à une vie conforme à la vertu, dire ce mot, mais dès le début, il n'appartient qu'à l'homme considéré dans le Sauveur ».

Un texte altéré du Lévitique où il est dit du grand prêtre qu'il a « les mains parfaites », fournit encore l'occasion d'un développement similaire (7) :

A quel homme conviennent ces mots ? En quel mortel pouvons-nous trouver des mains parfaites ? Ce n'est ni Aaron qui a fabriqué le veau d'or, une idole; ni Moïse, qui n'a point glorifié Dieu aux eaux de la contradiction, péché qui entraîna sa mort. « Si tu cherches à signaler quelqu'autre saint, tu te heurtes à la parole de l'Ecriture : « Nul homme sur la terre ne fait le bien sans péché (*Eccle.*, 7, 21). A juste titre, seul Jésus a les mains parfaites, qui seul n'a point fait de péché, c'est-à-dire possède dans leur perfection et leur intégrité les œuvres de ses mains... C'est lui qui, en vérité, a revêtu les habits saints, non ceux de la figure (ceux du grand-prêtre), mais ceux qui sont vraiment saints ».

Aussi quand il s'agit des hommes, faut-il se garder de croire que le mot saint signifie sans péché, écrit encore Origène (8), à propos

---

(6) *In Ioh.*, t. 20, n. 29; PG, 14, 657; éd. Preuschen, n. 36, 375-377. Voir également Tertullien, *De anima*, 41; — *De carne Christi*, 16; — saint Cyprien : *de Oratione*, 12, 22; — *De opere et eleemosynis*, 3; — *Didascalie*, c. 7, début.

(7) *In Lev.*, 21, 10; h. 12, 3; PG, 12, 538; éd. Baehrens, 458-459. Voir une affirmation analogue déjà au n. 2. Le texte hébreu porte : « Qui a été installé pour revêtir les vêtements sacrés ».

(8) *In Nu*, h. 10, 1; PG, 12, 636-638; éd. Baehrens, 68-71.

d'un texte des Nombres (18, 1) où il est dit à Aaron et à ses fils : « Vous prendrez sur vous les péchés des saints », car en beaucoup d'endroits des Ecritures, pareil langage est employé... Il faut donc chercher comment certains sont appelés saints dont on rapporte cependant des péchés. Il n'est pas vrai, ainsi que le pensent certains, que dès que l'on devient saint, on ne peut plus pécher et que l'on doive être considéré comme sans péché. Car alors l'Ecriture parlerait autrement. Origène cite ici une vingtaine de textes de l'Ancien et du Nouveau Testament, présentant cette antinomie. « Il serait long et hors de propos, continue-t-il, d'ajouter d'autres témoignages, pour montrer que ceux qui sont appelés saints, ne doivent pas pour cela être considérés comme sans péchés. Seuls peuvent le penser ceux qui se sont voués à Dieu et ont détourné leur vie de la conduite vulgaire pour servir le Seigneur ». En ceci ils sont saints. « Mais il peut arriver qu'en ce service de Dieu, quelqu'un ne se comportant pas en tout comme il faut, pèche en quelque chose et soit fautif ». Ainsi l'apprenti médecin ou philosophe n'est point d'abord parfait et se trompe, n'arrivera même, s'il y arrive, qu'à travers beaucoup d'erreurs à la perfection, et pourtant dès qu'il s'adonne à ces disciplines, il reçoit le titre de médecin ou de philosophe. « De même, celui qui s'adonne au culte de la sainteté est appelé saint, à cause de sa résolution. Comme il devra commettre aussi beaucoup de fautes, jusqu'à ce que, par l'habitude, la discipline et la diligence, soit arrachée de lui l'habitude du péché, il recevra aussi le titre de pécheur. J'ajoute que, s'il n'a pas le saint propos et le zèle de la sainteté, s'il pèche, il ignore le repentir et ne sait où trouver le remède du mal. Ceux qui ne sont point saints meurent dans leurs péchés; les saints s'en repentent, sentent leurs blessures, comprennent leurs chutes, recherchent le prêtre, demandent la santé, cherchent la purification par l'intermédiaire du pontife. De là la recommandation faite au pontife; saint est celui qui guérit son péché grâce au pontife ».

Si ferme qu'il soit sur ce principe de l'universalité du péché parmi les hommes, Origène admet cependant la possibilité, une fois converti, de ne plus retomber dans le mal. Dans la seconde homélie sur saint Luc, il paraît d'abord vouloir prendre le contrepied de la démonstration rappelée ci-dessus. Il n'y a pas cependant contradiction réelle. Son texte est d'ailleurs intéressant à comparer avec celui du Concile de Trente fixant la doctrine de l'Eglise sur ce point, tout comme la Bulle de Pie IX sur l'Immaculée-Conception a précisé la portée exacte de la doctrine sur l'universalité du péché en rappelant l'exemption de fait dont Marie a été l'objet. On saisit ainsi sur le vif le progrès dogmatique et tout le travail d'élaboration nécessaire pour aboutir de l'idée assez confuse d'Origène à une formule aussi nuancée que celle-ci : « Si quelqu'un dit que l'homme, une fois justifié, ne peut plus pécher ni perdre la grâce et par suite que celui qui tombe et pèche n'a jamais été vraiment justifié ou au contraire qu'il peut, durant toute sa vie, éviter tous péchés, même véniels, sauf, en vertu d'un privilège spécial de Dieu, comme l'Eglise le professe pour la bienheureuse Vierge, qu'il soit anathème » (Trid., Session VI, can. 23).

Ceux, dit Origène, qui veulent prétexter quelque excuse pour leurs péchés, estiment que personne n'est sans péché et utilisent le témoignage du livre de Job : « Nul n'est à l'abri de la souillure, pas même si sa vie terrestre n'a duré qu'un jour » (Job, 14, 4). Ils rapportent les mots mais en ignorent complètement le sens. Nous leur répondrons brièvement. Etre sans péché a deux significations dans l'Ecriture : ou n'avoir jamais péché ou avoir cessé de pécher. Si l'on veut dire que quelqu'un n'a jamais péché, nous sommes d'accord qu'il n'y a personne sans péché parce que tous nous avons quelque jour péché, bien qu'ensuite nous ayons embrassé la vertu. Mais si l'on veut par là nier que personne, après avoir renoncé aux vices pour la vertu, puisse ne plus pécher, cette opinion est fausse. Il peut se faire que celui qui avait d'abord péché et ait cessé de pécher soit dit être sans péché. C'est ainsi que Notre-Seigneur Jésus-Christ s'est préparé une *Eglise glorieuse, sans tache*, non que le chrétien n'ait jamais eu de tache, mais parce qu'il n'est plus souillé. *Sans ride*, non qu'il n'ait jamais eu la ride du vieil homme, mais parce qu'il a cessé de l'avoir (9).

Cependant, quel que soit le degré de sainteté auquel on est arrivé, il faut veiller, car une chute est toujours possible et risque de faire tout perdre : « Pour le passé, dit Clément (10), c'est Dieu qui accorde la rémission des péchés; pour l'avenir, chacun doit veiller sur lui-même. Celui même qui a accompli de grandes choses durant sa vie, s'il vient à la fin à se laisser aller au mal, tous ses travaux antérieurs lui deviennent inutiles : à la fin de la pièce, il s'est trouvé hors de combat ». Même pensée chez Origène :

Il arrive souvent que quelqu'un, acharné au labeur spirituel, gagne beaucoup et remplit ses granges des moissons de la justice, entasse beaucoup de bonnes œuvres dans la chambre secrète de sa conscience. Mais s'il vient à se relâcher, et cessant de travailler, s'adonne aux

---

(9) *In Luc*, h. 2, 1; PG, 13, 1805-6.
(10) *Quis dives*, 40; PG, 9, 645 AB; éd. Staehlin, 186.

plaisirs et à la dissolution, toutes ces semences de biens, tous ces fruits de l'œuvre sainte, sous l'empire de la passion, se corrompent. Quand le péché s'est installé et a réduit en esclavage les sens de l'homme, qui ne tient plus compte des commandements de Dieu, et ne gravit plus volontiers le chemin ardu de la vertu, alors périt tout ce qui avait été auparavant accumulé dans le grenier de la conscience. Il nous faut donc observer l'avertissement de la sainte Ecriture : « Garde soigneusement ton cœur » (*Prov.*, 4, 23). Il faut garder son cœur de tout péché, surtout en ce temps de persécution où l'on est plus exposé. Si l'on vient à apostasier, en un clin d'œil, on est privé de toutes ses richesses, on est à sec; le fruit du travail, si péniblement amassé et si longtemps, est dissipé en entier. D'où la nécessité de la prière, pour que Dieu détourne ce malheur, pour qu'il donne le courage d'affronter le baptême de sang, qui nous rend encore plus purs que celui de l'eau. Bienheureux qui le reçoit, il n'a plus rien à craindre du péché ! (11).

En conséquence, il faut distinguer dans l'Eglise deux catégories de fidèles : les fervents et les pécheurs qui ont besoin de pénitence. A en croire Origène, ceux-ci sont le grand nombre. Exaltant le baptême de sang, par rapport au baptême d'eau, il s'inspire justement de cette considération (12) : « Je me demande, dit-il, si ce baptême (du sang) n'est pas supérieur au baptême par l'eau ? Celui-ci reçu, bien réduit est le nombre de ceux qui sont assez heureux pour avoir pu le conserver sans tache jusqu'à la fin de leur vie, mais celui qui reçoit le baptême de sang ne peut plus pécher. S'il n'est pas téméraire d'émettre un avis en ces matières, nous pouvons dire que, par le baptême d'eau, les péchés passés sont purifiés, l'autre anéantit même les péchés futurs. Là les péchés sont remis, ici ils sont exclus. Si Dieu m'accordait d'être lavé dans mon propre sang, de recevoir le second baptême, en subissant la mort pour le Christ, je quitterais ce monde en toute sécurité ». Commentant ailleurs (13) le texte de Josué sur la division des eaux du Jourdain dont une partie descend vers la mer salée, il y voit l'image de la diversité spirituelle des membres de l'Eglise :

Ce n'est pas sans une raison mystérieuse qu'une partie des eaux du Jourdain s'immerge dans l'amertume de la mer, tandis que l'autre reste douce. Si tous les baptisés, recevant la douceur de la

(11) *In Iudices*, h. 7, 2; PG, 12, 979 D-982 B; éd. Baehrens, 506-508.
(12) *Ibid.*, 981 C et 507.
(13) *In Iosue*, 3, 16, h. 4, 2; PG, 12, 844 BC; éd. Baehrens, 310.

grâce céleste, la conservaient et que nul ne se changeât en amertume par le péché, il ne serait point écrit qu'une partie du fleuve fut absorbée dans les gouffres de la mer salée. Aussi ces paroles me paraissent-elles indiquer la diversité des baptisés : nous voyons, en effet, — et ce n'est pas sans douleur que je le rappelle, — arriver souvent que ceux qui obtiennent le saint baptême, quand ils s'adonnent de nouveau aux affaires du siècle, et aux séductions des passions, quand ils boivent la coupe salée de l'avarice, se fixent dans cette partie des eaux qui coule vers la mer et meurt dans les flots salés, mais celle qui persévère sans changement et conserve sa douceur désigne ceux qui conservent le don de Dieu sans défaillance.

Ce mélange, le pape Calliste le voyait annoncé dans un certain nombre de textes scripturaires (14), notamment dans la parabole de l'ivraie croissant avec le bon grain et qu'il ne fallait point arracher avant le temps de la moisson. Il le trouvait également figuré par la variété des animaux que renfermait l'arche, image de l'Eglise : il y avait des chiens, des loups, des corbeaux, tous les animaux purs et impurs; ainsi devait-il en être dans l'Eglise. Tertullien semble avoir goûté médiocrement cette exégèse à laquelle il fait allusion une fois, en des termes marquant sa défiance : « Il faudra voir, dit-il (15), si, selon la figure de l'arche, il y a dans l'Eglise le corbeau, le milan, le loup, le chien et le serpent; certainement il n'y a pas le type de l'idolâtre. Aucun animal qui le figure. Ce qui n'était point dans l'arche ne doit point être dans l'Eglise ». C'est que, pour lui, l'arche reste la figure de l'Eglise, en tant que refuge de salut (16). Origène, au contraire, la développe complaisamment, dans sa deuxième homélie sur la Genèse (17), mais sans appuyer directement sur la présence des pécheurs dans l'Eglise: il y voit plutôt les degrés différents de ferveur entre fidèles, symbolisés dans les différents étages et les cellules qu'ils con-

---

(14) *Philosophoumena*, IX, 12: PG, 16, 3386 C; éd. Wendland, 250, l. 2 sq.
(15) *De idololatria*, fin.
(16) Cela ressort de l'autre texte où il dit : « Carni nostrae emergenti de lavacro post vetera delicta, columba Sancti Spiritus advolat pacem Dei adferens, emissa de caelis ubi Ecclesia est arca figurata » (*De baptismo*, 8). Dans cette acception, classique au IIe et IIIe siècle, la diversité des animaux figure la diversité des races d'hommes appelés au salut. Sur l'histoire de cette application figurée de l'arche, voir A. Seitz, *Die Heilsnotwendigkeit der Kirche nach der altchristlichen Literatur*, Fribourg, Herder, 1903, pp. 372-376. Il ne dit rien de l'application faite par Calliste. Chez saint Cyprien et son contemporain Firmilien de Césarée, l'arche est surtout symbole de l'unité de l'Eglise.
(17) *In Genesim*, h. 2, 3; PG, 12, 168 BC; éd. Baehrens, 30-31.

tiennent : c'est pour montrer que, dans l'Eglise, bien que tous soient renfermés dans une même foi et purifiés par un seul baptême, tous ne progressent pas également, mais chacun à son rang. « Ceux qui vivent d'après la science rationnelle et sont aptes non seulement à se conduire eux-mêmes mais à enseigner aussi les autres, étant peu nombreux, sont figurés par le petit nombre de ceux qui sont sauvés avec Noé et lui sont étroitement apparentés. Ainsi le vrai Noé, Notre-Seigneur Jésus-Christ a peu de proches, peu de fils et de parents participant de son Verbe et pouvant contenir sa sagesse. Ce sont ceux qui occupent le plus haut degré et le sommet de l'arche. Les animaux, les êtres sans raison occupent les places inférieures; il s'agit surtout de ceux dont la cruelle sauvagerie n'a point été amollie même par la douceur de la foi. Un peu au-dessus d'eux sont ceux qui, avec une raison peu développée, conservent beaucoup de simplicité et d'innocence ».

Origène a recours lui aussi à la parabole de l'ivraie pour dépeindre l'état de l'Eglise où pécheurs et justes sont mêlés ou encore à celle du filet recueillant bons et mauvais poissons, ou à celle de l'aire, sur laquelle la paille est voisine du grain (18). A plusieurs reprises, il signale la présence des pécheurs dans l'Eglise; il va même jusqu'à écrire : « Les Eglises sont pleines de pécheurs (19) ». Il y distingue, ainsi que parmi les pécheresses publiques, des pécheurs honteux, qui font le mal pour ainsi dire à regret et comme en se cachant, et des pécheurs impudents, ne craignant point de s'afficher et de braver ouvertement évêques, prêtres et diacres et toute la communauté chrétienne (20). Il en voit l'image dans ces Gabaonites qui purent échapper au massacre, grâce à leur déguisement et ces Jébuséens qui continuèrent à résider au milieu des Hébreux. Ces allusions nous ouvrent un jour curieux sur l'intérieur des communautés chrétiennes.

Il y a dans l'Eglise des croyants qui ont la foi en Dieu et acceptent tous ses préceptes, qui sont pleins de respect à l'égard des serviteurs de Dieu et désirent les aider, tout dévoués à l'honneur et au

---

(18) Ivraie, voir note 22; filet, aire : *In Ezech.*, h. 1, 11; PG, 13, 677 AC; éd. Baehrens, 334-335.
(19) *In Hierem.*, h. 15, 3: PG, 13, 432 C; éd. Klostermann, 127, l. 32.
(20) *In Ezech.*, h. 8, 1; PG, 13, 729 BC; éd. Baehrens, 401-402.

bien de l'Eglise, mais pour leurs actes et leur conduite propre, plongés dans les obscénités et dans les vices, ne dépouillant nullement le vieil homme et ses méfaits, plongés dans leurs anciens vices et leurs obscénités, comme les Gabaonites couverts de leurs haillons et avec leurs vieilles chaussures, sauf leur foi en Dieu et leur dévouement à l'Eglise et à ses serviteurs, ils ne témoignent d'aucun changement ni renouveau dans leurs mœurs (21). De même que, dans l'Evangile, on laisse l'ivraie croître avec le bon grain, de même ici, à Jérusalem, c'est-à-dire dans l'Eglise, il y a des Jébuséens, ceux qui mènent une vie sans gloire et dégénérée, qui, pour la foi, les actes et toute la conduite, sont pervers. Il n'est pas possible que l'Eglise soit complètement purifiée tant qu'elle est sur la terre, au point qu'il n'y ait en elle aucun impie, ni pécheur, mais que tous soient saints et sans aucune tache de péché. On peut appliquer ce qui est dit de l'ivraie à ceux qui ont des péchés douteux ou cachés, car nous ne disons pas que les coupables manifestes et évidents ne doivent point être expulsés de l'Eglise... Chassons ceux que nous pouvons, dont les péchés sont manifestes, mais si le péché n'est pas évident, nous ne pouvons expulser personne, de peur, en arrachant l'ivraie, d'arracher en même temps le bon grain (22).

S'il fallait s'en rapporter à la traduction du *Periarchon* par Rufin, Origène aurait admis, à ce sujet, une sorte de reviviscence des péchés antérieurs, provoquée par les rechutes postérieures au baptême. Exposant comment celles-ci sont sévèrement punies par Dieu, il montre, dans le retard apporté par la grâce à certaines conversions, un effet particulier de la miséricorde divine, ayant pour but d'éviter à des néophytes trop pressés et encore mal affermis, de retomber dans les fautes pardonnées. « Par suite de leur rapide conversion et guérison, c'est-à-dire d'une prompte rémission de leurs péchés, ils seraient facilement retombés dans le même mal qu'ils voyaient guéri si aisément. Quand cela arrive, il n'est pas douteux que le châtiment est doublé et que l'on additionne tous ces maux; ainsi non seulement la dette des péchés qui avaient paru remis est réclamée, mais le séjour même de la vertu est souillé; il est foulé par des âmes frauduleuses et contaminées dont l'intérieur est rempli d'une malice cachée (23). Quel remède trouver

(21) *In Iesu Nave*, h. 10, 1; PG, 12, 880 AC; éd. Baehrens, 358-359.
(22) *Ibid.*, h. 21, 1; 928-29 et 428-29.
(23) *Periarchon*, III, 1; PG, 11, 284-85; éd. Koetschau, 226 : « ... facile iterum in eumdem peccatorum reciderent morbum, quem senserant sine aliqua difficultate curatum. Quod utique si fiat, nulli dubium est duplicari poenam et mali augmenta cumulari, dum non solum peccata quae remitti visa fuerant, repetuntur, verum etiam virtutis aula polluitur... » Voir une pensée analogue dans saint Augustin, *Serm.* 5, 2, PL, 38, 53; à propos de la parabole des dix mille talents.

pour ceux qui ayant ainsi abandonné les aliments impurs et sordides du mal pour goûter la suavité de la vertu et se remplir la bouche de sa douceur, reviennent à cette nourriture empoisonnée et mortelle de l'iniquité ? » Le texte grec, s'il exprime un sens analogue, n'a point cependant le passage précis sur la réviviscence : il se contente d'exprimer l'idée que ces convertis tardifs seront ainsi plus facilement mis en garde contre les rechutes et ne risqueront pas, en retournant aux mêmes maux, d'outrager la dignité des biens spirituels auxquels ils ont été appelés et d'avoir une situation pire qu'auparavant (24). On peut toutefois se demander où est la vraie pensée d'Origène, car un passage de son commentaire sur Josué semble bien exposer une idée analogue à propos du texte : « Aujourd'hui, j'ai ôté l'opprobre des fils d'Israël ». Cet opprobre, c'est celui des péchés passés, lavés par le baptême, établissant en nous la bonne conscience, à condition de ne plus pécher. Mais si tu pèches de nouveau, de nouveau les anciens opprobres seront en toi renouvelés, avec l'aggravation que comporte, par rapport au simple mépris de la loi de Moïse, le fait de fouler aux pieds le Fils de Dieu et de profaner le sang du Testament. La fornication, dans le Nouveau Testament, se double toujours d'un sacrilège, puisqu'elle viole le temple de Dieu (25). On peut toutefois se demander si Origène ne veut pas simplement signifier ici que la honte des anciens péchés est renouvelée et aggravée par les péchés nouveaux, sans qu'il soit directement question de réviviscence, comme dans le texte de Rufin.

Quoi qu'il en soit, Origène profite de cette occasion pour rappeler la nécessité de la lutte : « Vois quel progrès tu as fait : de petit homme tu es devenu le temple de Dieu..., tu étais chair et sang, tu es arrivé à être membre du Christ. Mais si ce progrès est considérable, la défection serait terrible et la chute irrémédiable ». Ce temple de Dieu, on ne peut l'utiliser pour des usages profanes. Aux appels de la passion, il faut répondre : je ne m'appartiens plus, j'ai été acheté au prix du sang du Christ, je suis un de ses membres; pécher par impureté,

---

(24) *Ibid.*, 284, A fin; K, 226-227.
(25) *In Iesu Nave*, 5, 9, h. 5, 6; PG 12, 850-851; éd. Baehrens, 319.

serait profaner à la fois ce temple de Dieu qu'est mon corps et cet autre temple plus vaste, ce corps plus étendu dont je fais partie et qui est l'Église (26).

2. — *Nature et causes du péché*

Sur la nature même du péché, l'on ne trouve guère à glaner que quelques remarques isolées. C'est ainsi qu'à propos du verset de saint Jean (1, 3) : « Sans lui rien n'a été fait », Origène explique comment le péché ne rentre point dans l'ensemble des choses créées par le Verbe; c'est qu'en effet il n'est pas une réalité positive, c'est une négation d'être (1), puisque l'être se confond avec le bien. Clément d'Alexandrie et lui s'attachent plus particulièrement à mettre en relief le caractère volontaire et libre de l'acte peccamineux. C'est là ce qui justifie les châtiments infligés par Dieu pour la violation de ses préceptes (2). Cela fournit même à Clément l'occasion d'énoncer, à la suite de Chrysippe et d'Aristote, les distinctions à faire entre nos actes, d'après leur degré plus ou moins accusé de volontariété et d'établir la nuance propre à chacune des expressions désignant le mal accompli, selon qu'il est volontaire ou non. Définissant les rapports entre l'inclination et la passion, qui est un excès emportant l'inclination au delà des limites raisonnables, ou une révolte contre la raison, il note que : manque, excès, insubordination dépendent de nous, comme l'obéissance et, dès lors, en tant que volontaires, font l'objet d'un jugement, tandis que l'acte involontaire y échappe, qu'il soit dû à l'ignorance ou à la nécessité. Seul ce qui vient du libre choix est passible de jugement, qu'il s'agisse d'actes extérieurs ou de pensées et de désirs, visibles seulement à l'œil divin. Ainsi s'opposent le *manquement*, la *malchance* et l'*injustice* : le premier provient de l'ignorance ou de l'impuissance : on tombe dans un fossé, parce que l'on ne l'a point vu ou que l'on n'a point eu la force de le franchir. Il dépend cependant de nous d'y obvier, par le souci de nous instruire

(26) Certains manuscrits ont ajouté *presque* avant irrémédiable. Baehrens ne signale même pas cette variante.

(1) *In Ioannem*, t. 2, 7-9; PG, 14, 133-144; éd. Preuschen, 13-15, p. 68-72.

(2) *Stromata*, 4, 24; PG, 8, 1361-64; éd. Staehlin, 2, 316.

et la soumission aux préceptes; si nous nous y refusons, pour nous abandonner à l'empire de la passion, nous commettons le péché ou plutôt l'injustice envers notre propre âme. La malchance est contraire à la raison et, comme le manquement, elle n'est point volontaire : en cherchant à frapper un adversaire, je tue un ami. Ainsi, tandis que, par le premier, on se lèse soi-même involontairement, par la seconde on lèse involontairement le prochain. Seule l'injustice est pleinement volontaire et s'identifie avec la malice. L'Ecriture fait la distinction de ces diverses sortes de péchés, qui nous sont tous remis par l'action du Christ. Elle oppose notamment, avec saint Jean, le péché *ad mortem* à celui qui ne l'est pas (I, *Io*, I, 5). On peut, avec Barnabé, les découvrir allégoriquement figurés dans l'énumération des animaux impurs ou, avec divers auteurs, dans la triple catégorie de pécheurs signalée au début du psaume premier. Ainsi le *Kérygma Petri* (3).

On sait combien Origène a insisté sur le caractère de liberté qui est essentiel à l'acte humain. Il consacre à ce sujet un chapitre considérable du *Periarchon*, y passant en revue les divers textes scripturaires qui, à première vue, lui semblent opposés et paraissent affirmer une action de Dieu nécessitante sur la volonté (4). Ailleurs, il revient, à plusieurs reprises, sur le problème de la prescience divine, pour montrer qu'elle n'est point la cause du péché et laisse intact notre libre arbitre (5). Lui aussi argumente en partant des reproches et des châtiments auxquels on a recours à l'égard des délinquants, pour affirmer qu'il y a des choses qui dépendent de nous et dont nous sommes pleinement responsables. Ces réalités, Dieu les a prévues de toute éternité, ce n'est point sa prévision qui les a rendues nécessaires, bien qu'elles entrent comme le reste dans le plan providentiel. Mais Dieu nous veut dans l'incertitude à ce sujet, afin de ne gêner en rien notre liberté et de lui laisser toute sa vigueur dans sa lutte contre le mal.

L'Ecriture fournit à Origène d'autres nombreuses occasions

---

(3) *Stromata*, 2, 13-15; PG, 8, 997-1012; éd. Staehlin, 2, 145-51 : l'édition de ce dernier représente le seul texte correct.

(4) *Periarchon*, 3, 1, PG, 11, 433-440, éd. Koetschau, 195-244.

(5) *De oratione*, 6, PG, 11, 433-440; éd. Koetschau, 311-315; *In Ezech.*, 2, 5, PG, 13, 771 B; *In Genesim*, t. 3, PG, 12, 49-70; *Philocalie*, n. 23.

de mettre en relief divers aspects du péché, sur lesquels il insiste plus ou moins, au gré du moment. Action fétide (6), sottise, que nul homme dans son bon sens ne voudrait commettre, bien que seuls les êtres doués de raison puissent pécher (7), la faute met l'âme dans une sorte d'ivresse, où la nature humaine se méconnaît elle-même (8). Les péchés sont pour elle autant de liens qui l'embarrassent et la gênent (9), autant d'infirmités et de maladies qui la débilitent (10), la glacent, à l'image du serpent (11), la vieillissent (12) et la réduisent à l'état de mort. Vivre dans le péché, c'est ainsi maintenir l'âme en état de mort (13). C'est que le péché, injure faite à Dieu (14) prive l'âme de son amour (15), la plonge dans les ténèbres, en éloignant d'elle l'Esprit-Saint et élève entre elle et Dieu une sorte de mur épais ou de nuage impénétrable (16), rompt notre société avec la Trinité sainte et les bienheureux (17), détruit le temple de Dieu où résidait le Christ (18), provoquant ainsi les malédictions et les châtiments du Seigneur (19).

---

(6) *In Gen.*, h. 11, 1; PG, 12, 221-2; éd. Baehrens, 102, l. 11-15 : Peccatum res est foetida... Denique peccatores porcis comparantur qui in peccatis velut in stercore foetido volutantur. La comparaison est plus développée dans *In Ps.* 37, h. 1, 4, PG, 12, 1377 AC.

(7) *Ibid.*, n. 4 fin, 1377 C : Recte autem hic peccatum insipientiam nominavit. Nemo enim sapiens id aliquando committit. — *In Io*, t. 1, 42, PG, 14, 97 B; éd. Preuschen, n. 37, p. 47.

(8) *In Levit.*, h. 7 1; PG, 12, 476 CD; éd. Baehrens, 372. Il en fait l'application aux diverses passions : colère, cupidité, avarice, luxure, envie : « Enumerari non possunt quanta sunt quae infelicem animam vitio ebrietatis afficiant ».

(9) In Ps. 2, 3; PG, 12, 1105 AB; 115, 8, *ibid.*, 1577 D; *In Matt.*, t. 13, 31 PG, 13, 1180 A.

(10) *In ep. ad Rom.*, l. 2, 6, PG, 14, 884 C; — *In Exodum*, h. 7, 2, PG, 12, 343 AB, éd. Baehrens, 207. Cf. in Mt. t. 10, 24, PG, 13, 900-901 où il explique en détail comment les péchés sont des maladies.

(11) *In Ps.* 27 fg, PG, 17, 116-7.

(12) *In Ez.* h. 13, 2; PG, 13, 762 C, éd. Baehrens, 447. — *In Lev.*, h. 12, 3, PG, 12, 538 C-539 A; éd. Baehrens, 459-60.

(13) *In Iesu Nave*, h. 15, 1; PG, 12, 897 C; éd. Baehrens, 382. — *In ep. ad Rom.*, h. 7, 12, PG, 1134, AB. — Sur le mauvais pain qui entretient cette mort qu'est la vie du péché, *In Mt.*, t. 12, 33, PG, 1060 A; *In Io.*, t. 20, 31-33, PG, 14, 665-677; éd. Preuschen, n. 39-44, p. 380-388; *ibid.*, t. 19, n. 3, 549; P., n. 13-14, 312-314. — *In Levit.*, h. 12, 3, PG, 12, 538 CD; éd. Baehrens, 459.

(14) *In Ez.*, h. 12, 1; PG, 13, 752-3; éd. Baehrens, 432-34.

(15) Voir les textes de la note 13.

(16) *In Threnos*, 3, 43, PG, 13, 648 A; fg. 84, éd. Klostermann, 267.

(17) *In Levit.*, h. 4. PG, 12, 437; éd. Baehrens, 319-20.

(18) *In Mt.*, comm. n. 29-30, PG, 13, 1639-40. — *In Exod.*, h. 8, 4, PG, 12, 356, éd. Baehrens, 226-7.

(19) Outre le texte de la n. 14, voir encore : *In Ez.*, h. 10, 4, PG, 13, 744; éd. Baehrens, 421-22; *ibid.*, fg. *in Ez.*, 7, 10, c. 789-92; *In Ex.* (sur l'endur-

Le péché, c'est la vente au démon de cet édifice divin, en échange de cette monnaie infâme que sont les vices et les satisfactions coupables (20). Par lui, on donne entrée au démon dont on devient l'esclave et la chose, à qui l'on rend un culte idolâtrique, le pécheur est marqué à son image, il entre dans sa famille, il devient son fils (21). Voilà à quoi aboutit cet acte de véritable fornication spirituelle (22), surtout quand il s'agit non d'une faute occasionnelle, mais du péché d'habitude, où le pécheur se vautre comme le porc dans la boue, de cet épaississement dont parle l'Ecriture, de cet endurcissement qui finit par dissimuler complètement au coupable l'horreur de son état (23). C'est alors qu'il mérite véritablement le nom de pécheur : car de même que le saint peut avoir des défaillances dans le bien, de même le pécheur peut faire des actes bons; il n'en mérite pas moins le nom de pécheur, par suite de la prédominance des habitudes mauvaises et du joug sous lequel il s'est laissé captiver (24). C'est la méchanceté (ponêria, nequitia) distincte du simple péché, qui rend l'homme plus coupable et

---

cissement de Pharaon, 12, 263-282; *In Ex.*, h, 8, 5-6; PG, 12, 357-361; éd. Baehrens, 228-234. — *In Levit.*, h. 14, 4, PG, 12, 557-58; éd. B. 485-487. — *In Nu*, h. 8, 622-24 et B, 50-53; h. 9, 7-9, 632-635 et B, 63-67. — *In Iud.*, h. 2, 4-5 et 3 en entier, *ibid.*, 960-965 et B, 477-487. — *In Ps.*, 2, 9, fg., *ibid.*, 1108-1109; 22 4, PG, 17, 113-114. Dans ces textes, tour à tour est développée l'idée du châtiment miséricordieux en vue de la conversion et du châtiment, punition définitive, lorsqu'il y a endurcissement. Cf. dans l'*Apologie de Pamphile* le ch. 8, *de poenis peccatorum*, PG, 17, 601-604.

(20) *In Levit.*, h. 15, 3; PG, 12, 561-62, éd. Baehrens, 490-91. — *In Ex.*, h. 6, 9, *ibid.*, 338 et B, 200-201.

(21) Filiation : outre les textes de la note 13, *In Ez.* h. 9, 1; PG, 13, 733 A, éd. Baehrens 407, l. 3-5 : « Vitia faciunt me filium diaboli ». — *In Exodum*, 20, 5-6, fg. : PG, 12, 289-94, où il commente le « vos ex patre diabolo estis »; *ibid.*, h. 8, 6, c. 358-360, éd. Baehrens, 230-234, même pensée. — *In Nu*, h. 12, 4; ibid., c. 664-666, et B, 103-107. — Culte : *In Iud.*, h. 2, 3; PG, 12, 958; éd. B. 475. — Sceau : *In Ezech.*, h. 13, 2; PG, 13, 761 B; éd. B. 445 : « Cave, homo, ne saeculum istud egrediens, signaculo diaboli sis impressus, habet quippe signaculum », etc. — Image : *In Gen.* h. 1, 13, PG, 12, 157 BD; éd. Baehrens, 17-18 : « Videns eum deposita sua imagine, maligni imaginem induxisse... intuens imaginem diaboli per peccatum similis eius effectus est », etc. — *In Hierem.*, h. 2, 1; PG, 13, 277 C, éd. Klostermann, 17, l. 13-15. — *In Psalm.*, 38, h. 1, 2, PG, 12, 1403-1404 : « Si inventus fueris habere ibi formas diaboli et imaginem satanae... Sin autem vis ut per species tibi huiusmodi imagines designem, audi. Ira imago tyrannica est, avaritia, dolus, superbia, tumor, gloriae saeculares invidiae, ebrietates, comessationes et his similia » (1404 AB).

(22) *In Nu.*, h. 20, 2. PG, 12, 728-730; éd. Baehrens, 187-191.

(23) *In ep. ad Rom.*, 2, 4; PG, 14, 875 AB.

(24) *Ibid.*, 5, 4, 1030 B-31 D. — *In Threnos*, 1, 14; PG, 13, 625 AC, fg. 31 dans l'éd. Klostermann, p. 250. — *In Ps.*, 2, 3; PG, 12, 1105 AB.

plus difficile à guérir (25). Elle assure en nous le règne du péché et assimile la vie de l'âme à celle d'une femme perdue (26). Parfois même, s'inspirant d'une série de textes de saint Paul, Origène distingue trois sortes de coupables : « Ce n'est pas sans raison, à mon avis, écrit-il, que Paul emploie différents termes, parlant tantôt d'infirmes, tantôt d'impies et tantôt de pécheurs, pour qui le Christ est mort... Ou bien, en effet, ignorant Dieu, quelqu'un pèche dans les ténèbres et c'est un impie; en voulant observer le précepte, il est vaincu par la fragilité de la chair, séduit par les appâts de la vie présente et c'est un infirme; ou, le sachant et le voulant bien, il méprise le précepte, déteste la discipline de Dieu et rejette derrière lui ses paroles et c'est un pécheur (27) ».

En conséquence, Dieu abandonne le pécheur, il l'ignore, de cette ignorance terrible qui est la réprobation au jour du jugement (28). Vainement on chercherait à dissimuler ses fautes; elles sont inscrites, au stylet de fer, sur le cœur, dans la conscience, qui sera dévoilée aux yeux de tous et où on pourra lire leur liste, justifiant la sentence de damnation. Les pensées bonnes ou mauvaises s'inscrivent d'elles-mêmes dans l'âme comme sur une tablette de cire : ce sont ces traces ainsi laissées qui seront révélées par Dieu et lui apporteront le témoignage de notre propre conscience (29). Cependant, comme on le verra plus loin, Dieu n'abandonne point le pécheur en cette vie; il s'efforce, par les châtiments et les épreuves, d'éveiller en lui le repentir et de l'amener à la pénitence (30).

C'est surtout sous l'empire de l'ignorance et des passions que

---

(25) *In Ps.*, 36, h. 2, 4; PG, 12, 1332 CD. — Ailleurs, il distingue entre *iniquitas* et *peccatum*, *In ep. ad Rom.*, 4, 1, PG, 14, 966 A; — *delictum* et *peccatum*, *In Lev.*, h. 5, 4; PG, 12, 453 BC éd. Baehrens, 341.

(26) *In Ep. ad Rom.*, 6, 1, PG, 14, 1055-59; — *In Gen.*, h. 1, 15; PG, 12, 158-9; éd. Baehrens, 19.

(27) *In ep. ad Rom.*, 4, 11; PG, 999 BC; voir un développement analogue sur les trois catégories de pécheurs distinguées par saint Paul chez les Corinthiens (malades, faibles ,endormis), *In Mat.*, t. 10, n. 24; PG, 13, 900-901.

(28) *In Hierem.*, h. 1, 8; PG 13, 264-CD; éd. Klostermann, 7; — *In Exod.*, h. 8, 5, PG, 12, 358 BC; éd. Baehrens 229-30; *De Orat.*, 29; PG, 11, 541-44; éd. Koetschau, 389-93.

(29) *In Hierem.*, h. 16. 10; PG, 13, 452, éd. K., 141-142; *In ep. ad Rom.*, 2, 10; PG, 14, 394 B; — *In Mt.*, t. 15, 12; PG, 13, 1288 A.

(30) Voir aussi la note 19 ci-dessus.

l'homme se laisse aller au mal (31). Mais il y a aussi l'action incessante de l'ennemi extérieur, du démon, intervenant par la tentation (32) pour éveiller des complicités intimes et se rendre ainsi maître de l'âme. Origène s'élève tour à tour contre ceux qui méconnaissent l'une ou l'autre de ces causes : « La plupart, même les sages, pensent que toute espèce de péché, — ceux de la langue y sont inclus, — n'ont d'autre source que les jugements pervers, mais ceux qui croient à la divinité des Saintes Ecritures admettent que les actes accomplis contrairement à la raison, ne le sont point en dehors de l'influence des démons ou des puissances adverses quelles qu'elles soient » (33). Ailleurs, au contraire, réagissant contre ceux qui attribuent tout au démon, il affirme que nos tendances naturelles se portent d'elles-mêmes au désordre; l'homme se serait déréglé tout seul, sous l'influence des passions, mais par là il ouvre la porte et le démon en profite pour agir et pousser au plus graves excès. C'est cet ensemble assez complexe qu'il analyse en détail au cours de plusieurs chapitres du *Periarchon* (34). Toutefois, il semble s'arrêter plus fréquemment sur l'intervention diabolique qui retient aussi l'attention de Tertullien et de saint Cyprien (35). En d'innombrables passages — il serait facile d'aligner une centaine de références (36), — il signale ou décrit, parfois assez longuement, l'action de cet ennemi infatigable, ses ruses, ses violences pour se rendre maître de l'âme et la dominer despotiquement, en attendant de se porter contre elle accusateur inexorable devant Dieu. Il y aurait là matière à une étude intéressante qui ne doit pas nous retenir. Fidèle toutefois à la défense de la liberté, Origène note que le démon ne peut rien sur nous si nous ne répondons pas à ses avances (37).

---

(31) Ignorance : Clément Al., *Paedag.* 1, 6; PG, 8, 285 B, éd. Staehlin, 107, l. 28-30. Passion : Origène, *In Hierem.*, fg. 25, éd. Klostermann, 210, cf. PG, 13, 592 D. Voir encore : *In Ps.*, 57, 3, fg. PG, 12, 474 BD; *In Mt.*, t. 11, 15, PG, 13, 951-955.

(32) *De orat.*, 29; PG, 11, 529-541; éd. Koetschau, 381-93.

(33) *In Io.*, 20, 32; PG, 14, 688-9, éd. Preuschen, n. 40, 382-3.

(34) *Periarchon*, 3, 2-4; PG 11, 303-325; éd. Klostermann, 244-270.

(35) Tertullien, *De Paen.*, 5; saint Cyprien, *De dom. orat.*, 25.

(36) En voici quelques-unes, à titre d'indication, PG, XII, 160 A, 289-94, 324-25, 345, 357-58, 570-72, 664-66, 678-79, 729, 732, 770, 789-90, 831, 866-7, 887-90, 894, 902-909, 940, 961, 995, 1194, 1203, 1330, 1338, etc.

(37) *In Iud.*, h. 3, 4; PG, 12, 965 A; éd. Baehrens, 484.

Aussi les luttes décrites au livre de Josué sont-elles l'image des combats par lesquels il faut nous défendre et maintenir notre âme propriété de Dieu (38).

Dans cette lutte, la liberté humaine n'est cependant pas abandonnée à ses propres forces : en réalité, l'âme est disputée par deux forces contraires, deux esprits attentifs et ardents à la secourir ou à l'attaquer. Dieu et ses anges, par les bonnes pensées et les saintes inspirations, soutiennent l'âme dans l'effort vers le bien et se font plus pressants au moment du danger (39). A elle de veiller pour favoriser leur action, ôter au mauvais l'occasion d'intervenir; à elle de surveiller la chair, ce principe de toutes nos passions et de tous nos maux, à elle de favoriser l'esprit, ce principe supérieur, dégagé du sensible, qui nous porte à Dieu. Chair et esprit se disputent notre volonté, l'entraînent en des sens opposés. Selon que l'âme adhère à l'un ou à l'autre, elle assure en elle le triomphe de Dieu ou du démon. Par le péché, c'est ce dernier parti que l'âme prend pour son malheur.

(*A suivre*). Ferdinand CAVALLERA.

---

(38) C'est le sens de nombreuses applications allégoriques des homélies sur Josué.

(39) Sur le rôle des Anges, voir, entre autres PG, XII, 293-4, 323-4, 360-1, 578, 733, 725-6, 762, 867-70, 922-3, 1203, 1372; XIII, 366-7, 541-2, 674-5, 716, 778 1108, 1863, 1890, etc. En outre sur les deux esprits PG, XII, 84, 577; XIII, 1476-77, et nombre de passages indiqués dans la note 36.

CHRONIQUE DE PHILOSOPHIE (1)

(Suite)

VI. — En étudiant les années d'apprentissage de Descartes (2), M. l'abbé Sirven, professeur de philosophie à Sainte-Marie d'Albi, entreprenait une tâche très délicate. Descartes passe pour le plus original des philosophes, celui dont la pensée doit le moins à ses devanciers : n'a-t-il pas affirmé lui-même qu'au moment de construire son système, sa première démarche fut d'écarter tout ce qu'il pouvait avoir d'idées toutes faites et de se dégager de toute influence extérieure ?

Le travail de M. Sirven était de ceux qui réclament un labeur tenace et une sagacité sans défaillance; car les difficultés se présentaient à chaque pas et se multipliaient les unes les autres par leur enchevêtrement. Il fallait d'abord découvrir quelle a été l'évolution de la pensée cartésienne pendant ces années de préparation où le philosophe a pris conscience de sa personnalité et où il a fixé les grandes lignes de son système : car ce système n'a pas surgi d'un seul coup dans l'esprit de son créateur; il a dû se formuler peu à peu; ses principes ont dû se dégager lentement et l'organisation de ses diverses parties ne se réaliser que par une marche progressive. Il fallait ensuite marquer les influences qui agissaient sur Descartes tandis qu'il élaborait sa doctrine; car, ces idées qui faisaient l'objet de la méditation féconde du philosophe, il ne les avait pas toutes tirées de son propre fonds : elles lui venaient, en grande partie et quoi qu'il en eût, de ceux qui avaient pensé avant lui et de ceux qui, de son temps, travaillaient à la recherche de la vérité. Il fallait enfin déterminer comment et sous quelle forme ces diverses influences avaient pu atteindre Descartes : contact direct avec les auteurs du passé ou bien contact indirect par l'intermédiaire de l'enseignement reçu au collège de La Flèche et des manuels classiques en usage alors; relations personnelles et suivies avec ses contemporains ou bien rapports lointains et intermittents ou bien encore simple connaissance de leurs publications.

M. Sirven a réussi à débrouiller cet écheveau complexe. Son livre, bien divisé, nous fait suivre Descartes dans les diverses étapes, — les divers « moments », — de ses « années d'apprentissage », et dégage nettement ce qu'il a reçu du dehors à chacun de ces « moments » et comment il a assimilé et transformé ce qui lui était ainsi donné.

M. Sirven prend Descartes au moment où sa formation intellectuelle commence. Il reconstitue pour nous ce qu'était le collège de

---

(1) Voir *Bulletin*, 1928, pp. 167-179.

(2) J. SIRVEN, docteur ès lettres. *Les années d'apprentissage de Descartes*, 1 vol. in-8, 498 pp., Paris, Vrin, 1928.

La Flèche : Descartes a toujours rappelé avec reconnaissance le souvenir de ses maîtres; notons que c'est à eux qu'il doit en grande partie sa fidélité à la foi catholique, fidélité constante et sincère que M. Sirven, avec toute l'autorité que lui donnent ses recherches, met à plusieurs reprises en pleine lumière. Quant à l'impression que fit l'enseignement de ses maîtres sur son âme d'adolescent, Descartes l'a décrite, au début du *Discours de la Méthode*, en quelques pages célèbres qui prennent tout leur sens et toute leur valeur à la lumière des précisions fournies par M. Sirven sur l'organisation des études, les méthodes de pédagogie et la vie intellectuelle des élèves dans le collège même où Descartes passa.

Dès 1618, Descartes, qui est entré dans le métier des armes, commence à écrire. Ses *premiers écrits*, réflexions philosophiques et notes scientifiques, — car travail scientifique et méditation philosophique iront toujours de pair chez lui, — sont examinés en grand détail par M. Sirven : ils ont, en effet, l'intérêt de documents propres à relever les premières tentatives de la spéculation cartésienne et ses premiers efforts pour s'orienter.

Bientôt l'*orientation décisive s'affirme*. C'est à la suite de cette fameuse nuit du 10 novembre 1619, dont on a voulu faire, à cause des songes symboliques qui la traversent et de l'enthousiasme qui l'accompagne, une nuit mystique, analogue à la nuit de la conversion de Pascal (23 novembre 1654). M. Sirven croit plutôt que la nuit de Descartes lui apporta la confirmation de ses idées : il se sentit sûr de leur vérité et il se sentit aussi comme chargé de la mission de réaliser cette « unité de la science universelle » qui rendrait possible, grâce à une méthode unique, la constitution en une même discipline d'un système cohérent de tout le savoir humain. Mais, à cette date, le système entrevu n'est pas encore complet. Descartes est orienté, il n'est pas encore parvenu au but; certain désormais d'être dans la bonne voie, il va travailler à préciser sa doctrine.

Nous relèverons ici, entre beaucoup d'autres influences que décèle M. Sirven et dont il définit rigoureusement l'extension, celles de saint Augustin, de Suarez et de Charron : saint Augustin dont le symbolisme a inspiré Descartes lorsque, soucieux de chercher entre les êtres des similitudes qui rendissent possible de les faire tous entrer dans le cadre rigide de sa science universelle, il songeait à « interpréter plus profondément qu'il ne l'avait fait jusque là les relations qui existent entre les choses sensibles et les choses spirituelles »; Suarez, chez lequel il puisa jusqu'à des expressions sur l'unité foncière de toute science; Charron qui lui fournit, dans son livre *De la sagesse*, le fond des « règles de morale provisoire » nécessaires pour conduire sa vie. Il faut signaler également l'influence capitale de la logique scolastique, connue surtout sans doute par des manuels classiques. M. Sirven établit longuement que les « règles de la Méthode » dépendent, dans une large mesure, de la scolastique et que même beaucoup de principes posés en logique par Descartes ne se comprennent qu'en fonction des thèses de l'Ecole. Enfin, il faut rappeler tout ce que le système cartésien doit aux sciences exactes, à leurs procédés de recherche, aux méthodes qui régissent leurs diverses branches, à l'esprit général qui les inspire (noter spécialement l'influence de Képler).

A ce moment (nous sommes en 1621), le cartésianisme existe en son essence. Il y aura des *tentatives nouvelles*, des perfectionnements apportés au système, des conséquences tirées des prémisses posées. Il y aura surtout les *regulae*, ces nombreuses règles dont Descartes n'acheva jamais la rédaction et qui détaillaient les applications de la méthode; elles méritent une étude attentive et détaillée, car elles font mieux pénétrer la signification de la « Méthode », elles ouvrent des horizons sur les idées qu'avait alors Descartes sur le problème de la connaissance et elles font ressortir les influences, celles des scolastiques surtout, qui ont une part à revendiquer dans la logique cartésienne.

Ces quelques indications visent simplement à montrer la variété et l'intérêt des recherches de M. Sirven et l'importance de ses conclusions. Mais nous n'avons nullement songé à refaire pour nos lecteurs, sur les traces de M. Sirven, l'histoire des premières années de la pensée cartésienne. Cette histoire, c'est dans son livre qu'il faut la suivre; on la déformerait en la résumant, car on négligerait les nuances qui, parfois, sont tout, on sacrifierait les preuves, on ne pourrait imiter l'exact et souple récit qui se moule sur la vie même de l'esprit du philosophe. Sans doute, en des questions aussi délicates, la discussion reste possible sur plus d'un point. On a fait des réserves sur plusieurs opinions défendues par M. Sirven et on a contesté la valeur de quelques-unes de ses vues. A vrai dire, il ne nous semble pas que les positions défendues par notre auteur, — y compris sur la valeur des sources d'information utilisées, — aient été compromises et que l'on ait proposé quelque chose de plus probable que lui dans les cas obscurs. Aussi son étude, chargée d'érudition et cependant toujours libre d'allure et jamais asservie aux documents qu'elle utilise en les dominant, riche et suggestive, ordonnée sans être systématique, diverse comme le réel sans être privée du fil conducteur des idées d'ensemble, nous paraît-elle le beau succès d'un labeur difficile et l'œuvre d'un maître.

VII. — Le *Manuel de Philosophie thomiste* de M. l'abbé Collin (3) a pour but de « permettre d'enseigner aux élèves de nos écoles secondaires la philosophie traditionnelle ». Cette philosophie traditionnelle est donc le fond de ce manuel; c'est elle qu'il veut avant tout faire connaître; de là, le choix des thèses, l'importance relative qui leur est donnée, l'ordre qui les distribue.

D'autre part, tout en exposant le thomisme à nos élèves, l'auteur n'oublie pas qu'ils sont candidats au baccalauréat; s'il traite plusieurs points que le programme ne comporte pas, il n'omet aucun de ceux qui y sont mentionnés; et s'il est thomiste, il documente suffisamment son lecteur sur l'histoire des idées et sur la philosophie récente pour le préparer à répondre aux examinateurs.

Une autre cause, — plus profonde, — explique ce souci de mettre le jeune homme au courant de la pensée moderne; M. Collin n'oublie pas que son disciple va affronter la vie et il veut le renseigner sur

(3) H. COLLIN, *Manuel de Philosophie thomiste* adapté aux derniers programmes de l'enseignement secondaire, 2 vol. in-8 XII-585 et 476 pp. Paris, Téqui, 1926 et 1927.

les théories qui se disputent la faveur, l'informer des questions qui retiennent les esprits, le munir de réponses précises aux interrogations parfois troublantes qui, non sans équivoques trop souvent et sans préjugés, se trouveront posées devant lui.

De cette union d'un thomisme vigoureux avec une très large compréhension des préoccupations actuelles, de cette utilisation du premier pour satisfaire aux secondes, comme aussi de la perpétuelle confrontation de la scolastique avec les doctrines et les formules des autres systèmes, vient l'intérêt foncier du livre et sa valeur de formation pour l'esprit. La philosophie traditionnelle, exposée pour elle-même, dans l'ensemble de ses thèses successives, révèle la puissance qui lui vient de sa solide structure et de sa cohérence interne; et en même temps, elle n'est pas coupée du temps présent, mais rapprochée de lui et on la montre apte à s'assimiler tout ce qu'il y a de certain et de positif dans les recherches de notre époque et capable de fournir les principes de solution des problèmes que le développement des sciences, les progrès de la civilisation et le cours des siècles ont accumulés.

Sans attendre d'avoir à leur disposition un manuel du genre de celui-ci, beaucoup de professeurs de notre enseignement secondaire catholique savaient faire connaître le thomisme à leurs élèves et le leur faire apprécier. Leur tâche sera grandement facilitée. Le manuel de M. Collin nous paraît être un très bon « livre du maître » où l'on trouvera, clairement et exactement résumés, les éléments d'un excellent cours. Pourra-t-il être aussi un « livre de l'élève » ? Nous le pensons. Toutefois, il faudra que le professeur soit attentif à guider ses disciples dans l'usage du manuel; il devra les aider à saisir certaines pages dont l'intelligence demanderait une lecture répétée et une réflexion dont quelques-uns seulement auraient le courage ou la capacité; il aura à nuancer, par son commentaire, ce que le texte a parfois d'un peu systématique (les jeunes esprits n'ont que trop cette tendance); il explicitera et développera l'aperçu parfois trop court donné ici ou là de telle ou telle doctrine non scolastique; enfin, il soulignera les parties les plus importantes et insistera sur celles qui sont capitales pour l'examen, dont, ne l'oublions pas, la préparation s'impose.

M. Collin parle dans sa préface des excellents cours *ad mentem sancti Thomae* qui existent déjà. Son manuel peut soutenir la comparaison avec les meilleurs d'entre eux: on trouvera rarement la pensée thomiste résumée avec autant de précision et de sûreté, aucun style aussi ferme. Le lecteur, averti, notera lui-même de nombreux passages où se révèlent au plus haut degré ces qualités-là. Disons seulement un mot du plan adopté. La logique formelle et l'ontologie ouvrent le cours, assurant à tout le reste une base solide. Puis, — sans traiter à part, ce qui surprend un peu, la cosmologie, dont les divers chapitres sont distribués entre les autres parties du cours (ainsi, la théorie de la matière et de la forme est en ontologie, la question de la vie en psychologie), — l'auteur développe avec l'ampleur convenable la psychologie; une psychologie très fidèle aux principes thomistes, et sachant en même temps mettre à profit les recherches récentes, dont l'auteur est exactement informé. De brèves notions d'esthétique achèvent le premier volume du manuel.

Le second volume contient la critériologie, la méthodologie, enfin la morale et le théodicée. La critériologie est bien supérieure à celle que l'on propose en général aux élèves; elle est sérieuse, complète, approfondie et solidement démonstrative; nous savons gré à l'auteur d'avoir soutenu l'objectivité des « qualités secondes » dont l'abandon est inutile psychologiquement et dangereux critériologiquement. La méthodologie est nette et bien au courant. La morale, à côté des grandes thèses classiques, fait leur part aux exigences spéciales de notre temps et examine, à la lumière de l'enseignement traditionnel, les cas de conscience les plus actuels (ne parle-t-elle pas des injustices causées par le moratorium des loyers ?) et les grands problèmes contemporains (questions ouvrières, rapports entre les nations, etc.). Enfin la Théodicée, claire et bien ordonnée, termine dignement l'ouvrage.

Le manuel de M. Collin mérite, au delà du public scolaire auquel il est d'abord destiné, un large rayonnement. Il peut être un précieux secours pour tous ceux qui ont besoin d'avoir de la synthèse thomiste une vue d'ensemble à la fois rapide et exacte, rédigée de façon à mettre en lumière la valeur « actuelle » de cette synthèse; il sera utile à ce titre aux étudiants des Facultés, auxquels il permettra de prendre contact avec la doctrine authentique des scolastiques, aux meilleurs élèves des Grands Séminaires, qui trouveront là un opportun complément à leur manuel latin, à tous les esprits cultivés désireux de connaître, en face de solutions trop souvent décevantes, la réponse de l'Ecole aux grands problèmes de la pensée.

VIII. — C'est encore aux jeunes gens, comme aux esprits cultivés, qui essayent de voir clair dans la complexité des problèmes, que s'adresse M. Habert dans son volume sur *le Primat de l'Intelligence dans l'histoire de la pensée* (4).

Depuis qu'il y a des hommes et qui pensent, innombrables sont les systèmes qu'ils ont élaborés pour résoudre l'énigme des choses; et cet immense effort des générations n'a abouti, semble-t-il qu'à des constructions diversifiées à l'infini où l'esprit humain n'a jamais trouvé qu'un abri précaire et momentané. Faut-il donc douter de l'intelligence, la croire incapable de saisir la vérité ? Et l'étude de l'histoire des idées ne peut-elle être qu'une école de scepticisme, une préparation au dédain de la recherche philosophique, reconnue décevante et incertaine en ses conclusions ?

L'idée maîtresse du livre de M. Habert, c'est que, tout au contraire, l'histoire des idées doit être une *initiation à la philosophie* : bien loin de conduire à douter de l'intelligence, elle peut nous amener à en constater la valeur et à en proclamer la primauté.

Un principe doit dominer cette étude, si l'on veut qu'elle soit féconde : il faut « coordonner et non opposer ». Au lieu de n'être frappé que par les contradictions des philosophes, on doit s'attacher à ce qui les rapproche; ou plutôt, il faut saisir ce fait que les doctrines qui, d'âge en âge, se sont succédé, ne sont pas isolées les unes

(4) O. Habert, *Le primat de l'intelligence dans l'histoire de la pensée : Initiation à la philosophie*, 1 vol. in-8, xv-448 pp., Paris, Beauchesne, 1926.

des autres : un système nouveau n'est échafaudé que parce qu'on voit l'insuffisance de ceux qui l'ont précédé : tout penseur veut conserver ce qui est bon chez ses devanciers, mais en les corrigeant et en les complétant. Ainsi l'histoire de la philosophie est comme l'histoire de la pensée d'un seul homme qui s'efforcerait d'atteindre le réel par de continuelles tentatives, par des tâtonnements inlassablement renouvelés.

En suivant le mouvement de cette histoire, l'évolution de cette pensée, on peut en recueillir le profit : on dégagera de chaque doctrine les idées justes qu'elle contient; on fortifiera par le contraste des erreurs la certitude des vérités que l'on connaît, et ainsi on entrera peu à peu en possession de la synthèse philosophique dont l'homme a besoin.

Car, — et ceci explique le titre du livre de M. Habert et en découvre la signification ultime, — de pensée spéculative et d'explication raisonnée des choses, l'homme ne peut se passer : à l'intelligence et à elle seule il appartient d'être maîtresse de vérité et guide de conduite. Et cette primauté de l'intelligence est la conclusion dernière que comporte l'histoire des idées : ne montre-t-elle pas que tout système édifié sur une autre base que l'intelligence s'est révélé insuffisant et impuissant (tels, le scepticisme, le pragmatisme) et que la raison d'être de l'effort des penseurs est le désir insatiable de comprendre mieux et de mieux expliquer la réalité ?

On voit donc quel est le caractère du volume de M. Habert. Sans entrer dans les détails ni suppléer aux ouvrages spéciaux, il passe en revue les grands courants de la pensée, il analyse les grands philosophes; il ne veut pas tout dire, mais donner l'idée essentielle de chaque système, ce qui en est la clef, — et, en même temps, indiquer sa place au milieu de tant d'autres et le juger. Cela fait un ensemble quelque peu touffu; de loin en loin on désirerait une phrase moins complexe et moins chargée de mots rares et de néologismes (5); ailleurs on aimerait une composition plus rigoureuse. Mais ce sont là imperfections légères, et M. Habert, par le ton général de son style, a bien réalisé son projet d'être accessible à tout lecteur cultivé et attentif, désireux de philosopher sans être un spécialiste.

Nous disions tout à l'heure comment l'histoire des idées devait, dans la pensée de M. Habert, mettre peu à peu le lecteur en possession de la synthèse philosophique que l'esprit réclame. Ce n'est pas le moindre mérite de son livre que d'avoir su éviter d'aboutir à quelque éclectisme imprécis. La synthèse vers laquelle nous guide la méthode que nous expliquions plus haut est cette *philosophia perennis* qu'est l'aristotélisme thomiste. « Rien ne paraît plus propre, écrit M. Habert, à donner confiance en l'intellectualisme thomiste que l'histoire des autres doctrines *jugées* à sa lumière. Par opposition avec elles, mais aussi comme la pensée qu'elles cherchaient à tâtons, cet intellectualisme fait saillie comme la philosophie naturelle de l'esprit humain ».

Ainsi, c'est en quelque façon une démonstration par le fait que cette histoire des idées concluant à la primauté de l'intelligence et

---

(5) Exemples : *dérefouler*, *s'originer*, *historicisme*, *etc.*

montrant dans l'intellectualisme des scolastiques — enrichi d'ailleurs de toutes les idées fécondes glanées chez les autres penseurs, la doctrine qui satisfait aux exigences de cette primauté. C'est bien là « initier » à la saine et salvatrice philosophie.

IX. — Nous terminerons cette chronique par l'indication d'un certain nombre d'ouvrages récents.

1. Voici d'abord un bon travail d'exégèse du texte de saint Thomas.

En quatre questions de la *Somme Théologique* (Ia IIae, q. 18-21), saint Thomas a résumé sa doctrine sur la bonté et la malice des actes humains; malheureusement, ici comme sur bien d'autres points, beaucoup négligent de s'adresser au texte même du Docteur : de là des méprises et des erreurs. Le P. Cathrein (6) a voulu nous faciliter la lecture et l'intelligence de ces pages assez difficiles de la *Somme*. Son commentaire, sobre de forme et riche de fond, élucide la brièveté du texte qu'il suit pas à pas, trace les lignes précises de la doctrine qu'il prend soin (c'est un des grands mérites de ce travail) de rattacher aux principes philosophiques sur lesquels saint Thomas s'est appuyé pour l'établir. Le tout est très clair et très sûr. Le service ainsi rendu est considérable, puisqu'on nous aide à mieux pénétrer une théorie de grande importance en philosophie et en théologie, et à entrer en contact direct, chose toujours si précieuse, avec les écrits de l'Ange de l'Ecole.

2. Le P. Frœbes publie un remarquable cours de *Psychologie spéculative* (7). Complet sans prolixité et détaillé sans être diffus, ce cours (8) est de ceux qui peuvent contribuer efficacement au renouveau du thomisme et à la formation philosophique des esprits.

Le point de vue de l'auteur est spéculatif; son but n'est point de faire un traité de psychologie expérimentale où seraient décrits en détail les résultats obtenus par cette science et les moyens d'investigation qu'elle emploie, mais de tracer une synthèse qui harmonise, unifie et explique par leurs « raisons » profondes les faits constatés. Ce qui fait la valeur de ce livre, c'est que l'esprit vraiment philosophique et la fidélité à la psychologie thomiste s'allient à une connaissance approfondie et directe des travaux et des constatations de la psychologie expérimentale. La compétence bien connue de l'auteur en ce domaine lui a permis de ne rien oublier ni déformer de ce que nous révèlent les études poursuivies de nos jours, avec tant d'ampleur et de succès, dans cet ordre de recherches positives; et

---

(6) V. CATREIN, S. J., *De bonitate et malitia actuum humanorum doctrina S. Thomae Aq.*, 1 vol. in-8, 148 pp., MUSEUM LESSIANUM (*Section philosophique*, n. 9), Louvain, 1926.

(7) J. FRŒBES, S.J., *Psychologia speculativa* (t. I : *Psychologia sensitiva*; t. II : *Psychologia rationalis*), 2 vol. in-8, VIII-254 et VI-344 pp., Herder, Fribourg-en-B., 1927.

(8) Le premier volume, consacré à la *Psychologie sensitive*, étudie d'abord la vie sensible, en général (sujet de la vie sensible : psychisme animal; propriétés essentielles de l'être sensible), puis il décrit les facultés de la vie sensible et leurs divers modes d'activité. Le second volume traite de la *Psychologie rationnelle*, c'est-à-dire de la vie psychique supérieure : intelligence et volonté et, après avoir étudié ces facultés, il établit quelle est la nature de l'âme humaine.

cela donne à son ouvrage, avec beaucoup de sûreté et d'intérêt, le privilège d'être pleinement satisfaisant pour un esprit au courant des plus modernes disciplines.

Cette méthode, — préconisée par le cardinal Mercier et l'Ecole de Louvain, — en même temps qu'elle oblige à préciser les thèses traditionnelles, les justifie en montrant leur aptitude à rendre compte de tous les faits certains. On ne peut donc que recommander un manuel où une telle méthode est si heureusement appliquée.

3. *L'Essai de métaphysique thomiste* (9) du P. Webert est une initiation à l'ontologie scolastique. L'auteur pense avec juste raison que le thomisme, cette « métaphysique naturelle de l'esprit humain », est accessible à tous : il ne faut pas le réserver à un groupe restreint d'initiés en l'entourant de formules techniques difficiles à apprendre ou en faisant de lui comme un monde fermé que l'on isole des préoccupations et des doctrines d'aujourd'hui. Par son langage clair et direct, par son souci de signaler les points de vue des philosophes modernes et contemporains (en particulier Kant et Bergson) et de discuter leurs solutions, le P. Wébert a bien réussi à donner de l'ontologie thomiste un exposé intéressant et aisé à saisir.

Le plan est net, les questions, bien liées; le lecteur est sans cesse orienté par de brèves vues d'ensemble des questions qui vont être traitées et soutenu par de rapides résumés des points précédemment établis. Notons aussi que le P. Wébert enrichit notablement son livre en l'achevant par l'étude de la cause première, l'ontologie lui paraissant incomplète si les notions que l'on applique à l'être et les propriétés qu'on lui assigne ne trouvent pas leur justification et leur vérification éminentes dans l' « Etre unique en qui s'expliquent toutes les choses ».

L'ouvrage du P. Wébert sera utile et bienfaisant; il fera connaître un thomisme très authentique et il le fera apprécier tant en lui-même que par comparaison avec d'autres philosophies tant vantées.

4. Le volume de morale du P. Nivard (10), fruit d'un long enseignement, vise un double but : d'une part, dégager nettement et mettre en plein relief les notions essentielles et les thèses fondamentales de l'Ethique, afin que les esprits en saisissent bien le sens, la portée et l'enchaînement; d'autre part, exposer avec détails et apprécier après sérieux examen les diverses opinions soutenues dans les matières si variées qui sont du ressort de la morale, qu'il s'agisse d'erreurs à réfuter ou de questions controversées sur lesquelles il est loisible à chacun de prendre librement parti.

Un plan généralement judicieux, des divisions multipliées que soulignent les ressources d'une typographie soignée, un style sobre et lucide ont permis à l'auteur de bien réaliser son premier objectif. Le second est également atteint avec bonheur : de très nombreuses questions d'un vif intérêt sont évoquées et discutées et il y a, dans

---

(9) J. Wébert, O. P., *Essai de Métaphysique thomiste*, 1 vol. in-16, 400 pp. Paris, Editions de la Revue des Jeunes, Desclée et Cie (1927).

(10) M. Nivard, S. J., *Ethica*, 1 vol. in-8, XXIV-492 pp., Paris, Beauchesne, 1928.

les compléments, le plus souvent en français, que le P. Nivard ajoute à son texte de base (en latin) une mine très riche de renseignements sur une foule de théories.

Les imperfections du livre (quelques imprécisions, certains points un peu sommairement traités) pèsent peu en comparaison de la valeur de ce cours et des services qu'il peut rendre par la fermeté de sa doctrine et l'importance de sa documentation.

5. « C'est le propre des grands cœurs, a dit le P. Lacordaire, de découvrir le principal besoin du temps où ils vivent et de s'y consacrer ». Aristote méritait une place dans la collection dont cette phrase est le programme et le volume du P. Roland-Gosselin (11) qui lui est réservé est bien tel qu'on le pouvait souhaiter.

A la veille de la décadence d'Athènes, à l'heure où s'achevait un prodigieux travail de pensée ébauché dès Socrate, Aristote a recueilli ce qu'il y avait de meilleur dans la philosophie grecque et l'a fixé en le dépassant. En « se consacrant » à cette entreprise, il répondait aux aspirations vers plus de lumière, vers un ordre plus complet et plus parfait qui était au fond des âmes, en son temps; et, du même coup, il donnait satisfaction, autant qu'il lui était possible, à ce besoin de vérité qui est de tous les temps et de tous les climats.

C'est là ce qui donne sa valeur durable à l'œuvre d'Aristote. Le P. Roland-Gosselin ne dissimule ni les insuffisances, ni les erreurs de cette œuvre (v. g. en théodicée, en politique, en matière d'éducation); mais il montre excellemment tout ce qu'elle contient de définitif, tout ce qui l'a rendue apte à devenir, une fois reprise par le génie chrétien, la philosophie d'un monde nouveau.

Ces idées, d'ailleurs, le P. Roland-Gosselin ne les expose pas à la manière d'une thèse. Elles se dégagent d'elles-mêmes d'un livre attachant comme une causerie au style limpide et simple, où l'érudition que supposent des jugements aussi précis et aussi motivés n'affleure jamais, et où la chaude et vivante sympathie de l'écrivain ne nous met pas simplement en contact avec un auteur du passé, mais nous fait découvrir une âme.

Xavier Ducros.

---

(11) M. D. Roland-Gosselin, O. P., *Aristote*, 1 vol. in-16, 204 pp., collection *Les Grands Cœurs*, Paris, Flammarion, 1928.

NOTES ET CRITIQUES

E. DE MOREAU, *Saint Amand, apôtre de la Belgique et du Nord de la France;* Louvain, éditions du Museum Lessianum, 1927, in-8°, x-167 pages.

Après saint Martin, après saint Cyr, il n'y a peut-être pas de saint dont le nom, sous ses diverses formes (saint Amand, saint Chamant, saint Chamond) soit porté par plus de localités en France. Il y a là sans doute un vague souvenir de ses courses apostoliques à travers la France. Le récit de ces courses apostoliques qui ne pouvait manquer d'intéresser les origines religieuses de plusieurs provinces, n'avait pas cependant tenté la plume d'un historien. En réalité, le P. de Moreau est le premier à nous donner de saint Amand une biographie qui puisse compter dans la littérature hagiographique. Il ne s'est pas rebuté comme tant d'autres par la pénurie et l'incertitude des sources littéraires. Réduit à se contenter de celles que les Bollandistes avaient signalées et classées, il les a soumises toutes une à une à un examen rigoureux dans une ample introduction, vrai modèle de critique aussi sagace qu'informée. Sans s'en laisser imposer par les noms des maîtres de l'hagiographie mérovingienne, Krusch et Levison, il n'hésite pas, à l'occasion, à s'inscrire contre leurs opinions et sa discussion toujours courtoise et étayée sur une science aussi solide qu'étendue met souvent les connaisseurs de son côté.

Avec les traits fournis par les seuls documents de bon aloi, le P. de Moreau trace un tableau complet de la vie et de l'œuvre de l'apôtre de la Belgique, tableau détaillé aussi où trouvent leur place la naissance et la formation ascétique d'Amand dans l'Aquitaine Seconde, son voyage à Rome où il prend conscience de sa vocation apostolique, son apostolat comme évêque missionnaire dans les vallées de l'Escaut et de la Lys, puis chez les Slaves du Sud, aux portes de la Frise, chez les Vascons, coupé par l'épiscopat sédentaire de Tongres-Maastricht, enfin ses dernières années passées dans les exercices de la vie religieuse à Elnone et dans d'autres monastères fondés par lui ou d'autres.

En tout, l'auteur se préoccupe de nous donner sous son vrai jour la physionomie et le relief du saint altérés ou surfaits par des légendes ou des traditions sans consistance et sans autorité, mais trop prises au sérieux par des biographes au zèle plus ardent qu'éclairé. Lui-même a fait trop d'honneur à ces biographes sans critique en s'arrêtant à discuter leurs dires dont l'imagination faisait seule les frais.

Entre les deux ou trois biographes gascons cités ici le seul Marca méritait son attention; et, à vrai dire, le P. Henschenius, derrière qui s'abrite le P. de Moreau, ne me paraît pas avoir réfuté péremptoirement notre historien du Béarn dans ses efforts, discrets du reste, « pour venger les Basques des allégations injurieuses des biographes d'Amand ». J'ai souvenir — qu'on me pardonne ce souvenir personnel — d'une explication ingénieuse du passage de la *Vita* relative à l'apostolat d'Amand chez les Vascons. Il y avait là de cette difficulté une solution qui répondait mieux à l'état religieux de la Vasconie au VIIe siècle. Elle était proposée avec bonnes preuves à l'appui par un confrère du P. de Moreau qui, à peine échappé des geôles allemandes, employait ses loisirs forcés à une étude sur saint Amand. Pourvu que la qualité supérieure de l'ouvrage du P. de Moreau n'ait point décidé le P. Pierre Delattre à condamner son travail aux oubliettes ! Ce serait fâcheux pour la gloire de saint Amand et ceux qui ont vu à l'œuvre ce travailleur acharné, de si vaste culture et de haute intelligence, ne se consoleront pas de sa décision. Sans rien enlever au mérite du travail du P. de Moreau, qu'ils regardent comme un des chefs-d'œuvre de notre littérature hagiographique, ils estiment qu'une Vie comme celle que préparait son confrère pouvait et devait encore se produire. Que d'excellents esprits même qui admirent le plus l'office du Saint-Sacrement donné par saint Thomas d'Aquin, ont déploré le geste de saint Bonaventure déchirant son manuscrit en entendant saint Thomas qui lisait le sien !

A. Degert.

Cl. Grillet, *Victor Hugo spirite.* Lyon, Vitte, 1929, in-12, 223 p.

On le savait par ses dernières biographies, Victor Hugo, dans l'exil, s'adonnait passionnément à des expériences d'occultisme auxquelles le poussait une malsaine curiosité. Sur la foi du titre on pouvait s'attendre à trouver dans ce livre un récit pittoresque de ces pratiques bizarres. Il y a plus et mieux. M. Grillet n'entend rien ajouter aux révélations que nous ont faites sur les « tables tournantes de Jersey » Vacquerie, Jules Bois et Berret : il se contente de leur demander le secret de l'influence qu'elles ont exercée sur Victor Hugo, sur l'homme, sur le poète, sur l'artiste (dessinateur). Son livre ressortit ainsi moins à la biographie qu'à la critique littéraire à laquelle il apporte un supplément. Supplément d'autant plus précieux que dans la recherche des influences dont l'œuvre de Victor Hugo s'est ressentie, les grands critiques ont négligé ou dédaigné de descendre dans les bas-fonds de l'occultisme. Il y avait là une lacune que comble à souhait l'étude si pénétrante de M. Grillet. Il nous montre comment de ces bas-fonds venaient des suggestions ou des impulsions auxquelles Victor Hugo se soumettait volontiers. Dans les réponses des « esprits » interrogés pour et devant lui par son fils Charles Hugo, il puisait d'abord une confirmation, très appréciée, de sa foi en la métempsychose, dans l'animisme universel. Les tables tournantes inspirent le poète dans le choix des sujets, les idées à développer, les rythmes et le vocabulaire. Telle pièce de son œuvre fut écrite sur leur invitation.

Dès 1853, les tables tournantes ont arraché Victor Hugo à la première colère de l'exil, comme au lyrisme, tranquille, personnel, subjectif des *Odes*, des *Feuilles d'automne*, des *Voix intérieures* et des premières *Contemplations*. Elles le lancent dans l'humanitarisme apocalyptique et la religiosité vague présentés comme un écho de *Ce que dit la Bouche d'ombre* et inaugurent le lyrisme objectif, visionnaire des dernières *Contemplations*, la rhétorique vaticinatoire de *Dieu*, de la *Fin de Satan* et de *la Légende des Siècles*. Cette influence est prépondérante de 1853 à 1859.

De cette influence, M. Grillet nous apporte des preuves péremptoires dans les citations empruntées avec bon goût et en grand nombre à toute l'œuvre du poète dont elle atteste une profonde connaissance. Si sensible qu'il soit à cette influence, il faut convenir qu'il n'en exagère pas l'effet. Entre Victor Hugo et les pensées des « esprits » il nous montre comme une harmonie préétablie. Les « esprits », d'après les rédacteurs des procès-verbaux des séances sont de la famille de notre poète ou de ses favoris (Dante, André Chénier, Châteaubriand, Shakespeare, Luther, Eschyle, Molière, Aristophane, Byron, Galilée, Isaïe). Leurs réponses sont en parfait accord avec l'état d'esprit de Victor Hugo et l'on a pu dire qu'avant les expériences des tables tournantes de 1853, les éléments de cette philosophie spirite prééxistaient dans sa pensée. L'action des tables sur le dessinateur qu'était Victor Hugo apporte à la thèse de M. Grillet une confirmation dont elle pouvait se passer, mais qui la rend sensible aux sens comme à l'intelligence.

Prise dans son ensemble, cette influence fut-elle heureuse sur Victor Hugo et sur son œuvre ? M. Grillet ne se pose pas la question, il préfère, à la fin, nous livrer sa pensée sur « le mystère des tables de Jersey ». Il s'arrête d'abord à la conjecture que dans les séances de Jersey il n'y a que de simples transmissions de pensée. Cette explication à laquelle il avait consacré un article du *Correspondant* (10 juillet 1914) ne lui sourit plus autant et il en fait une critique très pénétrante dont elle ne se relèvera pas. Il conclut que « la parole est aux savants et sans doute aussi aux théologiens ». Conclusion modeste mais sage. M. Grillet garde du moins le mérite d'avoir, par son livre, fait beaucoup pour faciliter la besogne des juges auxquels il réserve la solution du problème.

A. Degert.

Monseigneur Pierre Batiffol [1]

II

C'est en janvier 1898 que M. Captier, Supérieur de Saint-Sulpice, fit à l'abbé P. Batiffol les premières ouvertures en vue du rectorat de Toulouse. Il parlait de la part de l'archevêque, Mgr Mathieu, et pressait vivement son interlocuteur d'accepter. « Vous ferez là-bas œuvre utile », lui disait-il, pour le décider. En février, Mgr Mathieu venait à Paris. « Les Toulousains veulent un Toulousain, dit-il à Mgr Batiffol. Vous, vous serez un Toulousain rapatrié... Il nous faut une direction alerte et compétente et je ne ne doute pas que vous nous l'apportiez. Venez. C'est pour l'Eglise » (2).

Et le 26 décembre 1898, après avoir reçu les vœux de l'Institut Catholique que lui présentait le nouveau Recteur, Mgr Mathieu, en sa qualité de chancelier, dans une formule aussi pleine que concise, résumait le programme de l'Enseignement supérieur ecclésiastique : « Il faut que nos Instituts Catholiques deviennent de plus en plus des foyers, que la pédagogie de notre enseignement libre s'y élabore, que la science y soit cultivée et produite, que l'opinion vienne s'y éclairer » (3).

Ces directives, l'abbé P. Batiffol, devenu Prélat de Sa Sainteté le 28 juin 1899, allait les développer et les préciser et le programme ainsi établi, il allait s'efforcer de le réaliser à l'aide des ressources régionales, par la meilleure utilisation des hommes et des institutions, avec le minimum de dépenses et en donnant le premier l'exemple à tous. Son programme, on le

(1) Voir *Bulletin* (1929), p. 7 et suiv.
(2) La *Semaine catholique de Toulouse* du 20 janvier 1929.
(3) Dans cette notice, les indications relatives à la vie de l'Institut Catholique et aux articles de Mgr Batiffol, sont, sauf mention spéciale, empruntées, aux dates indiquées, au *Bulletin* et à la *Chronique*, paginée à part en chiffres romains.

retrouvera dans les cinq discours lus par lui aux séances de rentrée, et son inspiration ecclésiastique, dans les six allocutions prononcées à la messe du Saint-Esprit (4). Combien ses vues sont élevées, compréhensives, pratiques, répondant aux exigences de la situation et au rôle de ses auditeurs, professeurs et étudiants, on le verra en lisant ses exposés sur « le rôle de l'enseignement supérieur ecclésiastique; l'Encyclique du 8 septembre 1899 et le clergé français; les trois entraînements des hommes d'étude; la culture supérieure et la mission du prêtre; les reconstructions de demain; l'obéissance à l'Eglise ».

L'Institut comprend trois Facultés canoniques : la Théologie, succédant à une Ecole supérieure, depuis le 15 octobre 1889; le Droit canonique et la philosophie depuis le 30 juin 1899, une Faculté libre des Lettres et une école supérieure des Sciences. Sous l'impulsion du Recteur, ces cadres allaient servir, avec une ardeur et une activité renouvelées, à la formation du clergé, à celle des professeurs des Petits et des Grands Séminaies et au travail scientifique mis au service de la foi.

L'accélération du mouvement fut bientôt sensible dans l'ancien couvent de Sainte-Claire. Les actes principaux de la vie universitaire furent mis en relief. En 1899, c'est la reprise des séances de rentrée; en 1900, celle de la remise solennelle des diplômes aux gradués des Facultés canoniques. Les conférences de l'Institut prennent une grande extension. Pour recevoir l'affluence qui s'y presse, et grâce à un don généreux de l'Association des Anciens Elèves, une grande salle est créée. Les conférences d'hiver sont ouvertes aux dames et celles de 1903 sont réunies en volume. Des conférences blanches sont établies pour l'enseignement religieux des jeunes filles. Des *lectures* ou conférences extraordinaires ont lieu : telles celles de M. Méritan et du R. P. Lagrange sur l'Ecriture Sainte. M. Couture et le R. P. Portalié donnent des cours d'histoire de la théologie, qui sont une nouveauté en France et ailleurs. MM. Brunetière, Bazin et Doumic viennent ajouter à cet enseignement l'éclat de leur parole et de leur nom. Le mouvement des conférences

(4) Certains de ces morceaux ont été reproduits dans les *Questions d'enseignement supérieur ecclésiastique*. Paris, Gabalda, 1907. Les autres mériteraient d'être réunis en volume avec certains articles essentiels.

s'étend hors de Toulouse. Quatre sont données à Albi, cinq à Pau, d'autres à Montpellier et à Carcassonne.

Cette part faite au grand public ne détournait pas l'attention du point central de l'œuvre, la formation des étudiants ecclésiastiques.

Aux étudiants des Lettres, le Recteur donna un programme calqué sur celui de l'Institut Catholique de Paris, avec certaines atténuations pour la rigueur des exercices écrits. Le professeur de rhétorique d'un des principaux collèges de Paris vint faire aux étudiants une conférence pédagogique reproduite dans le *Bulletin* de 1901. Un plan de Mgr Mathieu, chancelier, pour la participation des étudiants ecclésiastiques aux cours de la Faculté de l'Etat valut des difficultés à Mgr Batiffol chargé de l'exécuter. Mais ces froissements pénibles ne nuisirent pas au rayonnement de la Faculté libre des Lettres dans la région universitaire.

Le Recteur avait donné tout de suite la plus sympathique attention à l'enseignement secondaire libre, une des œuvres les plus fécondes de l'Eglise de France. Que seraient les cadres de l'action catholique en notre pays sans les hommes préparés depuis quatre-vingts ans dans les collèges libres ? L'initiative, le dévouement, le désintéressement des supérieurs et des professeurs suffisent à peu près à tout, sauf à la formation des maîtres. Le 4 juillet 1899, à l'Institut Catholique, dans la réunion d'une trentaine de Supérieurs tant réguliers que séculiers de la région universitaire, fut fondé l'*Office régional des maisons catholiques d'enseignement secondaire du Sud-Ouest*. Le but de l'*Office* est de s'unir pour promouvoir la protection et le progrès de l'enseignement ecclésiastique, le développement des études, la formation des professeurs, l'émulation des élèves, la solidarité des maisons entre elles, sous la direction des Ordinaires et des Supérieurs Majeurs, en union avec l'*Alliance des Maisons d'éducation chrétienne*. Le Recteur fut nommé président du groupe nouveau. Pour recommander la formation des maîtres, il donna dans la *Chronique* du Bulletin la statistique des grades dans l'enseignement officiel et dans l'enseignement libre. Le rapprochement était assez instructif et excitant. Pour stimuler l'émulation des élèves fut organisé par l'Institut un

Concours interscolaire annuel qui n'a pas cessé d'avoir lieu depuis lors.

Ces deux organisations générales créaient des rapports entre tous les collèges libres adhérents et l'Institut Catholique. Sur la demande des Evêques ou des Supérieurs, des rapports plus particuliers furent établis, à diverses fins, avec un grand nombre de maisons de la région universitaire, par des visites soit du Recteur, soit, plus rarement, des professeurs délégués à cet effet. Ces visites étaient motivées de bien des manières : des examens à faire passer aux élèves, un discours de distribution de prix, un sermon ou une retraite à prêcher, une allocution à prononcer, une gracieuse invitation d'anciens élèves. La Chronique du *Bulletin* faisait le relevé de ces visites et en notait le caractère. A toutes peut s'appliquer le mot qui était dit de l'une d'entre elles : « Cette maison si éclairée, si laborieuse, où l'accueil des maîtres et des élèves a quelque chose de si loyal et de si délicat... Il y eut une fête littéraire de très bon goût; il y eut des toasts et des entretiens; il y eut de la simplicité et de la cordialité partout... Les pèlerins, au départ, se retournèrent maintes fois pour saluer encore la blanche silhouette de la maison amie ».

C'est dans cette chaude lumière que sont mentionnés successivement : Lavaur (deux fois), l'Esquile (deux fois), Pamiers, Polignan, Dax, Bayonne, Larressorre (deux fois), Saint-Joseph de Rodez (deux fois), Saint-Affrique, Belmont, Mende, Marvejols, Sorèze, Castres, Brive, Montauban, Prades, Moissac, Graves, Albi, Agen (Saint-Caprais et Petit Séminaire), Pau, Bétharram, Saint-Pé, Saint-Stanislas de Toulouse, Langogne, Montfaucon, sans compter des oublis inévitables.

Partout, le Recteur ou le représentant de l'Institut parlait. De ces allocutions, trois de Mgr Batiffol ont été conservées : celles des distributions des prix à Graves en 1900, à Saint-Stanislas de Toulouse, en 1901, et une proclamation ardente, lors de l'abandon de l'Esquile, en 1906. Avec la plus grande aisance, cette parole prend successivement tous les tons et tous les niveaux suivant les suggestions de l'esprit et du cœur. Dans la manière de parler aux « petits sixièmes » et aux grands élèves se montrent toutes les nuances du connaisseur de la jeunesse qu'était l'aumônier de Sainte-Barbe. Lorsqu'il fut rentré à Paris, les noms des Petits Séminaires et des Collèges qui viennent d'être énumérés revenaient à sa mémoire parmi ses plus chers souvenirs.

L'extension universitaire se fit par une autre voie, par les rapports de la Faculté de théologie avec les Grands Séminaires de la région. Une collaboration était déjà commencée pour la collation des grades. Un décret de la Congrégation des Etudes du 2 juin 1897 avait autorisé les seize Séminaires de la région universitaire à faire subir à leurs élèves les examens du baccalauréat en théologie, en droit canonique et en philosophie scolastique. Les diplômes sont expédiés par l'Institut Catholique et contresignés par le Supérieur du Séminaire où l'examen a été subi. Le 17 novembre 1898, eut lieu une réunion du Conseil de la Faculté de théologie présidée par le Recteur et à laquelle furent convoqués les Supérieurs des Grands Séminaires. Là furent réglées, d'un commun accord et suivant les directives de la S. Congrégation des Etudes et de Léon XIII, « *omnium libertate salva et incolumi* », les conditions de cette collation du baccalauréat.

Les rapports, si heureusement commencés, ont été continués et resserrés par des visites du Recteur et plus rarement d'un professeur de l'Institut Catholique. L'occasion en était une conférence, la remise d'un diplôme d'une des Facultés canoniques, une invitation ou une visite moins préparée. Ces rencontres prirent parfois un vrai caractère de solennité et furent l'objet de comptes rendus peu ordinaires, dans les *Revues religieuses*.

Ce fut d'abord, en 1899, une conférence du Recteur à Cahors, où il avait été invité par Messieurs de Saint-Lazare, en présence de MM. les Vicaires Généraux et de Mgr Enard, qui ouvrit et clôtura la réunion par sa parole si écoutée. La même année, quelques mois plus tard, Mgr Batiffol revenait à Cahors pour la remise des diplômes du baccalauréat. A la chapelle, les chants liturgiques accompagnent le cérémonial universitaire : *Veni Creator*, discours de Mgr l'Evêque, remise des diplômes, antienne à saint Thomas, *O Doctor optime* et *Magnificat*. Au réfectoire, les nouveaux bacheliers eurent l'honneur d'avoir leur place à la table de Mgr l'Evêque. Au dessert, l'un d'eux, prenant la parole, adressa ses remerciements à qui de droit et invita ses frères cadets à conquérir à leur tour les palmes théologiques. Sur les instances de tous, Mgr Batiffol dut se lever et « en des termes d'une grâce exquise », à toutes les choses qu'il fallait dire, ne manqua pas d'ajouter un souvenir tout indiqué dans cette réception du Recteur de l'Institut Catholique de Toulouse par Messieurs de Saint-Lazare, celui de M. Vincent, saint et glorieux gradué de notre Faculté de théologie. C'est ainsi qu'avec des variantes, mais toujours avec la même cordiale simplicité, furent visités les Grands Séminaires de Cahors (5 fois), Auch (3 fois), Carcassonne, Bayonne (2 fois), Rodez, Mende, Perpignan (2 fois), Agen (2 fois), Albi (2 fois), Toulouse (3 fois).

Plusieurs de NN. SS. les Evêques tinrent à profiter de ces circonstances pour donner à leurs séminaristes, par leur parole et leur témoignage, une haute idée des études ecclésiastiques. C'est ainsi que le *Bulletin de l'Institut Catholique* fut très honoré de publier trois discours épiscopaux prononcés dans ces occasions, par NN. SS. les Evêques d'Agen, de Cahors et de Bayonne. En y joignant les allocutions de Mgr Batiffol, dans les mêmes circonstances à Auch et à Agen, et celle du P. Portalié à Agen, on appréciera à leur prix les traces qui subsistent de ces bienfaisants rapports. Des cas particuliers eurent un intérêt plus grand encore. C'est devant ses élèves du Grand Séminaire que M. Lalaguë, dont le R. P. Guillermin appréciait si haut la valeur, reçut à Auch le diplôme de docteur en théologie. Bien plus, c'est devant ses élèves et un nombreux clergé que M. Rivière, du Grand Séminaire d'Albi, soutint brillamment sa thèse pour le doctorat en théologie. Le Recteur et la Faculté s'étaient rendus à Albi pour la circonstance et le jury du futur professeur de l'Université de Strasbourg fut présidé par Mgr l'Archevêque.

***

Quel était le régime d'examens et d'études auquel Mgr Batiffol n'hésitait pas à donner une si large publicité ? C'est celui qui, sur son initiative, a été établi par les statuts du 30 juin 1899, approuvés par le Saint-Siège. Jusqu'alors, d'après ceux adoptés, dix ans plus tôt, en 1889, en règle générale et sauf dispense, le baccalauréat en théologie pouvait être obtenu après une année de cours suivis à l'Institut; la licence, après deux années de cours; l'examen oral du doctorat, deux années après la licence, sans assistance aux cours; les deux thèses écrites, du doctorat, deux années après l'examen oral, toujours sans assistance aux cours. Ces longs délais décourageaient les candidats, qui ne concouraient guère pour le doctorat. Partisan des décisions pratiques, le nouveau Recteur, dès 1899, fit adopter les décisions suivantes. Le baccalauréat en théologie peut être conféré à la fin des études du Grand Séminaire; la licence, après la première année des cours de l'Institut; et le doctorat (oral et thèse écrite) après la deuxième année de cours. Le sujet de la thèse peut être emprunté à la théologie, à l'Ecriture Sainte ou à quelque variété de l'histoire ecclésiastique. Et depuis lors, la presque totalité des licenciés en théologie ont soutenu leur thèse de doctorat.

En même temps que le régime des examens, les statuts du 30 juin 1899 ont réglé l'organisation de la Faculté de théologie et celle des études. C'est simple justice et combien agréable, de reconnaître que ces statuts, auxquels il ne peut être rien changé sans l'assentiment du Saint-Siège, ont produit un très grand progrès des études. Prétendra-t-on pour cela qu'ils soient absolument parfaits ? Il était forcé que trente ans d'application y révélassent quelques imperfections. Dès la seconde année de cours, la préparation de la thèse, travail personnel qui est si profitable et dont le niveau moyen est resté très honorable, ne diminue-t-elle pas forcément, chez les étudiants, l'attention donnée aux cours et à l'acquisition de certaines méthodes ? L'obtention du titre de docteur en théologie ne peut-elle pas porter à croire que le cycle des études ecclésiastiques est parcouru après deux ans et que les nouveaux docteurs sont préparés à commencer aussitôt une activité scientifique, des travaux personnels et des publications exigeant un spécialiste ? On en conviendra, le résultat serait trop beau pour être vrai. L'expérience a montré que ces deux années de cours de la Faculté de théologie ne peuvent pas, à elles seules, préparer des spécialistes. De ceux-ci, la Faculté de théologie en a formé quelques-uns, mais ou bien ils n'ont suivi pendant leurs deux ans qu'un seul des cinq enseignements de la Faculté (l'histoire ecclésiastique par exemple), ou bien ils étaient licenciés ès lettres avant d'être étudiants en théologie, ou bien après leur doctorat en théologie, ils ont continué leur initiation pendant un ou deux ans à Toulouse, à Paris ou à Rome.

En somme, quant à la durée des études, on peut regretter qu'un milieu n'ait pas été trouvé entre les statuts de 1889, qui demandaient six ans pour le doctorat et ceux de 1899, qui en demandent deux. Pour donner aux étudiants, ou au moins à une élite d'étudiants, une formation leur permettant de continuer à travailler activement et à produire, une fois rentrés dans leurs diocèses, il leur faudrait une année de travail personnel, à l'Institut, après le doctorat en théologie. Ces leçons de l'expérience viennent confirmer les statuts arrêtés, en 1908, après mûre délibération, par les Evêques protecteurs de l'Institut Catholique de Paris, pour le Séminaire Normal destiné à la formation des professeurs des Grands Séminaires et qui stipulent trois années d'études entendues comme il vient d'être dit (5). Les conditions de préparation du vrai et fécond travail sont nécessairement les mêmes pour tous, qu'il s'agisse de futurs professeurs de Séminaires ou de prêtres destinés au ministère et à l'enseignement des collèges. Et même la préparation de ceux qui auront à travailler loin des ressources et des bibliothèques des grands centres doit-elle être plus complète que celle de leurs confrères plus favorisés à cet égard. Ces considérations n'ont certainement pas échappé à Mgr Batiffol. S'il a renoncé à les faire valoir, c'est qu'il a voulu réduire d'abord son programme pour être plus sûr de le faire accepter et, par la valeur des résultats obtenus, montrer ceux, bien plus considérables, qui peuvent être encore acquis par un complément nécessaire du temps d'études.

Et cependant, malgré ces disponibilités de temps si restreintes, il n'hésita pas à comprendre les études de la Faculté de théologie avec toute l'ampleur des méthodes suivies aujourd'hui dans toutes les sciences morales, en littérature et en histoire. Il institua un cours pratique ou Séminaire d'ancienne littérature chrétienne, dont il assuma la direction. Il développa en Séminaire historique le cours de paléographie qui avait été

---

(5) A. BAUDRILLART, *L'enseignement catholique dans la France contemporaine*. Paris, 1910, p. 597.

établi par M. Douais. Un de ses meilleurs élèves a dit comment il comprenait son cours pratique (6). Nul doute que si le maître avait disposé de plus de temps, il eût obtenu plus de résultats encore. Dans son discours de Louvain, en 1901, il exposa notre manière de comprendre les cours pratiques.

Le Recteur montra, de bien d'autres manières, l'intérêt qu'il portait à l'enseignement théologique. Il fit à la Faculté l'honneur d'entrer dans ses cadres et de donner des cours de théologie positive. Malgré cette flatteuse confraternité, il crut d'abord devoir à sa charge de Recteur de venir assister aux cours de ceux dont il s'était fait le collègue. Mais il dut être satisfait de son inspection, puisqu'il annonça qu'il ne la recommencerait pas et qu'en homme d'esprit et de cœur, il eut même la bonne grâce de prétendre qu'en ce genre d'exercices, la concurrence était chez nous formidable. Celui qui écrit ces lignes ne saurait oublier comment, expliquant le conflit des écoles de théologie au Concile d'Ephèse, il aperçut un jour, sans susceptibilité ni embarras, du haut de notre chaire de théologie, depuis lors brûlée pendant la guerre, et par-dessus le gros in-folio des Conciles de Hardouin, notre Recteur attentif et sympathique. Avec de telles dispositions, il ne pouvait que suivre la préparation des thèses de théologie et même ne se résignait pas à n'être pas consulté sur certains sujets, le faisant bien voir à la soutenance. A celle-ci, il donnait la plus grande attention et quand elle le méritait une large publicité dans le *Bulletin*. Aussi l'émulation des élèves pour les thèses était-elle et est restée extrême. D'autre part, il publiait dans le *Bulletin* le titre des publications des professeurs.

***

Par ce qui précède, on voit l'œuvre régionale réalisée par Mgr Batiffol dans ses neuf années de rectorat. Des rapports étroits et confiants étaient donc établis, pour leur bien commun, entre l'Institut Catholique et les maisons d'enseignement ecclésiastique du Sud-Ouest : Petits Séminaires, Collèges libres et Grands Séminaires. Les études des Facultés de l'Institut et

(6) Article de M. J. Rivière, dans la *Revue apologétique*, avril 1929.

surtout la Théologie avaient été stimulées et fortifiées. Tous autour de lui se réjouissaient de ces résultats. Mais il voulut faire plus encore.

Au courant de la situation intellectuelle et des besoins du moment, connu partout comme un des meilleurs ouvriers du chantier ecclésiastique, désireux de servir l'Eglise, il conçut la grande et noble ambition de faire rayonner au loin l'Institut toulousain, d'en faire par son impulsion un des moteurs efficaces de la science ecclésiastique telle que la réclamait l'état des esprits et des études. Certes, c'était, pour son personnel, un stimulant, une confiance et un prestige d'avoir un tel chef, mais aussi c'était, pour lui, une grande force de pouvoir parler et agir au nom d'une œuvre d'enseignement supérieur, d'avoir autour de lui, pour le seconder et l'appuyer, un groupe de spécialistes autorisés dans les diverses sciences ecclésiastiques, ayant le même idéal que lui et le même dévouement à l'œuvre commune. On vit bientôt ce qu'une telle association peut produire de bons résultats.

Un point essentiel de son programme fut de donner à l'Institut un organe pour porter au loin sa parole et son enseignement dans les questions religieuses. Il existait bien un *Bulletin théologique, scientifique et littéraire de l'Institut catholique*, très largement répandu dans la région et où avaient paru d'excellents travaux, mais ce recueil n'était pas assez spécialisé. Averti par l'expérience si instructive et si brillante du *Bulletin critique*, auquel il avait collaboré et par celle de la *Revue biblique*, dont il avait été le secrétaire, de tout le rôle efficace d'un périodique consacré aux sciences ecclésiastiques, l'abbé Batiffol, dès son installation à Toulouse, transforma l'ancien *Bulletin* à programme trop étendu en un *Bulletin de littérature ecclésiastique* édité à Paris. Ce recueil réduisait son programme aux études ecclésiastiques, mais sans en exclure aucune. Il comprend depuis lors des articles de fond et des comptes rendus bibliographiques.

Dès les premiers numéros, le caractère de la publication fut affirmé. On voyait apparaître un nouveau *Bulletin critique*, organe, cette fois, non exclusivement d'une personnalité éminente ou d'un groupe d'élite librement formé, mais d'une œuvre d'enseignement ecclésiastique, par suite plus doctrinal que son émule, mais aussi décidé que lui à être compétent et véridique et à prendre la parole hardiment, plus hardiment encore dans la conversation sur les questions religieuses. Les articles de fond étaient presque toujours signés. Durant toute la direction de Mgr Batiffol, les *Notes et critiques* furent anonymes, au grand regret de certains collaborateurs. Sans parler de quelques scrupules parfois assez légitimes, ce travail obscur demandait tant de désintéressement. Mais c'était comme une œuvre de famille, un sacrifice bienfaisant et récompensé, car la parole d'un seul prenait une force toute nouvelle, quelquefois décisive, en devenant celle de tous. Là comme partout ailleurs, le Recteur donnait l'exemple. De son écriture menue, il fournissait une large part de copie, revoyait toutes les épreuves corrigées et rédigeait la Chronique. C'est dans ce recueil qu'on ira un jour chercher des données essentielles sur l'histoire intellectuelle du clergé français et sur la question religieuse pendant des années palpitantes d'une vie si intense et si tragique.

L'abbé Batiffol arrivait à Toulouse avec les idées que l'année précédente, à la fin de 1897, il avait exposées dans la *Quinzaine*, sur *Les études d'histoire ecclésiastique et les catholiques de France*. Mais cet avis de l'aumônier d'un collège parisien prenait une importance et une autorité singulières en devenant le programme d'un Recteur chargé de diriger un Institut d'enseignement supérieur. Il y eut, dès lors, deux parties dans l'œuvre de Mgr Batiffol et de ses collaborateurs : les travaux personnels sans rapport direct avec l'heure présente et la participation aux discussions si graves portées soit devant le grand public, soit devant les spécialistes sur les questions religieuses les plus essentielles. La première série est très considérable. On en trouvera la liste dans la bibliographie de Mgr Batiffol. La seconde série doit nous retenir quelques instants.

Informé comme il l'était de l'état des esprits dans certains cercles ecclésiastiques de Paris, il ne put conserver la moindre illusion sur la gravité des indices et des manifestations dont le *crescendo* pendant neuf ans amena la crise intellectuelle désignée sous le nom de modernisme.

Dès le 1er décembre 1898, aux premiers mois du rectorat de Mgr Batiffol, M. Loisy commençait, dans la *Revue du clergé français*, ses articles sur le développement chrétien, sur la définition de la religion, sur les origines du Nouveau Testament. Il les continuait bientôt, dans le même recueil, sous le pseudonyme de Firmin, sur l'idée de révélation et sur la religion d'Israël. A la *Revue d'histoire et de littérature religieuses*, la limitation systématique de Mgr Duchesne, dont on a vu les motifs, à l'histoire ecclésiastique, livrait la patrologie et l'histoire des dogmes à M. Turmel et à ses sosies. Dès 1900, le pseudonyme Denys Lenain commençait l'interminable série des articles où dans divers recueils et sous de nombreux masques un ecclésiastique allait, pendant trente ans entiers, tourner en bourriques malfaisantes les Pères de l'Eglise et les théologiens et, en une dérision de plus en plus corrosive, le dogme catholique. Dans la même *Revue*, M. Margival avait du moins le courage de signer ses articles sur *Richard Simon*.

Puis les événements se précipitent. C'est, en mai 1900, *L'essence du christianisme* de Harnack; vers le milieu de novembre 1902, *L'Evangile et l'Eglise de M. Loisy*, sous la forme ingénieuse d'une réponse à Harnack. Puis, en octobre 1903, *Autour d'un petit livre* du même auteur et en décembre 1903, la mise à l'Index de ces ouvrages. Le *Bulletin* n'avait pas attendu cette date pour prendre parti. Il ne fut pas arrêté par les singulières illusions affichées alors par des personnalités catholiques tant d'extrême-droite que d'extrême-gauche, qui virent dans *L'Evangile et l'Eglise* l'apparition de l'apologétique nécessaire aux temps nouveaux. De là, pour une bonne part sous l'inspiration de Mgr Batiffol, une série d'articles qui entraient sans ménagement dans le plus vif des questions : en 1900, *A propos de Richard Simon*, de Mgr Batiffol sur M. Margival; en 1901, *A propos d'eschatologie*, par le P. Portalié, sur M. Turmel; au début de 1903, *L'Evangile et l'Eglise* de Mgr Batiffol sur M. Loisy; quelques mois plus tard, *Un nouveau manifeste catholique d'agnosticisme* par M. Franon, sur le P. Tyrrell. En 1904, toujours dans le *Bulletin*, les articles de Mgr Batiffol, du P. Lagrange, du P. Portalié, du P. de Grandmaison.

Dans l'émotion et le désarroi des esprits, au cours de cette crise doctrinale d'un retentissement inouï, grâce au Recteur de Toulouse, le Bulletin fut pour beaucoup d'âmes une lumière, un réconfort, et, pour la discussion scientifique, un centre de ralliement, le principal, peut-on dire. Et ce ne sont pas seulement les revues et les livres qui attestent le succès et la profondeur de cette action. A Toulouse, trois conférences données par le Recteur les 13, 20 et 27 décembre 1903, sur ces controverses, remplirent la grande salle des conférences d'un auditoire d'élite composé d'ecclésiastiques, d'hommes du monde et d'étudiants de l'Université. En rendant compte de la seconde conférence donnée sous la présidence de Mgr l'Archevêque de Toulouse, la *Semaine catholique* écrivait :

Monseigneur l'Archevêque a pris la parole, à la fin de cette forte et bienfaisante leçon d'histoire religieuse, pour remercier et féliciter hautement le chef de notre Institut de son intervention dans la controverse présente, pour encourager professeurs, étudiants, par quelques paroles empreintes de bonté clairvoyante et généreuse, pour bénir, enfin, l'admirable auditoire de laïques et de prêtres qui se pressait autour de la chaire.

Et vingt ans plus tard, dans la *Semaine religieuse* de Clermont du 10 juin 1922, en son article nécrologique sur M. Cheminat, ancien Supérieur de notre Séminaire universitaire, Mgr Batiffol disait, parlant de cette époque :

C'était l'heure où la publication de *L'Evangile et l'Eglise* ouvrait le feu des controverses modernistes. L'avions-nous assez prédite cette heure, dès 1900 ! Le P. Portalié et moi nous jetâmes dans la controverse, où nous engagions très délibérément l'autorité de notre Institut, quand tant d'autres hésitaient encore à nous suivre, et que d'autres n'hésitaient pas à nous blâmer. M. Franon se joignit à nous tout de suite et se chargea de démasquer Tyrrell. M. Saltet devait plus tard démasquer Turmel. Le P. Lagrange, le P. de Grandmaison, d'autres encore nous apportèrent leur concours. Ce furent quatre années d'alerte et de combat dont je garde une émotion inoubliable.

D'ailleurs Mgr Batiffol continua à s'expliquer sur ces questions jusqu'à la fin de 1907, où il quitta Toulouse, dans les articles *Pour l'histoire des dogmes* (1905); *Evolutionisme et histoire* (1906); *Le gnosticisme* (1907). Ces graves préoccupations n'arrêtaient pas son travail régulier, la publication de ses livres, sa collaboration à la *Revue biblique* et aux autres, ses articles du *Bulletin* si variés, depuis *L'épigraphie chrétienne à Toulouse* et *La légende de sainte Thaïs* jusqu'à l'épineuse discussion sur les *Tractatus Origenis*. Entre temps, lui, qui, avant de venir à Toulouse, avait fondé la *Bibliothèque de l'enseignement de l'histoire ecclésiastique,* fondait une nouvelle collection : les *Etudes d'histoire des dogmes et d'ancienne littérature ecclésiastique*, où parurent entre autres la remarquable thèse de M. Rivière sur *La Rédemption* et le chef-d'œuvre de critique historique que sont *Les martyrologes historiques du moyen âge* du R. P. Dom Henri Quentin.

(*A suivre*). Louis SALTET.

JEANNE D'ARC ET SA « VIE » PAR ANATOLE FRANCE

I

Il y a trois vies, a-t-on dit, qu'on ne se lasserait pas d'écrire et de lire : la vie de Jésus, la vie de Napoléon, la vie de Jeanne d'Arc. Des trois cette dernière a été la moins bien traitée, s'il fallait en croire Anatole France. D'elle, disait-il, il y en a mille, mais il n'y en a pas une véritable et c'est pour cela, ajoutait le romancier mué en historien, en veine de confidences en faveur d'un journal parisien, « qu'il publiait la sienne ». Cette façon cavalière de dénigrer l'œuvre de ses devanciers et de présenter la sienne comme l'unique véritable, n'obtiendra l'approbation d'aucun des lecteurs familiarisés avec les Vies antérieures de Jeanne d'Arc et avec celle d'Anatole France. Sans parler des autres on se bornera ici à l'examen de cette dernière. Sans doute, aucune autre peut-être n'a provoqué, à son apparition, un pareil mouvement de curiosité. Toutes les grandes revues littéraires ou historiques de France, d'Italie, d'Angleterre, d'Allemagne ont attiré sur elle l'attention de leurs lecteurs. Ces deux gros volumes sont actuellement arrivés à la 54e édition. Il serait fâcheux qu'en profitant du regain d'actualité provoquée par le Ve centenaire, cette œuvre pût exercer quelque influence sur l'opinion publique soit en confirmant, soit en ébranlant les esprits dans l'idée qu'ils se sont formée du caractère et de la mission de la Pucelle d'Orléans.

Dès sa préface M. A. France a bien soin de nous avertir que nous ne trouverons dans son livre ni la patriote à l'enthousiasme raisonné, ni la dévote à la piété teintée de philosophie éclectique, ni le phénomène polytechnique des libres-penseurs ou des rationalistes, que nous n'y rencontrerons pas davantage la druidesse romantique, ni la garde-nationale inspirée de Henri Martin ou de Michelet, ni la canonnière patriote des républicains et encore moins l'ultramontaine, la sainte béate et moderne des catholiques, leur miraculeuse protectrice de la France chrétienne, patronne des officiers et des sous-officiers, modèle inimitable des élèves de Saint-Cyr (1).

Qu'y trouverons-nous donc ? Peu de chose que nous n'ayons vu chez les autres historiens si nous nous en tenons à la surface des faits. Chez lui, comme chez eux, Jeanne d'Arc se présente sous les traits d'une bonne fille de pauvres paysans, pieuse dès ses jeunes années, aimable aux enfants de son âge dont elle partage les occupations et les goûts, sensible aux maux de la France alors foulée par les Anglais, entraînée un peu malgré elle par des voix mystérieuses à venir offrir ses services au roi Charles VII, hardie en face des clercs de Chinon, de Poitiers et plus tard de Rouen, plus terrible encore aux Anglais, brave au combat, pitoyable aux blessés, victorieuse et vénérée jusqu'à ce que, trahie par la fortune, vendue à ses plus cruels ennemis, elle soit brûlée par eux comme hérétique et sorcière sur le bûcher de Rouen. Oui, telle est bien la trame des actes extérieurs, mais derrière cette trame étudions de plus près les motifs qui inspirent et déterminent ces actes, et nous découvrirons en Jeanne une simple hallucinée, et ce trait domine tous les autres : c'est lui qui constitue son caractère, qui décide de sa destinée et de son rôle, qui explique enfin toute sa vie.

L'hallucination apparaît chez elle dès l'instant où elle prétend apercevoir ses Voix, car ses Voix, c'est le cri de son cœur et tous ses sentiments, ses désirs qu'elle projette au dehors, et qui prennent chez elle les formes des sensations de l'ouïe, de la vue, du toucher, de l'odorat.

Livrée à ses seules hallucinations, Jeanne fût restée en temps ordinaire dans sa condition modeste de brave fille de cultivateurs lorrains. Mais élevée dans une atmosphère toute saturée de légendes pieuses, exaspérée par cent ans de misères inouïes, elle a donné à ses visions les formes qu'elle avait sous les yeux, elle a vu saint Michel, sainte Catherine, sainte Marguerite sous les traits qu'ils avaient dans les vitraux ou les statues des églises; elle leur a prêté ses sentiments de haine contre les Anglais, première cause des maux dont pâtissait son entourage. Par là,

(1) *Vie de Jeanne d'Arc* [sans date], préface XXXVII-VIII, 27e édition. Nos citations se réfèrent à cette édition.

Jeanne d'Arc ressemble à beaucoup d'autres visionnaires dont l'histoire nous présente, en ce temps ou plus tard, les spécimens curieux. Elle s'attribua une mission patriotique tout comme se l'attribuèrent le vavasseur de Champagne qui vint trouver le roi Jean ou ce maréchal-ferrant de Salon qui avait mission de parler à Louis XIV ou ce paysan de Gallardon qui se croyait député par Dieu auprès de Louis XVIII. Beaucoup de contemporains de Jeanne d'Arc purent mieux connaître le berger de Gévaudan et Jeanne des Armoises et Perrin et Catherine de la Rochelle, et tout le béguinage volant de Frère Richard, qui nous fait l'effet d'un séminaire de voyantes, tenues en réserve pour aider ou remplacer la Pucelle.

Si Jeanne d'Arc fait tout autre figure dans l'histoire que tous ces obscurs visionnaires, elle le doit à la bonne fortune qu'elle eut de rencontrer sur son chemin un clerc avisé qui sut tourner ses visions au bien du royaume et à la conclusion de la paix. Ce clerc, aucun contemporain n'en a jamais soupçonné l'existence, aucun historien n'a signalé ni entrevu son action. A. France déclare lui-même que son nom ne sera jamais connu. N'importe, il le devine, lui, il surprend son influence dans le fait que Jeanne d'Arc allègue des prophéties, s'attribue une mission sainte et guerrière. Il sait même que ce clerc doit être cherché sur les bords de la Meuse parmi ces prêtres, ces religieux lorrains ou champenois dont les revenus souffraient cruellement des malheurs publics. Quel habile homme que ce clerc qui, sur les marches de Lorraine, prépare ainsi, à l'insu de tout le monde, au roi et au royaume de France, un angélique défenseur ! Avec quelle adresse insoupçonnée il se joue des obstacles : suggestionnée par lui, Jeanne, toujours ignorante des influences qu'elle subit, est entraînée à Vaucouleurs par ses Voix où elle est incapable de discerner l'écho de la voix humaine, de la voix de son propre cœur. Si elle triomphe des résistances du gouverneur, c'est surtout grâce à l'influence du gentilhomme Bertrand de Poulengy, et Bertrand de Poulengy n'est, lui-même, qu'un agent de ce clerc aussi anonyme que tout puissant.

Même éloignée de la Lorraine, menée à Chinon, Jeanne n'échappe pas à cette première influence cléricale, car sa piété, ses hallucinations en font encore un instrument tout préparé aux mains de tous les clercs qui voient vite le parti qu'ils peuvent en tirer au profit de leurs intérêts, je dis de leurs intérêts car A. France nous avertit, il ne saurait être question de patrie; l'idée n'en existe pas au xve siècle, personne ne s'agite, ni ne se bat, ni n'exploite même Jeanne que pour son profit personnel et immédiat. C'est pour n'avoir pas reconnu en Jeanne cet automatisme qui détermine les actes d'une voyante comme elle, que les libres-penseurs n'ont rien compris à son histoire (1). Tout en faisant cette remarque, A. France estime, du reste, que Jeanne, toujours dominée par ses hallucinations, leur dut ce qu'offre de plus beau sa courte carrière, à savoir sa bravoure, sa sainteté, son intrépide assurance devant ses juges. Quand à l'assaut malheureux de Paris, le sire de la Trémoille enjoignit vers dix heures du soir à ses combattants de se retirer, la Pucelle se refuse à onze heures du soir à quitter la place. C'est que, nous dit notre auteur, « elle entendait ses saintes et voyait autour d'elle des milices célestes » et il fallut l'emporter malgré elle. A Saint-Pierre-le-Moutier, ce fut bien autre chose. Après avoir vainement essayé d'enlever la place, les Français se virent repousser par les assiégés. L'intendant de la Pucelle, Jean d'Aulon, se retirait comme les autres, quand en se retournant il la vit demeurée presque seule au bord du fossé. Il tire vers elle et lui crie : « Que faites-vous seule ? Pourquoi ne vous retirez-vous pas comme les autres ? » « Je ne suis pas seule, répond Jeanne : j'ai en ma compagnie cinquante mille de mes gens ». Jean d'Aulon a beau écarquiller ses yeux, il ne voit autour d'elle que quatre ou cinq hommes. Ce qui n'empêche pas Jeanne, fortifiée par sa bienfaisante hallucination, d'appeler tout le monde aux fagots et aux claies. Les gens d'armes accoururent, le pont fut fait incontinent, et la ville fut prise d'assaut.

A plusieurs reprises, A. France donne à Jeanne le titre de *sainte* et plusieurs critiques catholiques se sont hâtés d'enregistrer cet aveu. J'ai bien peur qu'ils n'aient été dupes du langage de l'écrivain. Il nous accorde sans doute que « ce qui ressort surtout des textes, c'est que Jeanne fut une sainte, mais une

(1) Vie, t. I, préface, p. XXXVII, LXIV, LXVIII.

sainte avec tous les attributs de la sainteté au XVe siècle » (1). Cette restriction peu rassurante se précise quand nous apprenons d'A. France qu'au XVe siècle la sainteté s'accompagnait volontiers de bizarreries, d'illusions et de folies (2), témoins les Hussites qui faisaient l'exécration et l'épouvante de la chrétienté et qui n'en étaient pas moins des saints puisqu'ils voulaient que le péché fût puni par des magistrats civils, ce qui est l'état d'une société excessivement sainte, « hérétiques d'ailleurs, ajoute-t-il, autant qu'on peut l'être » (3). Et il ajoute : « On ne peut s'empêcher de songer qu'entre Jeanne et ces Hussites, sur lesquels elle crache l'invective et la menace, il y avait beaucoup de traits communs : la foi, la chasteté, une naïve ignorance, les graves puérilités de la dévotion » (4). « D'une part et de l'autre, c'est l'esprit religieux substitué à l'esprit politique : la peur du péché remplaçant l'obéissance aux lois civiles, le spirituel introduit dans le temporel. On est pris de pitié à ce triste spectacle : la béate contre les béats, l'innocente contre les innocents, la simple contre les simples, l'hérétique contre les hérétiques » (5). Si l'on en croyait son nouveau biographe, au moment où elle était parvenue au plus haut degré de la sainteté héroïque, elle s'imagine qu'elle possède un pouvoir auquel doivent se soumettre le roi, ses conseillers, ses capitaines », qu'en elle était toute force, toute prudence, toute sagesse et tout conseil (6).

Et cette conviction lui vient toujours de ses visions, c'est-à-dire de son hallucination. Ne plaignons pas trop la pauvre visionnaire, car là, nous dit toujours Anatole France, est le secret de sa belle attitude devant ses juges. Elle tient tête avec une superbe crânerie et un tranquille mépris à ces quarante ou cinquante docteurs de Rouen, tout enflés de leur science et de leur pédante scolastique. Elle savait qu'ils cherchaient à la faire mourir. Mais elle ne les craignait pas, elle attendait avec confiance que les anges et les saintes, accomplissant leur pro-

(1) *Vie de Jeanne d'Arc*, préface XXXII.
(2) *Idem*, p. XL.
(3) *Idem*, II, p. 124.
(4) *Idem*, p. 130.
(5) *Idem*, p. 131.
(6) *Idem*, II, p. 6-7.

messe, vinssent la délivrer. Elle ne savait ni quand ni comment arriverait le salut, elle ne doutait pas qu'il n'arrivât. On sait qu'elle fut déçue, mais cette illusion tenace n'en montre pas moins assez que, dès le premier jour où elle entendit ses voix jusqu'à la fin, elle ne cessa d'être le jouet de son hallucination.

II

Mais se peut-il qu'une hallucinée, une folle en somme, produise une œuvre comparable à celle de Jeanne ? Telle est assurément la question qui jaillit dans l'esprit du lecteur. A. France l'a prévue et son livre qui prétend nous expliquer d'une façon si inattendue le caractère de Jeanne, n'est pas moins étrange dans l'idée qu'il veut nous donner de son œuvre. Avec les contemporains et les historiens qui les ont consultés et suivis, nous étions jusqu'ici unanimes à saluer en Jeanne d'Arc la libératrice de la France. Si elle n'a pas expulsé les Anglais de tout notre territoire, elle a du moins arrêté, la première, leur marche victorieuse et envahissante depuis près de dix ans. Par la délivrance d'Orléans, le dernier boulevard de la résistance française, par la conquête immédiate et personnelle de l'Orléanais, du Vendômois, du Dunois, d'une grande partie de la Champagne, de la Brie, du Rémois, des Comtés de Clermont et de Beauvais, par le sacre assuré à Charles VII, elle avait réveillé le sentiment national, ramené la confiance dans tous les cœurs et inspiré aux Anglais la salutaire terreur qui aboutira à leur expulsion totale de la France.

Pour Anatole France, c'est là une exagération, une erreur manifeste : « Ce n'est pas Jeanne, écrit-il (1), qui a chassé les Anglais de France; si elle a contribué à sauver Orléans elle a plutôt retardé la délivrance, en faisant manquer, par la marche du Sacre, l'occasion de recouvrer la Normandie. La mauvaise fortune des Anglais, à partir de 1428, s'explique très naturellement : tandis que, dans la paisible Guyenne, où ils faisaient la culture, le négoce, administraient habilement les finances, le pays qu'ils rendaient prospère leur était très attaché; au contraire, sur les bords de la Loire, ils ne prenaient

(1) *Vie*, I, préface, p. XLIX.

pas pied; ils n'avaient jamais pu s'y implanter, y mettre du monde en suffisance, y faire de solides établissements (1) ».

Comment Jeanne d'Arc aurait-elle pu avoir raison des Anglais ? « Toujours en prières et en extase, elle n'observait pas l'ennemi, elle ne connaissait pas les chemins, elle ne tenait aucun compte des effectifs engagés, ne se souciait de la hauteur des murs ni de la largeur des fossés. Elle n'avait qu'une tactique : c'était d'empêcher les hommes de blasphémer le Seigneur et de mener avec eux des ribaudes; elle croyait qu'ils seraient détruits pour leurs péchés, mais que, s'ils combattaient en état de grâce, ils auraient la victoire. C'était là toute sa science militaire » (2).

Est-ce à dire que Jeanne n'eut point de part dans la délivrance ? « Non, certes, répond Anatole France, elle eût la part la plus belle : celle du sacrifice; elle donna l'exemple du plus haut courage et montra l'héroïsme sous une forme imprévue et charmante. La cause du roi qui était, en vérité, la cause nationale, elle la servit de deux manières : en donnant confiance aux gens d'armes de son parti qui la croyaient chanceuse et en faisant peur aux Anglais qui s'imaginaient qu'elle était le diable » (3). Elle ne conduisait donc pas les gens d'armes : les gens d'armes la conduisaient, la tenant non pour chef de guerre, mais pour porte-bonheur. Et sous la plume de l'écrivain, le récit des opérations militaires, depuis le siège d'Orléans jusqu'à la fatale journée de Compiègne, devient la démonstration de cette thèse paradoxale.

A Orléans où elle est amenée par la rive gauche, alors qu'elle comptait arriver par la rive droite, Jeanne n'est pas loin de s'imaginer qu'il lui suffira de se présenter à Talbot pour que celui-ci se hâte de tomber à genoux (4) et de déguerpir au plus vite. Elle inspire aux bourgeois, qui la reçoivent avec autant de joie que s'ils eussent vu Dieu lui-même descendre dans leur ville, une confiance aveugle, mais les chevaliers ne comptent guère avec elle; ils engagent la bataille même sans

(1) *Ibidem.*
(2) *Vie*, préface, p. XLVI.
(3) *Vie*, p. LI.
(4) *Vie*, I, p. 306.

l'avertir. Les Anglais, saisis d'une torpeur inexplicable, se laissent chasser de leurs bastilles, sans que Talbot sache profiter de l'occasion pour s'emparer de la ville. A Patay, le point culminant de cette brillante campagne, il n'y a même pas de bataille : les Anglais se laissent égorger comme un troupeau de moutons. Jeanne n'arrive qu'à la fin de l'action et toute la part qu'elle y prend, c'est de faire confesser un Anglais qui tomba, blessé à mort, sous ses yeux.

Après Patay, c'est à l'influence de Jeanne d'Arc qu'est due la malheureuse marche sur Reims. Pour bien faire il fallait marcher sur Paris et s'en emparer sans coup férir : de là, si on avait couru tout de suite sur Rouen, la Normandie était reconquise et les Anglais jetés dans la mer. Mais Jeanne, toujours hantée par les idées des pauvres clercs et du commun peuple, en était encore à s'imaginer qu'une goutte d'huile de la sainte ampoule vaudrait mieux pour le roi que dix mille lances.

Pour atteindre Reims, il fallait parcourir plus de cent lieues en pays rebelle mais sans aucun risque d'y rencontrer de longtemps des gens d'armes ennemis. Anglais et Bourguignons n'avaient personne à opposer aux Français : les bonnes villes de la riche et plantureuse Champagne étaient aux mains du clergé et des riches marchands qui ne voulaient que la paix et se livraient au plus fort. Il ne s'agissait pas de les assiéger avec de l'artillerie, des mines et des fossés, mais de les circonvenir avec de belles lettres d'amnistie et beaux engagements de respecter les privilèges du clergé. C'est ce que fit Charles VII; il compta beaucoup sur les négociations et les voies de douceur, peu sur la force. Cette tactique ne faisait point l'affaire des gens d'armes qui y perdaient de belles occasions de dérober et de piller. Sans obéir à des mobiles aussi intéressés, la Pucelle, à qui ses Voix annonçaient perpétuellement la victoire, n'en cessait pas moins d'appeler les soldats aux armes. Le roi n'en avait cure; il concluait trêves et traités, se souciant peu d'obtenir par force plus qu'il n'avait gagné par douceur. Et ce parti était le bon, puisqu'il amena la conquête d'Auxerre, de Troyes, de Châlons, de Reims et, après le sacre, de Soissons, de Coulommiers, de Crécy-en-Brie, de Provins. Pour avoir agi dans le sens de ses vues habituelles, c'est-à-dire de ses visions, Jeanne ne recueillit, en dépit de ses prouesses toutes personnelles, que des blessures et la honte d'un insuccès. Et si elle n'en eut pas davantage, c'est au roi qu'elle le dut; c'est sur son ordre que le comte de Clermont et le duc de Bar vinrent arrêter l'armée qu'elle entraînait, avec le duc d'Alençon, à retourner devant Paris, et c'est encore la sage prévoyance du roi qui, le 10 août 1429, en faisant démonter le pont sur la Seine, obligea le duc d'Alençon et la Pucelle à renoncer à une nouvelle attaque aussi folle. C'est ainsi qu'en mettant son aveugle élan au service des plus aventureux capitaines, Jeanne fut entraînée dans la malheureuse équipée de Compiègne. La tête pleine de rêves, elle sortit de la place, avec la promesse de déconfire les Bourguignons et de ramener prisonnier le duc Philippe. Et c'est elle qui tombe au pouvoir d'un archer du bâtard de Wandomme, alors que, le regard ébloui par des vols d'anges et d'archanges, elle gardait indestructible l'illusion de la victoire.

Nous pourrions, après A. France, suivre les longues péripéties du martyre ou du procès de Jeanne. A quoi bon ? Ce que nous avons dit de son caractère nous a déjà suffisamment renseignés sur son attitude. La seule chose qui ait attiré l'attention sur elle, sa brillante épopée est close, son rôle politique et militaire est fini et même expliqué. Eclairé par la psychologie et la pathologie, réduit aux proportions que nous venons de décrire il n'offre plus rien de mystérieux, d'inexplicable. Il est bien inutile de s'évertuer à en déterminer plus nettement le caractère, de chercher ce qui s'y mêle de divin, de surnaturel dans sa mission. L'hallucination, habilement exploitée par des prêtres sans scrupule, répond à tout. Jeanne a bien pu se dire envoyée de Dieu pour délivrer Orléans, pour faire sacrer le roi à Reims, pour bouter les Anglais hors de France; elle a pu le croire en toute sincérité. En réalité, elle n'a été qu'un ressort inconscient supérieurement mis en œuvre par des clercs que les hasards de sa vie ont placés sur son chemin, clercs de Lorraine ou clercs de Chinon, clercs de Poitiers, ou du conseil du roi.

Voilà donc tout ce qu'A. France a vu et prétend nous faire voir en Jeanne d'Arc. Une jeune pastoure innocente qui ne manque ni de finesse ni d'élévation morale dans ses moments lucides, touchante par sa candeur, sa folie et ses malheurs; elle présente le type le plus complet, le plus représentatif de ces visionnaires qui foisonnent en ce quinzième siècle que la souffrance torture et que la misère exalte. C'est à écrire cette biographie ou à soutenir cette thèse qu'A. France nous assure avoir consacré vingt ans de sa vie. Il est clair qu'il y a employé ses meilleures qualités d'écrivain et d'artiste. On peut accorder à nos critiques littéraires que, sans excès de pittoresque et sans débauche de couleur locale, il a su nous présenter de Jeanne d'Arc et de son époque un tableau riche de couleur et de relief. Hommes et choses nous donnent sous son pinceau la sensation de la vie.

Mait fût-il plus prestigieux encore, tout l'art de l'écrivain serait impuissant à nous dérober la criante infidélité du portrait qu'il nous présente ni la fausseté absolue de la thèse qu'il soutient. Pour déplaisant qu'il fût d'apprendre que nous nous sommes mépris jusqu'ici sur le caractère et l'œuvre de Jeanne d'Arc, il faudrait bien nous incliner si l'historien apportait à l'appui de ses dires des preuves irréfragables. Car, après tout, les vieilles légendes ont beau recéler poésie charmante et grande édification, les faits sont les faits et l'histoire n'a à compter qu'avec eux. Et ce n'est point parce que Jeanne d'Arc a été mise hier sur nos autels que notre foi pourrait se trouver gênée par les exigences de l'histoire. N'avons-nous pas vu naguère le pape Léon XIII donner pour mot d'ordre à l'histoire catholique la parole même du païen Cicéron ? « Fuir tout mensonge, ne reculer jamais devant la vérité » (*De Orat.*, II, 15). Et dans son entourage on entendait parfois ce grand esprit railler ces catholiques timides qui, par peur de scandaliser, n'auraient jamais osé mettre dans l'Evangile le reniement de saint Pierre ou la trahison de Judas. Et longtemps avant Léon XIII, avec les Bollandistes, la critique était devenue, pour ainsi dire, une institution officielle dans l'Eglise. Si nous en voulons à A. France, ce n'est pas de nous avoir dérangés dans nos admirations traditionnelles, c'est de se jouer, avec tant de désinvolture, de la vérité historique.

C'est bien au nom de la vérité historique que nous refusons d'accepter l'explication qu'il nous donne du caractère de Jeanne. Non, Jeanne ne fut point hallucinée. Il serait d'abord assez étrange que ses contemporains n'eussent jamais rien vu de pareil chez elle. Dieu sait pourtant si elle a été soumise à de minutieux examens, à Vaucouleurs, à Chinon, à Poitiers, et si sa conduite et ses moindres paroles ont été scrutées de près par les terribles juges de Poitiers. Les uns ont cherché l'explication de son héroïsme dans une inspiration divine, les autres dans une influence diabolique, aucun dans la folie. Aucun d'eux n'a surpris ni soupçonné chez elle le moindre dérangement de ses facultés sensitives ou intellectuelles. Ils ont même rendu expressément hommage à son bon sens : elle était saine d'esprit : « *erat sana mente* », dit l'adversaire de Jeanne, le plus acharné à sa perte, Pierre Cauchon.

A. France nous dit bien qu'avec leurs préjugés théologiques tous ces docteurs scolastiques étaient incapables de rien comprendre aux cas anormaux autrement que par une intervention surnaturelle. L'imputation est toute gratuite : nous voyons tous ces docteurs théologiens se tenir en garde contre toute tentative de simulation : l'un d'eux, de l'aveu même du médecin qu'A. France appelle à son aide, pose des questions qui montrent qu'ils savaient se tenir en garde contre les hallucinations (1). Tout n'est pas aussi ridicule que veut le dire A. France dans leurs lourds et pédants plaidoyers pour ou contre la Pucelle. On y trouve plus d'une remarque judicieuse sur le fait que Jeanne ne « quitte point les voies de la prudence humaine », comme parle Gerson. Et cependant, à en croire son biographe, la folie de Jeanne était de celles qui auraient dû crever les yeux des contemporains les plus prévenus en sa faveur. Telle est la gravité des symptômes qu'il lui attribue qu'ils permettent d'apprécier à coup sûr la valeur des dires d'A. France : « Sa raison, nous dit-il, était sujette de tout temps à des troubles étranges, ses hallucinations perpétuelles la mettent hors d'état de distinguer le vrai du faux ». On a beau lire les actes du procès de Jeanne, jamais on n'y saisit ni ces troubles étranges, ni cette confusion perpétuelle du vrai et du faux et partant du bien et du mal. Et qui plus est, l'histoire même d'A. France oppose un complet démenti à ces assertions de sa préface. D'abord Jeanne n'y apparaît jamais avec les tares héréditaires ni avec les stigmates personnels des candi-

(1) *Vie*, t. II, p. 460.

dats à l'hallucination. Son père est un paysan honnête, actif et avisé, très estimé de ses concitoyens qui lui confient la gestion de leurs intérêts communs. Sa mère, une campagnarde aux jarrêts vigoureux, que n'effraie point le long pèlerinage de Domrémy au Puy et qui survivra au moins trente ans à sa fille. Quant à Jeanne, saine, adroite et robuste, elle vaque aux travaux des champs ou du ménage, supporte les longues chevauchées, dure à la douleur, mais nullement insensible; elle craint et pleure quand un vireton vient l'atteindre : elle n'a rien de l'anesthésie ou demi-anesthésie propres, nous dit-on, aux hystériques. Encore moins témoigne-t-elle, à l'égard de ses voix, de l'étroite soumission de l'hallucinée à l'égard de ses illusions. Ses Voix sont si peu le cri de son cœur, l'expression de ses désirs que parfois elle leur obéit à contre-cœur, comme quand il lui faut s'éloigner de son pays; d'autres fois, elle leur désobéit carrément, par exemple le jour où elle saute du donjon de Beaurevoir (1) ou qu'elle se prête à un simulacre d'abjuration. De cette pauvre inconsciente qu'est Jeanne, que de fois il arrive à A. France de louer la finesse, le ferme bon sens, aiguisé de malice champenoise, l'à-propos des réparties, la justesse des vues qu'elle propose et que les événements justifient. Il s'oublie même, lui, l'éternel ironiste, jusqu'à laisser percer quelque émotion au cours de son livre, en face de l'élévation morale dont la Pucelle donne le spectacle. « Sitôt entrée dans la bataille, écrit-il, elle en devint le chef parce qu'elle était la meilleure. Elle fit mieux que les autres, non qu'elle en sût davantage; elle en savait moins. Mais elle avait plus grand cœur. Quand chacun songeait à soi, seule elle songeait à tous; quand chacun se gardait, elle ne se gardait de rien, s'étant offerte tout entière par avance. Et cette enfant qui, comme toute créature humaine, craignait la souffrance et la mort, à qui ses Voix, ses pressentiments avaient annoncé qu'elle serait blessée, alla droit en avant et demeura sous les traits d'arbalète et les plombées de couleuvrine, debout au bord du fossé, son étendard à la main pour rallier les combattants ».

Si c'est là de la folie, avouons qu'A. France ne parle plus notre langue. En bon et clair français cela s'appelle simple-

---

(1) *Vie*, t. II, p. 464.

ment de l'héroïsme. Il est vrai qu'A. France brandit un certificat de médecin. J'y remarque tout d'abord que ce psychiâtre, le Docteur Dumas, y regarde comme faits d'hallucination tout ce qui, dans la vie des saints, est estimé par l'Eglise comme faits miraculeux ou surnaturels; il nous parle, sans la moindre hésitation, du caractère spécial de « quelques hallucinations de sainte Rose de Lima (1). Et cependant, ce libre-penseur avisé se montre éloigné de partager l'assurance d'Anatole France; il témoigne un visible embarras de donner un diagnostic rétrospectif fondé sur les interrogations où les juges cherchaient, dit-il, tout autre chose que des tares nerveuses (2), et il ne répond à son « cher maître » qu'avec beaucoup de réserve. D'après quelques-unes de ses réponses au procès, Jeanne lui paraît bien avoir des hallucinations de la vue qui seraient, au dire de Charcot, fréquentes dans l'hystérie (3), mais il doit ajouter, — pour infirmer ce que ces inférences peuvent avoir d'excessif, — que les neurologistes contemporains attachent moins d'importance que Charcot à ces hallucinations, dans le diagnostic de l'hystérie; il reconnaît que les autres caractères, révélés dans les interrogations, ne sont pas dans la manière classique des hystériques et quel qu'ait été le rôle de l'hystérie chez elle, Jeanne, par son intelligence, par sa volonté, reste saine et droite et c'est à peine si la pathologie nerveuse éclaire faiblement une partie de son âme (4). Après ce verdict, dont les conclusions sont si défavorables à la thèse d'A. France, on s'en voudrait d'insister davantage, et il reste bien établi que son biographe a dénaturé le caractère de Jeanne.

A-t-il au moins compris son œuvre ? Pas davantage. Il ne sert de rien de compter les effectifs des garnisons anglaises, d'aligner les chiffres de la population de nos villes françaises. Un fait est indiscutable : quand Jeanne surgit comme chef de guerre en 1429, la situation de la France est politiquement et militairement désespérée, parce que personne ne croit à la possibilité d'une offensive vigoureuse et celui qu'on appelle dédai-

(1) *Vie*, II, p. 463.
(2) *Vie*, II, p. 459.
(3) *Vie*, II, p. 461.
(4) *Vie*, II, p. 465.

gneusement le roi de Bourges se résigne depuis sept ans à son effacement. A peine arrivée à Orléans, la Pucelle y devient le centre de toutes les espérances; elle relève le courage des assiégeants, elle décuple leur force. Les bourgeois cessent de compter avec la chevalerie. « Il n'y avait plus, dit A. France (1), ni lieutenant du roi, ni gouverneurs, ni seigneurs, ni chefs de guerre, il n'y avait plus qu'un pouvoir et qu'une force : la Pucelle. La Pucelle était capitaine de la commune. Cette fillette, cette pastoure, cette béguine que les nobles amenaient pour qu'elle leur portât bonheur, leur causait le plus grand dommage qu'ils pouvaient éprouver, elle les réduisait à rien ». Sa présence et son exemple impriment aux opérations autour d'Orléans une activité jusqu'alors inconnue et au bout de neuf jours, le siège qui durait depuis six mois se termine à notre avantage. Et ce qu'A. France écrit d'un des épisodes militaires du siège peut aussi bien s'entendre de l'ensemble des opérations : « Cet inespéré bonheur était dû à la Pucelle. Elle avait tout fait, puisque sans elle on n'aurait rien fait ». C'est elle qui, dans une ignorance plus savante que la science des routiers et des capitaines avait donné victoire en donnant confiance.

Quelques jours après, les Français qui, jusque là, avaient eu tant de peine à tenir la défensive, prenaient hardiment l'offensive. Du 11 au 17 juin, Jargeau, Meung, Beaugency tombèrent entre nos mains. Patay couronna dignement, le 18, cette brillante campagne de la Loire et la part qu'y prit la Pucelle est autrement considérable que ne le prétend son historien. Et puisque l'occasion s'en présente, nous pouvons voir par cet exemple comment A. France utilise ses sources. D'après lui, Jeanne, nous l'avons vu, n'arriva qu'à la fin de la bataille, pour faire confesser un Anglais mourant et en preuve de son dire il nous renvoie à un texte du procès (*Procès*, t. III, p. 72), qu'on nous permettra de rapporter ici, dans sa traduction complète : « L'Anglais s'affaissa comme mort : ladite Jeanne, ce voyant, descendit de cheval et fit confesser l'Anglais en lui tenant la tête. Ensuite, ladite Jeanne alla devers Jargeau qui

(1) *Vie*, I, p. 316.

fut pris d'assaut ». Ce fait est donc antérieur à la prise de Jargeau, qui eut lieu le 14 juin, et plus encore à la bataille de Patay, qui est du 18 juin.

Mais il reste la campagne de Reims, la marche du sacre entreprise sous l'influence du sacre et qu'A. France juge si malencontreuse. Malheureusement, il oublie lui-même ce qu'il nous a raconté si compendieusement, auparavant, sur la haute valeur et signification que les Français du XVe siècle attachaient au sacre de nos rois. A leurs yeux, la royauté n'existe que grâce à son caractère mystique. Charles n'est encore que le Dauphin. La France est, comme lui, hésitante sur la légitimité de son droit. Il ne sera le roi qu'en recevant l'onction du Seigneur. Les Anglais le savaient bien, qui se préoccupaient d'amener au plus vite le roi Henri VI à Reims. Le sacre de Charles VII devait avoir et eut, en effet, un retentissement énorme dans tout le royaume comme dans toute la chrétienté. Jeanne n'avait donc pas été si mal inspirée. Au reste, A. France, au risque de se contredire, n'est pas éloigné, quelques pages après, d'en convenir : « Peut-être, nous dit-il, le voyage de Reims assura au parti français..., au petit roi de Bourges, des avantages plus précieux que la conquête du comté du Maine et du duché de Normandie et que l'assaut donné victorieusement à la première ville du royaume. En reprenant, sans effusion de sang, ses villes de Champagne et de France, le roi Charles se fit connaître à son avantage. En terminant cette campagne de négociations honnêtes et heureuses par les cérémonies augustes du sacre, il apparaissait tout à coup légitime et très saint roi de France ». Ces petites contradictions ne seraient-elles pas la revanche de la vérité ? Il y en aurait d'autres à relever.

Qu'après cela la petite paysanne lorraine ait été peu versée dans la stratégie, je ne vois guère en quoi la thèse d'A. France en sera plus solidement étayée. Ses succès incontestables en seront-ils moins admirables et plus faciles à expliquer ? Sans y attacher plus d'importance il me sera bien permis de rapporter l'opinion de deux témoins des actes de Jeanne, pour le moins aussi compétents qu'A. France dans la stratégie du XVe siècle. C'est d'abord le duc d'Alençon, le compagnon d'armes de Jeanne : « Elle était, disait-il (1), en campagne habile à manier une lance autant qu'à rassembler une armée ou à la ranger en bataille et à disposer l'artillerie : chacun en cela admirait sa prudence et sa sagesse »; et un autre capitaine de notre Midi, Thibaut d'Armagnac, sire de Termes, disait, durant le procès de réhabilitation : « Tous les capitaines admiraient sa vaillance, sa diligence, les peines et les labeurs qu'elle supportait. Elle était simple et innocente mais pour conduire et ranger les hommes d'armes, pour disposer un champ de bataille et animer des soldats, elle se conduisait comme le capitaine le plus habile, comme un homme qui eût été de tout temps élevé au milieu des armes ».

Libre à A. France de railler ces éloges, qui ont le tort d'être favorables à la Pucelle : il doit cependant convenir que, sans être un capitaine d'une science consommée, Jeanne prit souvent une part importante dans les opérations où elle avait figuré. On la voit même, dans son récit, secouer l'inertie des gens de guerre, les contraindre à aller de l'avant, malgré leur naturelle peur des coups et leur prudence professionnelle. Elle bouscule leur routine. Elle leur signale le point sur lequel devait porter l'effort : elle donne le thème général de l'opération qu'il leur appartenait de faire exécuter. Et à en juger par les résultats obtenus, on peut bien mettre A. France au défi de citer une action militaire qui ait été plus féconde que celle-là. Sans doute, Jeanne d'Arc n'a pas réalisé la libération complète de la France; il est cependant indéniable que, grâce à son intervention qui dura à peine treize mois, l'indolent Charles VII avait recouvré la majeure partie du pays compris entre Orléans et la Meuse, que la confiance était revenue, enfin que la libération résulta de l'élan prodigieux par elle communiqué aux masses. Et c'est là ce qui donne une incomparable grandeur à l'œuvre personnelle de cette jeune fille de 17 ans et qui fait éclater au grand jour la vanité de toute tentative de la réduire au simple rôle de fétiche ou de figurante.

Non. A. France a beau dire, il n'a point chassé le mystère de l'histoire de Jeanne d'Arc, il n'a point résolu le problème que

(1) *Procès*, t. III, p. 100.

pose à tout esprit réfléchi son intervention dans notre histoire, intervention aussi brusque que grandiose. Dire qu'elle n'a été qu'un automate inconscient aux mains d'un clerc invisible, c'est reculer, c'est compliquer même la difficulté : ce n'est pas la résoudre. Il restera à expliquer comment un clerc inconnu a pu concevoir une aussi audacieuse entreprise dont l'énoncé seul glaçait d'effroi Charles VII et sa cour, mais encore comment il a pu la réaliser avec un instrument aussi faible qu'une névrosée de village, si mal préparée au rôle de général d'armée.

C'est oublier aussi que Jeanne cacha toujours ses visions aux clercs de son pays et que, d'après A. France lui-même, elle en faisait souvent à sa tête, que les clercs furent toujours les gens les plus difficiles à convaincre de la réalité de ses visions, si bien que la pauvre fillette avait moins peur d'affronter les Anglais que les docteurs de Poitiers. Vraiment si pour produire pareille merveille il avait suffi de quelque névropathe docile à l'impulsion des clercs, les exemples n'en manquaient point à cette heure. A. France n'est jamais si heureux que quand il peut rapprocher de Jeanne de pauvres maniaques, tels que le vavasseur de Champagne, le maréchal-ferrant de Salon et le berger du Gévaudan et Perrinaïc et Jeanne des Armoises et Catherine de la Rochelle et l'ineffable Pierronne qui voit Dieu long vêtu, à la robe blanche, à la nuque vermeille. Il a cru évidemment ternir la figure de Jeanne d'Arc par la médiocrité de ce vulgaire entourage. Faux calcul, il n'a réussi qu'à faire ressortir davantage la prodigieuse supériorité de Jeanne sur toutes ces misérables productions de la fourberie ou de la démence. Rien n'est plus propre à établir que son initiative vient d'ailleurs, qu'elle puise son inspiration plus haut. Et où donc la puise-t-elle ? A cette question on connaît bien la réponse de Jeanne d'Arc. Elle n'a cessé de se présenter comme une envoyée de Dieu, comme agissant en vertu d'une mission surnaturelle et extraordinaire : elle en a donné pour preuve ou pour signe, comme elle disait, ses actes mêmes. Son succès et sa conduite ne sont pas pour lui donner tort et le jugement de l'Eglise qui, seule, à notre avis, a le droit de dire le dernier mot sur ces questions, lui a donné pleinement raison.

Cette remarque aurait bien égayé A. France, pour le moins autant que la Pierronne et son Dieu « long vêtu de robe blanche et de nuque vermeille ». Mais, peut-être, cette disposition à confondre dans le même ridicule les hallucinations de quelques innocents avec les phénomènes les plus élevés de la mystique chrétienne, explique aussi son inaptitude à comprendre Jeanne d'Arc. Il a beau nous conter ses efforts pour remplir son esprit des croyances de ce temps et le vider de toutes les connaissances du nôtre; il peut même jurer ses grands dieux qu'il a cherché la vérité sans mollesse et qu'il l'a rencontrée sans peur. Il y avait en lui quelque chose de plus fort que ses bonnes intentions, c'était le pli longuement contracté du temps qu'il vivait dans la familiarité de Jérôme Coignard, de M. Bergeret et de ses amis intimes, fort peu enclins à compter avec le surnaturel. C'est cette méconnaissance, cette négation *a priori* du surnaturel qui lui a fait aborder l'histoire de Jeanne d'Arc avec le parti pris de ne le rencontrer nulle part. Et il a tenu cette gageure de nous conter sans sourciller qu'il avait suffi à une pauvre folle de donner libre cours à son imagination détraquée pour arriver à fanatiser les Français, à terroriser les Anglais, à s'imposer à la confiance des contemporains, à l'admiration de la postérité !

Pour cette besogne de dénigrement systématique, des auxiliaires et des devanciers ne manquaient pas d'ailleurs à A. France : Cauchon et ses assesseurs qui commencèrent par se faire les calomniateurs de la sainte héroïne afin de devenir ses bourreaux, lui offraient leurs procès-verbaux mutilés par des réticences et faussés par des interpolations subreptices. C'est là qu'A. France a été se documenter de préférence. « Le procès de condamnation, nous dit-il, est un trésor pour l'historien ». Quant au procès de réhabilitation, il est sans valeur; il faut voir de quels traits acérés, de quels sarcasmes il accable ces témoins, sans discernement, simples à l'excès (1), peu judicieux, dont les dépositions sentent souvent l'artifice et l'apprêt et sont parfois hors de toute vérité. On ne s'étonnera pas que Jeanne, entrevue surtout à travers les accusations de Cauchon et de ses aides, nous apparaisse sous des traits si étranges. Ses bénéficiaires et ses compatriotes n'y font pas d'ailleurs meil-

(1) *Vie*, préface, p. XX.

leure figure. Charles VII, étriqué de corps et d'esprit, fort laid, les yeux petits, vairons et troubles, le nez gros et bulbeux, tenait à peine sur ses jambes décharnées et cagneuses. Son chancelier Regnaud de Chartres est cupide et avare; son chambellan, le duc de la Trémoille, est le grand usurier du royaume; son connétable, le duc de Richmond, est avare, dur, violent, maladroit au delà du possible, bourru, malfaisant; le duc d'Alençon, un lâche et un incapable. La Hire et Xaintrailles, de vulgaires bandits. Mais parlons-nous des Anglais ? Le régent Bedfort est un esprit fin, mesuré, gracieux, déployant une activité merveilleuse; ses soldats se retirent d'Orléans en gardant un bel ordre de marche, tout illuminé de la gloire de la vieille Angleterre.

C'était déjà témoigner assez peu de respect pour son sujet que de l'aborder avec un pareil état d'esprit, mais c'est peut-être manquer encore davantage au respect dû à Jeanne d'Arc que de mêler au récit de sa patriotique épopée si tragiquement interrompue, de petits contes graveleux, des insinuations incessantes mises là sans doute à l'adresse des anciens lecteurs de *Thaïs* ou de la *Rôtisserie de la Reine Pédauque*. Et que dire de cette intermittente ironie qui ne se donne jamais plus libre carrière que quand il s'agit des vertus de Jeanne, surtout de celle qu'elle préférait à toute autre ? Elle a fini par scandaliser les Anglais. L'un de leurs meilleurs critiques n'a pas hésité à prendre contre A. France la défense de Jeanne d'Arc. Il l'a fait en termes qui nous édifient sur le sérieux des efforts dont A. France se targue dans sa préface : « M. France, dit Andrew Lang, invente à chaque instant de nouvelles légendes parce qu'il lit ses textes de travers : il donne des renvois à des pages de ses textes qui n'existent pas ou à des passages qui prouvent exactement le contraire de ce qu'il vient d'avancer ». Et chacune de ces graves accusations de Lang est suivie de citations parfois nombreuses, toujours importantes. Et les plus chauds amis d'A. France, tel M. S. Reinach, ont grossi encore notablement cette liste de textes anciens incompris ou même pris dans un sens tout opposé au véritable. « Vous me dispenserez de le répéter, j'en ai bien assez dit pour vous montrer que M. A. France nous a donné non pas une histoire mais un roman : le roman de Jeanne d'Arc. Et encore si l'imagination n'avait été appelée que pour embellir ou idéaliser la réalité, il n'y aurait que moitié mal, mais non, on n'a eu recours au roman que pour rabaisser et enlaidir la Pucelle. Jeanne n'est ici étudiée que pour être travestie et défigurée ».

Pour qu'on ne soit pas tenté de récuser mon témoignage, je laisse la parole à un étranger, à un libre-penseur bien connu, Max Nordau : le chauvinisme ni les idées religieuses ne troublaient certainement pas la clairvoyance et la sincérité de cet Allemand. En signalant dans la *Neue freie Presse* de Vienne l'apparition de cette *Histoire de Jeanne d'Arc*, il concluait ainsi son article : « Après le travail d'A. France, il nous sera difficile de passer sans un haussement d'épaules devant la statue équestre de la Pucelle d'Orléans. Sans brutalité, avec la main habile, douce et caressante d'une soubrette, il l'a dépouillée de sa légende et voici que, privée de cette riche parure, faite de contes et de traditions, Jeanne d'Arc n'inspire plus que de la pitié; il ne peut plus être question d'admiration ni même de sympathie ».

Si ce n'était pas le but du travail d'A. France, c'en est au moins le résultat : à nos yeux, c'est assez pour juger l'œuvre.

A. Degert.

LA SUITE DES PSEUDONYMES DE M. J. TURMEL

Depuis quelques mois, dans nos études ecclésiastiques, une question est pendante sur laquelle on m'a demandé mon témoignage. Voici d'abord la question, puis le témoignage.

En continuant ses études si précises et si instructives sur l'histoire du dogme de la Rédemption, notre collègue, M. J. Rivière, professeur à l'Université de Strasbourg, a rencontré les articles d'un certain M. Hippolyte Gallerand, d'abord (1) dans la *Revue d'histoire et de littérature religieuses* de 1922, dernière année de cette *Revue* et ensuite (2) dans la *Revue d'histoire des religions*, de 1925.

M. Rivière remarqua aussitôt deux faits complémentaires. Le premier est l'inexistence avérée d'un Gallerand quelconque dans les études de patrologie et d'histoire des dogmes. Sur le second fait, il s'explique lui-même de la manière suivante :

Frère puîné des Guillaume Herzog et des Antoine Dupin que tous nos lecteurs n'ont sans doute pas oubliés, un de ces théologiens pseudonymes qui s'attachent à réviser, au nom de certaine orthodoxie négative, les positions les mieux assises de l'histoire catholique des dogmes, a porté naguère son radicalisme sur la doctrine de saint Augustin en matière de Rédemption...

L'on aboutit à *cette suprême synthèse présentée par Gallerand* : « La chair du Christ a été une rançon qui a racheté le genre humain au diable; elle a été aussi une souricière, un piège pour ce même personnage. En somme, rachat du genre humain au diable au moyen d'une rançon qui est la nature humaine du Christ, mais rachat d'où résulte la destruction de l'empire du diable, telle est la rédemption pour Augustin. Les apologistes n'échappent à cette

(1) H. Gallerand, *La Rédemption dans saint Augustin*, dans la R. H. L. R. (1922), p. 38-77.

(2) H. Gallerand, *La Rédemption dans l'Eglise latine d'Augustin à Anselme*, dans R. H. R., janvier-avril 1925, p. 35-75. — *La Rédemption dans les écrits d'Anselme et d'Abélard*, *ibid.*, mai-juin 1925, p. 212-241.

conclusion qu'en imitant les avocats, qui, en présence d'une cause mauvaise, s'emploient de leur mieux à embrouiller les questions pour égarer les juges. Disons maintenant que cette conception de la rédemption, qui nous paraît burlesque, n'a point été inventée par Augustin... »

M. Rivière publiait son étude dans la *Revue des sciences religieuses*, numéros de juillet et octobre 1927 et janvier 1928 et réunissait ces articles en volume (3). En rendant compte de celui-ci dans son numéro du 17 janvier 1928, la *Semaine religieuse d'Albi* écrivait au sujet de Gallerand :

Attaque grave par elle-même et qui le devient beaucoup plus encore quand on se rend compte que toutes les lignes du masque laissent apparaître d'inquiétants traits de parente avec la louche famille « Herzog-Dupin » qui s'illustra jadis par sa manière de plagier, au profit du rationalisme, les livres et les manuscrits de M. Turmel.

En réponse à cet article, M. Turmel envoya à la *Semaine religieuse d'Albi*, en date du 23 janvier 1928, la lettre dont le fac-similé est joint à la présente note.

Quelque temps après, M. J. Rivière écrivit à la direction de la *Revue d'histoire des religions* pour lui dire son étonnement de voir accepter un tel collaborateur et pour demander si Gallerand allait continuer ses articles dans la *Revue*. En réponse, M. J. Rivière reçut d'Hippolyte Gallerand la lettre qui est reproduite plus loin en fac-similé, portant la date du 29 mai 1928, du bureau de poste de la rue Dufrénoy (16e arr.), à Paris.

Entre temps, M. L. de Lacger, professeur au Grand Séminaire d'Albi, écrivait, dans le numéro du 12 mai 1928 de la *Vie Catholique*, un article intitulé *Les archaïsmes de saint Augustin*, dans lequel il disait : « Gallerand est un pseudonyme. Son critique [M. J. Rivière] implacablement lui ôte son masque... Il dénonce en Gallerand un plagiaire de M. Turmel, pour ne pas dire une de ses hypostases ».

Là-dessus, M. Turmel écrivit à M. Gay, directeur de *La Vie catholique*, en date du 2 juin 1928, une lettre qui n'a pas été publiée, se plaignant d'être diffamé.

(3) J. Rivière, *Le dogme de la Rédemption chez saint Augustin*. Paris, Gabalda, 1928.

Après l'état de la question, voici le témoignage (4).

La question étant ainsi posée, je fus amené à faire connaître un fait nouveau porté à ma connaissance sept ou huit ans plus tôt, mais dont je n'avais pas cru devoir faire usage. Un prêtre exerçant le ministère à Paris me fit dire alors, par un intermédiaire des plus autorisés, qu'il avait en main la preuve de l'identité d'Herzog-Dupin et de M. Turmel. Je considérais si bien la question comme réglée d'une manière indubitable et avais une telle répugnance à revenir à ce lamentable dossier, que je n'ai donné aucune suite à la communication qui m'était faite. Mais l'apparition de Gallerand, renouvelant les méfaits d'Herzog-Dupin et se faisant si imprudemment le vengeur de son devancier, changeait la situation. On m'engagea de divers côtés à donner suite à l'offre qui m'avait été faite sept ou huit ans plus tôt et j'écrivis à M. l'abbé C..., à Paris. Sa réponse écrite du 10 décembre 1928 et sa réponse orale, le 17 janvier 1929, furent aussi explicites que possible, me permettant d'utiliser le renseignement donné et même de demander, en me réclamant de lui, communication à qui de droit de la pièce dont il s'agit. En résumé : une autorité officielle du diocèse de Paris a reçu en dépôt un écrit constituant la preuve de l'identité d'Herzog-Dupin et de M. Turmel.

Telle est la première réponse que s'attire la lettre si mal inspirée d'Hippolyte Gallerand en faveur d'Herzog-Dupin.

Voici la seconde. La lettre d'Hippolyte Gallerand à M. J. Rivière est écrite de la main de M. Joseph Turmel, déguisant à peine son écriture naturelle.

En résumé : non seulement M. Turmel est Herzog-Dupin et Lenain, mais il est Hippolyte Gallerand.

---

(4) L'écrit du pseudonyme Guillaume HERZOG est *La Sainte Vierge dans l'histoire*, trois longs articles dans la *Revue d'histoire et de littérature religieuses*, de 1907. — L'écrit du pseudonyme Antoine DUPIN est *La Trinité dans les trois premiers siècles*, trois articles de la même *Revue*, en 1906. — N. B. Dans le fac-similé de la page 88, les mots (*Place Arnold, 6*) ont été ajoutés par le concierge de l'Université de Strasbourg faisant suivre la lettre.

Le 23 janvier 1928

Monsieur le Directeur

La *Semaine religieuse* d'Albi, dont le numéro du 17 janvier m'a été envoyé, m'ayant désigné par mon nom, à la page 28, dans un contexte où les lecteurs ont pu être induits à me considérer comme l'auteur d'un écrit qui y est incriminé, je m'empresse de vous informer que je suis complètement étranger à l'écrit en question. Je vous serais reconnaissant de vouloir bien publier cette rectification dans votre prochain numéro.

Recevez, Monsieur le Directeur, l'expression de mes sentiments très distingués.

J. Turmel

Rennes, 11 rue Waldeck-Rousseau.

Les articles que les quatre derniers numéros de la Revue des sciences religieuses ont publiés sur la rédemption chez saint Augustin m'ont permis de constater :

1° que, pour me réfuter, l'auteur a dû recourir à la logomachie et aux digressions, c'est-à-dire à la méthode charlatanesque. Et cette constatation, qui prouve que mon étude est irréfutable, m'a procuré un vif plaisir.

2° que l'auteur a essayé de compromettre un ecclésiastique et que, de ce chef, il prend place à côté de Saltet. Dans un article qui relève des tribunaux, la *Vie catholique* du 12 mars dit que l'auteur m'ôte mon masque. Les deux concordances qu'il relève avec des études datant de 29 ans feront hausser les épaules aux hommes sérieux. L'auteur n'ôte aucun masque. Mais l'intention y est et l'étourdi de la *Vie catholique* ôte le léger masque que dont cette intention se couvrait

L'auteur voudrait savoir si j'ai l'intention de continuer mon étude. La seule réponse que je puisse lui faire c'est que j'ai pour lui un profond mépris

H. Gallerand

Jean Rivière
Prêtre
Professeur à l'Université
Strasbourg
Bas-Rhin Place Arnold 6.

La situation est telle que ces faits navrants et les autres qui vont suivre, il est nécessaire de les dire. L'intérêt religieux est trop clair. L'intérêt scientifique ne l'est pas moins. On ne peut pas laisser des bravades aussi injustifiées compromettre dans les esprits l'efficacité et la sûreté de la méthode critique.

En terminant, j'indiquerai deux points (5) :

1° L'état de la question sur Herzog-Dupin et de l'opinion scientifique à ce sujet a été donné dans le *Bulletin* de

---

(5) Les premières conclusions de cette étude critique ont été données, il y a plus de vingt ans, par l'auteur de ces lignes, dans deux articles du *Bulletin*, mars et avril 1908, et dans le volume *La question Herzog-Dupin*, Paris, 1908 (*épuisé*). — Il est remarquable que les premières et les dernières lettres du nom d'(H)ippolyte (G)aller(and) soient les initiales de (G)uillaume (H)erzog et d'(An)toine (D)upin.

1908, p. 287-289, dans l'article *Un incident moderniste*, par M. H. Schroers, alors professeur d'histoire ecclésiastique à la Faculté catholique de théologie et ancien Recteur de l'Université de Bonn. D'autre part, on a vu plus haut le jugement de Mgr Batiffol dans la *Semaine religieuse* de Clermont, du 10 juin 1922.

2° Le signataire de cet article possède un dossier de documents sur la question Herzog-Dupin. Il n'imitera pas les amis de M. Turmel qui ont publié des lettres très intimes de Mgr Duchesne. Mais il a le droit de dire qu'il possède des lettres de ce maître de nos études, des 9, 19 mai et 15 juillet 1908 et d'en résumer le contenu. Mgr Duchesne déclare qu'au point de vue scientifique la cause est claire et que tant qu'on n'aura pas trouvé Herzog-Dupin, et malgré toutes les dénégations et déclarations de l'intéressé, l'auteur des dits articles, c'est « Turmel » et l'affirmation est donnée dans les trois lettres. D'ailleurs M. Turmel n'a qu'à relire celle qui lui a été adressée à lui-même par le même maître en critique vers la même date et sur le même sujet (6).

***

On sait que beaucoup de personnes, même de grande intelligence et de culture étendue, ont de la peine à comprendre qu'on parle si facilement de légendes et de faux dans l'histoire du moyen âge. C'est qu'il leur manque une indispensable notion de psychologie : la manière très différente de la nôtre dont le moyen âge comprenait la sincérité littéraire. De même, autour de nous, bien des personnes n'étant pas au courant de l'état d'esprit de certains cercles modernistes s'étonnent qu'on puisse non seulement mettre en doute, mais encore nier absolument leur sincérité dans ce genre de question. Voici qui pourra les éclairer.

A ce sujet, la théorie moderniste a été formulée avec toute la clarté désirable, *au moment même* où paraissaient dans la

(6) Sur l'utilisation d'une correspondance, on se conforme à la jurisprudence qui a été suivie dans la discussion entre Mme Marie-Louise Pailleron et Mgr P. Batiffol, dans la *Revue des Jeunes* (10 juillet 1922, p. 118-120). Il s'agissait d'une lettre du duc de Broglie à Buloz et relative à une dérobade prétendue du P. Gratry devant l'offre prétendue de Buloz de répondre à Havet dans la *Revue des Deux Mondes*.

Revue d'histoire et de littérature religieuses, les articles d'Herzog-Dupin et par celui-là même qui était le secrétaire de rédaction de la dite *Revue*. Dans le numéro du 13 janvier 1908 de la *Revue critique*, p. 26, à propos de Vincent de Lérins, M. Paul Lejay a écrit : « *Il fallait dérouter la gent orthodoxe*. L'opuscule de Vincent est de ces plaquettes qui circulent sous le manteau *et que l'on désavoue au besoin. En ce sens*, il est exact de dire que Vincent ne l'a pas publié. *C'est le cas* des petites lettres de Louis de Montalte et *des œuvres du curé Meslier* ». C'est le cas des articles d'Herzog-Dupin. C'est aussi le triomphe du *distinguo*. Quelle casuistique dans une école qui se donne pour un vrai parangon de bonne foi et d'honneur !

D'ailleurs quels exemples et quels patrons ! Il s'agit d'abord d'un acte de Pascal que Sainte-Beuve a renoncé à défendre. Pascal (Montalte) répondait au P. Annat : « Je ne suis point de Port-Royal » je suis « sans attachement, sans liaison, sans relation » avec Port-Royal. A ce propos, Sainte-Beuve a écrit : « Si toutes les *Provinciales* étaient vraies comme cette assertion-là, il ne faudrait pas trop s'étonner que de Maistre eût mis à côté du *Menteur* de Corneille ce qu'il appelle les *Menteuses* de Pascal » (*Port-Royal*, t. III, p. 75-76, Paris, 1867).

L'intervention du curé Meslier est encore plus forte. Meslier, un curé de Champagne au XVIIIe siècle, prêchait, en chaire, la foi catholique à ses paroissiens; mais, dans son cabinet, il composait des pamphlets antichrétiens, dont Voltaire a publié une partie, en les remaniant, une trentaine d'années après la mort de l'auteur. Il faut en convenir, le curé Meslier fait bien pour accompagner les déclarations du secrétaire de la *Revue d'histoire et de littérature religieuses* : son nom seul est de circonstance et on pouvait se dispenser de commettre Pascal en si mauvaise compagnie. En tout cas, il est instructif que la période moderniste de la *Revue d'histoire et de littérature religieuses* se couronne par un faux en matière scientifique.

M. Lejay a osé écrire au même endroit : « Ces moines de Lérins nagent dans le mensonge pieux comme des poissons dans l'eau ». Les modernistes nagent dans le mensonge impie avec plus d'aisance encore,

(*A suivre*). **Louis SALTET.**

NOTES ET CRITIQUES

A. Rivet. *Le patrimoine légal du culte et des œuvres catholiques.* Editions de la *Documentation catholique*, 5, rue Bayard, Paris, 8e; prix : 12 francs; port, 0 fr. 65.

M. Auguste Rivet, avocat à la Cour d'appel de Lyon, doyen de la Faculté libre de Droit, est l'un des spécialistes les plus éminents du Droit civil ecclésiastique. Tout ce qu'il écrit en cette matière délicate et peu connue, même des juristes, mérite d'être lu, car on ne sait ce que l'on doit le plus admirer, chez notre éminent collègue, de la richesse de la documentation, de la rigueur de l'argumentation juridique, de la précision et de la netteté de la forme.

Dans la première partie de son nouvel ouvrage, M. Rivet étudie le patrimoine légal du culte et de ses ministres. Il montre d'abord pourquoi et comment le Saint-Siège a rejeté les associations cultuelles, mais pourquoi et comment il a permis et conseillé d'user des associations diocésaines, dont il expose, avec le plus grand soin, le régime et le fonctionnement. M. Rivet présente ensuite les syndicats ecclésiastiques comme un complément des associations diocésaines; il en prouve la légalité, en définit la capacité et donne sur leur constitution et sur leur vie pratique tous les renseignements désirables. L'auteur réserve enfin un chapitre aux mutuelles diocésaines.

La seconde partie traite du patrimoine légal des œuvres catholiques. Ici, M. Rivet passe en revue les principaux procédés en usage à l'heure actuelle : propriété individuelle et propriété indivise, associations non déclarées, déclarées et reconnues d'utilité publique, syndicats professionnels et sociétés constituées sous diverses formes. M. Rivet reprend, dans cette partie de son livre, beaucoup d'idées qu'il avait déjà exprimées dans son petit volume sur les *Immeubles et ressources des œuvres catholiques*, paru en février 1913, mais il tient compte de beaucoup de textes nouveaux et de beaucoup de décisions de jurisprudence, qui renouvellent cette matière.

La troisième partie de l'ouvrage est consacrée au régime fiscal des syndicats, sociétés et associations, y compris les congrégations et les associations ou sociétés assimilées aux congrégations.

Une dernière partie, particulièrement pratique, donne des modèles commentés de statuts pour les associations déclarées, les syndicats professionnels, les sociétés civiles et les sociétés anonymes. Deux appendices reproduisent la circulaire ministérielle du 10 novembre 1927, sur l'exécution des charges précises pour les établissements attributaires et certaines dispositions intéressantes de la loi de finances du 30 décembre 1928.

Le livre de M. Auguste Rivet a sa place marquée dans la bibliothèque de tous les administrateurs des biens d'Eglise et de tous les directeurs d'œuvres. Il ne sera pas moins utile aux juristes de profession qui profiteront non seulement d'une doctrine des plus sûres, mais de références, qui n'ont rien laissé passer de marquant dans l'élaboration du statut légal de l'Eglise et de ses œuvres, sans le noter et sans en marquer tout l'intérêt.

Lucien Crouzil.

Andrée Fossier. *Les manifestations cultuelles sur les voies publiques en France.* Paris, Spes, 1928. Prix : 25 francs.

C'est une excellente étude de jurisprudence, bien écrite, bien documentée et relevée par des vues générales puisées aux meilleures sources, que nous donne Mlle Andrée Fossier; œuvre, au surplus, très personnelle.

L'auteur expose d'abord les données historiques et légales de la question : situation des manifestations cultuelles sous le régime concordataire et principes posés dans les travaux préparatoires de la loi de 1905 ou dans cette loi elle-même. Puis viennent les solutions en vigueur, sur la conciliation de l'ordre public avec la liberté de conscience sur le régime des processions, du port du Saint-Viatique, du port des emblèmes religieux, des convois funèbres, etc...

A peine convient-il de signaler quelques légères lacunes : p. 47, par exemple, Mlle Fossier ne dit pas que depuis le décret du 5 novembre 1926 (a. 47), le sous-préfet peut autoriser, en cas d'urgence, l'exécution immédiate des arrêtés permanents. Est-il juste de dire (p. 49) que la prérogative de substitution d'action n'appartient qu'au préfet, en présence des termes formels de l'art. 48 du décret du 5 novembre 1926 ? — P. 53, Mlle Fossier déclare que le refus d'un maire motivé par un arrêté préexistant peut être déféré au Conseil d'Etat en remettant en cause la légalité de l'arrêté; elle invoque avec raison l'autorité de M Raphaël Alibert : Mlle Fossier aurait pu, en ce qui concerne les processions, signaler l'arrêt du Conseil d'Etat du 9 juillet 1926 (*arrêt Barthélemy*), dont la doctrine a été confirmée par l'arrêt du 23 novembre 1928, rendu à la requête de Mgr Chassagnon. — P. 156, note 59, la notion de basilique mineure n'est ni complète ni très exacte.

Toutes ces critiques n'enlèvent rien à la très réelle valeur d'un ouvrage que nous voudrions voir entre les mains de tous les prêtres employés dans le saint ministère et de beaucoup d'hommes d'œuvres.

Lucien Crouzil.

Jean Videcoq. *Les associations diocésaines.* Paris, Spes, 1928. Prix : 25 francs.

Malgré les ouvrages si justement appréciés de MM. l'abbé Renaud, Rivet, Hébrard, Rigaud, Savouret..., la question des *diocésaines* reste à l'ordre du jour et l'on découvre sans cesse des aspects nouveaux de cette question si importante, où les intérêts temporels de l'Eglise de

France sont, dans une large mesure, engagés. M. Jean Videcoq nous révèle quelques-uns de ces aspects nouveaux et parce qu'il le fait dans un excellent esprit et d'accord avec les plus saines doctrines juridiques, il a droit à notre reconnaissance.

M. Videcoq fait d'abord l'historique de l'accord qui devait aboutir à la constitution de 83 associations diocésaines, puis il étudie l'organisation et le fonctionnement de ces associations, leurs ressources, leur régime fiscal, les réformes qu'il faut réaliser en leur faveur. Quatre annexes permettent de suivre aisément le travail de lente élaboration qui aboutit à la rédaction des statuts officiels.

Puisqu'il ne doit pas y avoir d'ouvrage parfait au gré d'un critique, nous signalerons à M. Videcoq quelques oublis ou quelques inexactitudes, d'ailleurs sans importance : il n'y a pas de synodes *provinciaux* (p. 14), mais des synodes diocésains et des conciles provinciaux; la loi du 9 décembre 1905 prévoyait non seulement des allocations de quatre ans, mais des allocations de huit ans, rendues, d'ailleurs, inopérantes du fait de la procédure instituée par le règlement d'administration publique du 19 janvier 1906 (p. 15). Quel est cet arrêt du Conseil d'Etat du 17 avril 1920, dont il est question dans la note 2 de la page 69 ? Le *Recueil des arrêts du Conseil d'Etat* n'en fait pas mention. Enfin, M. Videcoq a parfaitement raison de dire (p. 111) que l'association diocésaine ne peut percevoir de rétributions pour les places que dans les églises dont elle a la propriété, l'administration ou la jouissance, mais ne pourrait-on faire appel aux principes de la gestion d'affaire, du moins dans certains cas, pour autoriser une association diocésaine à percevoir une contribution aux frais d'une cérémonie qui, sans elle, n'aurait pu avoir lieu ? C'est une question qui mérite d'être examinée.

En somme, le livre de M. Videcoq est un excellent guide pour les associations diocésaines et pour tous ceux qui, de près ou de loin, sont appelés à entrer en rapports avec elles.

Lucien Crouzil.

Abel Fabre. *Pages d'art chrétien*. Paris, Bonne Presse, 1927, grand in-8°, VI-634 p.

On ne se lasse jamais de contempler un beau paysage ni d'admirer un beau livre. Ainsi en est-il de cet ouvrage qui n'est pas un inconnu pour nous. Nous l'avons salué ici même, il y a de nombreuses années, alors que l'auteur venait de réunir en séries la suite d'articles parus dans le « Mois littéraire et pittoresque ». Depuis lors, M. Fabre l'a réédité en élargissant le cadre de ses premières études et en leur donnant, par un remaniement complet, une forme mieux ordonnée et définitive.

Parmi les livres traitant de l'Histoire de l'art, ces *Pages d'art chrétien* occupent une place toute particulière. Elles ne visent pas, l'auteur nous en avertit loyalement, à remplacer les manuels existants et à former un cours complet. Le lecteur n'y trouvera donc pas un traité qui s'ouvre sur l'art des Catacombes et se ferme sur l'art de la Renaissance, après avoir abordé en route l'art byzantin et l'art roman. C'est plutôt une « histoire fragmentaire de l'art chrétien étudié du point de vue de l'esthétique... et voulant plutôt éduquer des artistes que former des archéologues ». Cependant l'archéologie occupe une place importante dans ces études où « la préparation romane » et « la floraison gothique » remplissent près de la moitié du volume. L'auteur y montre comment « la période romane » n'a été qu'une longue préparation technique dont l'art gothique doit être regardé comme l'aboutissement, pour avoir apporté la solution des recherches qui préoccupaient les maîtres d'œuvres. « Dans une matière qui pourrait paraître assez aride lorsqu'elle traite de la voûte et de l'art de bâtir, il y a de charmantes éclaircies sur l'histoire de l'autel, sur le développement de l'idéal artistique qui, ébauché chez les premiers sculpteurs et sans cesse perfectionné, aboutit au « Rêve de l'imagier ». Le lecteur curieux trouvera ensuite sur l'iconographie chrétienne des études intéressantes, pleines de détails généralement ignorés ou que l'on ne découvrirait qu'épars dans de nombreux recueils : images du Christ, Vierges et Madones, les Anges, les Mages.

Enfin, dans un dernier chapitre, qui n'est ni le moins intéressant, ni le moins instructif, l'auteur examine la renaissance de la peinture décorative en France au dix-neuvième siècle. Il y montre comment ont été renouées les vraies traditions de la peinture monumentale, oubliées aux dix-septième et dix-huitième siècles, et qui rattachent nos grands décorateurs actuels, Puvis de Chavannes, Henri Martin, Albert Besnard, Maurice Denis aux célèbres artistes italiens qui, à l'époque de la Renaissance, regardèrent la fresque comme la plus noble manifestation de leur art.

Ces études, modèles de clarté et de grâce, cachent sous une forme souple et élégante une documentation très sérieuse. Qu'il s'agisse des Vierges de Raphaël, ou de Michel-Ange, peintre de la Sixtine, de Fra Angelico, décorateur de la chapelle de Nicolas V, des Primitifs français, l'auteur résume avec justesse et précision, en y ajoutant une note personnelle, les derniers travaux de l'érudition. A qui veut entreprendre un voyage à Florence ou à Rome, la lecture des études sur « la Peinture religieuse de Giotto à Raphaël », en passant par Fra Angelico et Michel-Ange, sera d'une grande utilité. Elle suggérera à une admiration, qui ne peut manquer de se produire devant tant de chefs-d'œuvre, les raisons qui la justifient.

A qui s'adressent ces *Pages d'art chrétien ?* A tous les gens de goût, à tous ceux qui s'intéressent à l'art sacré, qu'il se manifeste dans la floraison merveilleuse de nos cathédrales, le legs le plus grandiose de notre passé national, ou dans la sculpture de leurs portails et de leurs chapiteaux, ou encore dans la décoration de leurs vastes murailles. Elles ont leur place naturelle sur les tables des Cercles catholiques d'étudiants et dans la bibliothèque des prêtres. Maintenant surtout qu'on s'est enfin décidé à donner à l'art chrétien la place qui lui revient si justement dans le cycle des études, il n'est pas un professeur qui puisse ignorer ce bel ouvrage pour en nourrir et vivifier son enseignement et en faire profiter ses élèves.

La nouvelle édition de 1927 marque un véritable progrès sur la précédente de 1920. La rédaction y a été rajeunie ainsi que renouvelée l'illustration qui, dans un ouvrage d'art, joue un rôle important. Les images, toujours si agréables à regarder, sont ici le complément nécessaire du texte qu'elles fleurissent, commentent et justifient. Aussi le lecteur, en tournant les feuillets de cet ouvrage, se réjouira d'y trouver un petit musée. Plus de 400 illustrations à admirer, quel régal pour les yeux et, pour les souvenirs, quelle richesse et quel trésor !

C'est pourquoi il convient de féliciter l'auteur pour le soin qu'il apporte à améliorer et perfectionner son ouvrage de prédilection, et la Maison de la Bonne Presse qui, par la netteté de l'impression, le luxe du papier et la beauté des illustrations a su donner à ce magnifique volume le caractère vraiment approprié à une œuvre d'art.

C. DE SUPLICY.

Robert d'HARCOURT. *La jeunesse de Schiller.* Paris, Plon, in-8, IV-490 pages.

La mode est aux biographies. Le public a pris un goût très vif à lire les vies des poètes, des musiciens, des hommes célèbres, toujours instructives, parce qu'elles ont pour cadre une époque, et souvent intéressantes, à l'égal d'un roman, parce que ce sont des études d'âmes éclairées des sourires de la fortune ou meurtries par le choc des passions.

Je n'en connais pas de plus intéressantes, à ce double point de vue, que *La Jeunesse de Schiller*, récemment publiée par le brillant professeur de littérature allemande à l'Institut Catholique de Paris, M. Robert d'Harcourt.

Les études d'ensemble sur Schiller sont assez rares en France. Il y a déjà longtemps que M. Bossert, dans des pages instructives mais assez ramassées, a ébauché la vie du poète et raconté ses pénibles débuts dans la vie littéraire et son union avec Gœthe aux temps glorieux de Weimar. Plus tard, la thèse de M. A. Kontz fut l'occasion d'une étude plus approfondie sur les *Drames de la jeunesse de Schiller*. Mais on devine, d'après le titre même de cet ouvrage, que la vie de Schiller n'en est que l'accessoire. L'auteur n'y a cueilli que les éléments nécessaires pour servir de cadre à l'exposition des drames, à leur origine et à leur développement. Enfin, dans une cinquantaine de pages, M. Chuquet a, de son côté, tracé une esquisse de *La jeunesse de Schiller*. Puis ont paru des *Pages choisies*, précédées ou accompagnées de notices, suffisantes à la rigueur pour le lecteur ordinaire, mais qui ne révèlent rien de particulier au spécialiste. Mais voici qu'à cette léthargie a succédé un réveil impressionnant. L'an dernier, M. Eggli publia un ouvrage monumental de plus de 1.300 pages sur *Schiller et le Romantisme français*, suivi bientôt après de l'étude de M. d'Harcourt.

Etude pathétique, si jamais il en fut, où l'on assiste à la naissance et à l'éclosion d'un génie poétique, au milieu des difficultés accumulées par la pénurie d'argent, le déséquilibre d'une santé chancelante et l'optimisme impénitent d'un jeune homme devant les leçons sévères de la vie.

Nature sensible et délicate, Schiller est amené à la révolte « par l'horrible compression d'une éducation caporalisée à la prussienne ». Et lorsque, abandonnant sa situation de médecin de régiment, sa famille et ses amis, il s'est évadé de Stuttgart à la conquête hypothétique de la gloire, sa vie errante commence dont les étapes — qui sont autant de meurtrissures — s'appelleront Mannheim, Bauerbach, Leipzig, où il retrouvera le même cortège de préoccupations, de maladies et de misère.

A Stuttgart, il avait poussé son premier cri de révolte contre la société avec *Les Brigands*. Il composa ses trois autres drames, *Cabale et Amour, Fiesque*, et *Don Carlos* au cours d'une vie nomade, harcelé souvent par la fièvre, tenaillé par les dettes, mais toujours soutenu par la main providentielle de l'amitié.

Au milieu des détails si judicieusement choisis et présentés si agréablement sur cette vie d'agitation et de misère, le lecteur trouvera dans cette étude l'analyse pénétrante et détaillée non seulement des drames, mais de tous les poèmes lyriques de la jeunesse de Schiller. On y surprend l'éveil du génie. En outre, de nombreux extraits de sa correspondance nous dévoilent la nature sincère, délicate mais idéaliste du poète à l'aurore de sa carrière.

Appuyée sur une documentation solide à laquelle les rez-de-chaussée de petit texte servent de structure et de soubassement, cette étude emprunte un charme prenant à une forme toujours distinguée où fourmillent des trouvailles d'expressions, par quoi cette biographie est rendue si vivante et si neuve.

La Jeunesse de Schiller doit trouver son pendant dans le récit des années de la maturité du poète à Iéna et à Weimar. Il n'y a pas de lecteur qui, après avoir savouré le premier volume, n'attende avec impatience le complément indispensable de cette vie pathétique. L'auteur nous le doit et, en répondant au désir de ses admirateurs, il aura apporté une précieuse contribution et élevé un noble monument aux lettres germaniques.

C. de Suplicy.

POUR LE SEPTIÈME CENTENAIRE DE L'UNIVERSITÉ DE TOULOUSE [1]

MONSEIGNEUR,
MESSIEURS,

En l'année 1229, le légat du pape Grégoire IX, Romain, cardinal de Saint-Ange, faisait insérer dans le traité de Paris l'obligation pour Raymond VII d'entretenir de ses deniers à Toulouse un certain nombre de maîtres en théologie, en droit et en grammaire. C'est ainsi que fut fondée de toutes pièces l'Université de Toulouse dont nous célébrons le septième centenaire.

Une part de cet antique héritage, — les Facultés de Théologie, de Droit canon et de Philosophie scolastique, — a été recueillie par l'Institut catholique. C'est à ce titre que j'ai cru pouvoir, sans indiscrétion, paraître un moment dans cette chaire pour y développer en quelques mots le sens profond des fêtes qui s'ouvrent, comme il convient, par le saint sacrifice de la messe, dans cette basilique admirable, achevée précisément au temps même où se fondait l'Université.

Messieurs, je ne veux être ici et je ne serai, je l'espère, que l'interprète du sentiment général.

MONSEIGNEUR,

Comme toutes les grandes œuvres d'assistance ou de progrès dont l'humanité a reçu le bienfait depuis l'avènement du Christ, les Universités sont nées sous la main généreuse et libé-

(1) Allocution prononcée à Saint-Sernin, par Mgr Breton, recteur de l'Institut Catholique de Toulouse, le 8 juin 1929, en présence de Mgr l'Archevêque de Toulouse, des professeurs de l'Institut catholique, des représentants des Facultés officielles et des délégués des Universités et sociétés savantes de France et de l'étranger, réunis pour la commémoration religieuse de la fondation de l'Université de Toulouse en 1229.

ratrice de l'Eglise. Chef de ce diocèse de Toulouse où l'Eglise a présidé durant des siècles aux destinées de l'enseignement, vous venez aujourd'hui rappeler par votre présence cette longue tradition et apporter les bénédictions du ciel dont vous avez les mains pleines à des institutions renouvelées.

Il n'est pas rare d'entendre dire que l'esprit humain a déserté les voies qu'il suivait au moyen âge pour se frayer des voies nouvelles, voire même tout opposées dans la recherche de la vérité. J'ai cru opportun de vous signaler dans cette opinion une équivoque qu'il importe de dissiper, ou plutôt une erreur capitale au sens où on l'entend d'ordinaire, qu'il faut repousser.

Je vous rappellerai d'abord la grande loi à laquelle se pliait la pensée du moyen âge, puis la révolution qui en a ruiné plus tard l'autorité dans un trop grand nombre d'esprits; je m'attacherai ensuite à vous montrer comment, même pour les esprits qui ont rejeté les croyances du moyen âge, les rapports de la pensée et de la vérité sont restés, au fond, malgré les apparences, essentiellement les mêmes.

Messieurs, c'était au moyen âge une conviction profonde et générale, une règle fondamentale de la pensée qu'il y a pour l'homme deux manières d'atteindre et de posséder la vérité, une dans sa source et dans son essence, deux principes de connaissance qu'il a plu à Dieu de nous communiquer, la raison et la foi. Il y a des vérités que l'homme connaît par la raison, il sait; il y en a d'autres qu'il n'arrive à posséder que par la foi, il croit. Dieu l'a fait également capable de savoir et de croire, et lui a prescrit le double devoir d'user de la raison où il peut, pour étendre toujours plus l'objet de sa science et de croire où il faut, en adhérant par une foi sincère à la vérité qu'il a voulu lui enseigner directement. Ces deux zones de la vérité se distinguent sans s'exclure et s'appellent sans se confondre.

Dieu lui-même en a posé les limites et l'homme ne saurait prétendre, sans porter atteinte à l'autorité souveraine du Créateur, ni les abolir, ni les déplacer.

Loin de vouloir briser l'unité de la pensée, la grande préoccupation des logiciens du moyen âge a fait, au contraire, s'enchaîner étroitement les deux ordres de vérités qu'ils avaient reconnus, en introduisant la raison dans le domaine de la foi; ils demandèrent à la raison de fournir aux vérités de la foi une base et un cadre scientifiques; ils créèrent la théologie, c'est-à-dire l'exposé systématique des vérités que Dieu a révélées directement, appuyé des raisons de croire; ils s'inspiraient enfin constamment de la maxime de l'un des plus grands d'entre eux, de saint Anselme : « *Fides quaerens intellectum* », la foi qui cherche l'intelligence, la foi qui s'efforce de rapprocher les vérités de l'ordre surnaturel et les vérités de l'ordre rationnel sans rien ôter ni aux unes ni aux autres de leur caractère distinctif. Tel fut même l'élan qui emporta de ce côté certains penseurs du moyen âge que parfois la spéculation déborda la croyance et tourna au rationalisme.

Cependant, les vrais maîtres de la pensée à cette époque surent maintenir également les droits de la raison et ceux de la foi, établir entre ces deux principes de connaissance une alliance heureuse, féconde pour l'un et pour l'autre, pénétrer enfin la foi de raison et la raison de foi. C'était le temps où la pensée, comme l'art, prenait son essor vers les hauteurs. Loin de l'effrayer, le mystère l'attirait, comme un air natal où elle respirait à l'aise. Parce qu'on ne doutait alors ni de la parole de Dieu ni de la raison et qu'on attribuait à la raison et à la foi une même origine, on croyait que la raison avait le droit de sonder les profondeurs de la parole de Dieu. Tandis que les artistes traduisaient à l'usage du peuple, en symboles de pierre, les mystères de la religion, les esprits d'élite demandaient aux docteurs de leur expliquer ces mêmes mystères, au moyen d'idées philosophiques. En ce temps-là, les âmes aimaient à répandre leur prière sur les dalles des vastes nefs d'où s'élancent vers le ciel, d'un seul jet, une forêt de piliers, pour aller s'embrasser dans la voûte des cathédrales. De même, pour sentir toute la force de la vérité qui faisait l'objet de leur foi, elles avaient en quelque sorte besoin de la contempler, se dressant austère et superbe, sur un bloc de principes et de conséquences comme sur une colonne de granit.

C'est ainsi que ceux qui savaient, comme on appelait alors les esprits de haute culture, faisaient l'application d'une autre de leurs maximes qu'on leur a tant reprochée : « *Philosophia ancilla theologiae* », la philosophie, la science est au service de la théologie. Rien pourtant de plus simple ni de moins contestable que le sens de cette maxime. Il n'y a pas de vérité contre la vérité : c'est l'évidence même. Bien plus, la vérité est une : qui connaît la vérité en partie, a dit Bossuet, en voit plusieurs; qui la verrait parfaitement n'en verrait qu'une. Ainsi toutes les vérités de la raison et de la foi sont distinctes à nos yeux et nous sommes loin de pouvoir discerner les mille liens qui les rattachent les unes aux autres; nous n'en sommes pas moins certains qu'elles forment un tout et, à parler exactement, que toutes les vérités se ramènent à une vérité unique. Dès lors, il est juste de conclure, comme l'enseignaient les théologiens du moyen âge, et comme nous le pensons, nous, les héritiers de leurs croyances, que toute vérité de l'ordre naturel, si l'on a le soin d'en examiner les divers rapports, peut fournir une raison de croire.

Mais quoi ! Il s'est produit, depuis le moyen âge, dans l'ordre intellectuel, une grande révolution. Le temps n'est plus où « tout homme venant en ce monde » au sein des nations que le Christ avait nourries, recueillait la foi chrétienne comme une part d'héritage qu'un père lègue à ses enfants et tenait à l'Eglise du Christ par les mêmes liens qui l'attachaient à son pays, à sa famille, par tous les liens de la vie. Combien d'hommes, en ce temps-ci, ont trouvé la foi dans leur berceau, qui ne savent plus, au bout de quelques années, ce qu'ils en ont fait. De là, parmi les esprits qui pensent, les uns professent qu'ils doivent chercher la vérité, avec leur raison toute seule; les autres, que Dieu nous a donné la foi pour étendre et pour achever l'œuvre de la raison. Ainsi l'union des esprits dans la possession de la vérité a été rompue. Cette rupture va-t-elle jusqu'à les dresser les uns contre les autres, au point que toute conciliation, tout accord soit impossible entre les esprits qui gardent la foi antique et ceux qui l'ont répudiée ? On l'a dit, on a voulu faire d'une divergence profonde une opposition irréductible. Il fut un temps, — et ce temps n'est pas encore bien éloigné — où la presque totalité des savants professaient que la science seule est maîtresse de vérité, que, en dehors des méthodes scientifiques, il ne reste à l'esprit humain aucun moyen d'atteindre la vérité. Dès lors, selon ce système, la foi ne serait qu'une source d'illusions dangereuses, propres tout au plus à fausser la droiture et à relâcher la vigueur de l'esprit.

Nous n'en sommes plus là : le scientisme qui s'arrogeait le droit de parquer la vérité dans un enclos dont il avait élevé les barrières arbitrairement n'a plus aucun crédit. Vous vous rappelez l'enquête ouverte, il y a trois ans, en 1926, auprès des membres de l'Académie des sciences sur cette prétendue opposition du sentiment religieux et de la science — pour parler exactement, on doit dire de la foi et de la science. — Il n'y eut pas une réponse où le scientisme ne fût rejeté comme une opinion périmée et sans valeur.

A ce propos, savez-vous quelle est, à mon sens, l'une des meilleures réponses ? C'est la réponse de ce grand soldat qui a épuisé l'admiration de ses contemporains et dont la mort récente a excité dans le monde entier tant de regrets. Elle est on ne peut plus simple et nette, et partant décisive. Laissez-moi vous la lire pour vous la remettre en mémoire : elle est très courte.

« La question, dit le maréchal Foch, ne peut se poser aujourd'hui de savoir si la science est opposée au sentiment religieux. La religion s'entoure dans ses études de plus en plus de science. Et la science, par ses découvertes successives, n'établit rien qui contredise la doctrine religieuse.

« Ce sont là deux activités qui se développent sans se heurter. Pour tout esprit dégagé de prévention, elles doivent même trouver des points de rapprochement dans la sincérité de leurs recherches ».

Il y aurait plaisir et profit à commenter ces quelques mots aussi pleins que justes, mais cela nous détournerait de l'objet qu'il s'agit surtout de mettre en lumière.

Si je ne me trompe, rien n'a plus contribué que le progrès des sciences à relever dans l'esprit des savants l'autorité de la foi. Depuis que la science a pénétré dans les derniers abîmes où naît la vie et qu'elle y a rencontré le mystère, les savants se sont plus facilement rendu compte qu'il peut, qu'il doit y avoir place dans l'esprit humain, par un effet de la libéralité divine, en dehors et au-dessus de la science, pour un principe de connaissance qui attache la certitude à l'incompréhensible. La science donc, tout le monde en convient, ne saurait interdire à la foi de connaître et d'enseigner la vérité. Ce n'est pas assez : le point que je tiens particulièrement à établir, c'est que l'incroyant qui cherche la vérité sincèrement suit malgré tout une voie parallèle à celle de l'homme de foi dont il est pourtant séparé par un abîme et que, en dernière analyse, sans le vouloir, sans le savoir, il tend vers le même but. Voilà ce qu'il importe de bien comprendre.

Messieurs, la vérité c'est ce qui est. Or, tout ce qui est, de quelque nature qu'il soit, n'a d'être que ce que Dieu lui communique. Mais parce que Dieu est le principe, la cause de tout ce qui est, il est en même temps la raison primitive de toute vérité dans l'univers.

Dieu est l'être éternellement subsistant, et dès lors, la vérité originale d'où dérive la vérité dans tout ce qui est et dans toute intelligence qui la connaît. Nous voyons la vérité dans une lumière supérieure à nous-mêmes et qui est toujours, quels qu'en soient la nature et l'objet, un reflet de l'infini dans l'esprit humain. C'est ainsi que, d'une manière qui nous est incompréhensible, nous voyons toute vérité en Dieu. Il est donc juste de dire que, lorsque nous cherchons la vérité, nous cherchons Dieu et que, lorsque nous trouvons la vérité, nous trouvons Dieu.

Cela est vrai de quiconque cherche la vérité, avec une intention droite, pour la vérité elle-même, serait-il privé de cette lumière surnaturelle que nous appelons la foi. S'il travaille de l'esprit, en toute simplicité, en toute sincérité, il obéit en fin de compte, bien qu'il l'ignore, à la même inspiration que le croyant. Sans doute, il ne connaît pas comme le chrétien, comme l'homme éclairé de la foi, le vrai but que Dieu a marqué à la raison et à la science; Dieu lui fait quand même la grâce de le diriger à son insu vers ce but supérieur de la pensée. Lui aussi, cet homme qui n'a pas la foi, quand il cherche la vérité, cherche Dieu, oui, il cherche Dieu et le vrai Dieu parce qu'il n'y en a qu'un, celui qui ne s'est pas contenté de donner la raison à l'homme, mais qui a voulu couronner la raison des splendeurs de la foi. Si je voulais définir la nature du travail d'esprit de cet incroyant, je devrais retourner la maxime des penseurs du moyen âge et dire de lui : « *Intellectus quaerens fidem* », c'est une intelligence qui cherche la foi, bien qu'il n'ait jamais songé peut-être à demander à Dieu expressément ce don incomparable.

« Certes, c'est une chose étonnante, dit Bossuet, que l'homme entende tant de vérités, sans entendre en même temps que toute vérité vient de Dieu, qu'elle est en Dieu, qu'elle est Dieu même. Mais, ajoute ce grand homme, c'est qu'il est enchanté par ses sens et par ses passions, et il ressemble à celui qui, renfermé dans son cabinet où il s'occupe de ses affaires, se sert de la lumière, sans se mettre en peine d'où elle vient ».

Messieurs, il se dégage des fêtes de ce centenaire une leçon; voulez-vous me permettre de vous la proposer ? Nous ne devons avoir rien tant à cœur que d'aimer la vérité, de la chercher, de l'embrasser tout entière, telle qu'il a plu à Dieu de nous la donner; il faut aimer, dis-je, la vérité et il faut en vivre, c'est-à-dire ne pas nous contenter d'en remplir notre pensée, mais en faire la règle constante de notre vie. Ainsi soit-il.

LA SUITE DES PSEUDONYMES DE M. J. TURMEL

II (1)

En 1908, à propos des articles pseudonymes de M. Turmel, je parlais d'une « colossale imposture théologique ». Depuis vingt ans, pour des causes qu'il faudra bien rechercher, le mal a empiré dans des proportions inouïes. Si nous n'avions pas démasqué ces entreprises trop audacieuses, telle circonstance se serait produite tôt ou tard où, pouvant découvrir leur jeu impunément pour M. Turmel, les patrons qui utilisent ses services nous auraient couverts de moqueries et de sarcasmes comme victimes d'une humiliante mystification.

Quand, il y a vingt-et-un ans, j'ai rapproché la question Herzog-Dupin de l'affaire Diana Vaughan et consorts (2), tel avocat de M. T. a pris une mine scandalisée des plus amusantes. En réalité, c'est encore bien pire que cela et la plaie est autrement grave. Il ne s'agit pas seulement des trois pseudonymes d'alors de M. T. : Denys Lenain, Antoine Dupin et Guillaume Herzog, mais d'une douzaine d'autres faux nez de M. T. : Goulven Lézurec, André Lagarde, Armand Dulac, Alexis Vanbeck, Robert Lawson, Alphonse Michel, Edmond Perrin, Louis Coulange, Paul Letourneur, Hippolyte Gallerand, *etc.*, collaborateurs prétendus soit de la *Revue d'histoire et de littérature religieuses*, soit de la *Revue d'histoire des religions*, soit de *L'Impartial français*, quand vivait, Moniteur intellectuel du radicalisme, soit des publications antichrétiennes de la librairie Rieder, au coin de la place Saint-Sulpice, à Paris,

(1) Voir le numéro précédent du *Bulletin*, p. 83-90.
(2) *La question Herzog-Dupin*, Paris, 1908, p. XIII.

Cela vous étonne-t-il ? Veuillez lire dans *Les Nouvelles littéraires* du 17 juin 1926, l'article de M. René Gillouin intitulé : *Une nouvelle offensive antichrétienne.* En voici quelques extraits :

Il n'est pas besoin d'être grand clerc pour discerner, à bien des signes, qu'une nouvelle offensive et une offensive de grande envergure, sinon de grand style, se prépare dans notre pays contre le catholicisme et même, d'une manière générale, contre le christianisme. A dire vrai, l'hostilité est perpétuelle, et sans doute irréductible entre certaines formes de l'esprit moderne et l'idéologie catholique, d'une part, la conception chrétienne de la vie, de l'autre. Mais, dans l'histoire de cette hostilité, les luttes ouvertes et les crises aiguës alternent avec les trêves, les accalmies, les accommodements provisoires.

. . . .

Par ailleurs, nul n'ignore plus aujourd'hui que la Troisième République n'est pas seulement un régime politique, mais une sorte d'Eglise ou de Contre-Eglise, qui a ses dogmes et sa théologie, et qui est toujours prête à soutenir ou à inspirer toute tentative pour ruiner ceux de l'Eglise rivale.

De la conjonction de ces divers courants devait naître la nouvelle offensive anticatholique et antichrétienne qui se manifeste actuellement sous des formes très diverses, parmi lesquelles je n'en vois guère de plus frappantes, que les deux collections dirigées, l'une chez Rieder, par M. P.-L. Couchoud, sous le titre général de *Christianisme* l'autre aux Editions du Siècle, par M. Louis Rougier, sous le titre : *Les Maîtres de la Pensée antichrétienne*...

C'est dans la collection *Christianisme* que semblent s'être donné rendez-vous les principaux coryphées de l'ancien modernisme. Ils y apparaissent les uns sous leur vrai nom, tels M. Alfred Loisy ou M. Albert Houtin, d'autres sous des pseudonymes comme Louis Coulange ou Henri Delafosse.....

Quant aux ouvrages historiques de la collection : *La Vierge Marie* de M. Louis Coulange... quels que soient leurs mérites intrinsèques, ils appellent une observation qui doit être formulée avec netteté. *Leur inspiration commune est ouvertement anticatholique, antichrétienne, antireligieuse.* Or, en les lisant, on ne peut se défendre de l'impression que si l'Eglise avait usé de mansuétude à l'égard de leurs auteurs, ils seraient demeurés bien volontiers dans son sein, à la faveur de quelque équivoque idéologique savamment entretenue. Ce n'est qu'une fois chassés qu'ils ont jeté le masque. L'Eglise a donc vu clair en les chassant. Nous n'avons ni titre ni qualité pour les condamner à notre tour. Tout ce que nous demandons, c'est qu'on ne fasse pas d'une faiblesse une vertu, et qu'on veuille bien comprendre que le : « Je ne puis autrement, que Dieu me soit en aide », de Martin Luther, a une autre allure, et a obtenu le plus justement du monde un autre destin que *ce tortueux enchaînement de hardiesses, de prudences et de reniements.*

Ces préoccupations et ces faits d'offensive antichrétienne ont été préparés de loin, avant 1870, et se sont étalés depuis 1880. — En cette dernière année, fondation d'une chaire d'histoire des religions au Collège de France, sur la demande de Paul Bert, par Jules Ferry. — Article 7 du projet de loi de Paul Bert pour la suppression des Facultés universitaires de théologie catholique (7 février 1882) : « Il sera créé par décrets, dans un certain nombre de Facultés de lettres ou de droit, des chaires ou des conférences sur l'histoire des religions, etc. » — Fondation, en 1886, après la suppression des Facultés indiquées ci-dessus, de la *Section des sciences religieuses* à l'Ecole pratique des hautes études. — 2 mars 1906, dépôt par M. Ferdinand Buisson, député de la Seine, d'une pétition aux Chambres au nom des *Associations d'enseignement populaire*. L'idée directrice est celle-ci : vulgariser les résultats de la critique religieuse la plus négative. A cette fin : « Puisqu'il s'agit de combattre l'erreur et le mensonge, ce remède ne peut être demandé qu'à la science et à la vérité... Ces notions seront distribuées par l'enseignement primaire et secondaire... Seule la critique exclusivement rationaliste ira jusqu'au bout des démolitions nécessaires et cette tâche sera celle de l'enseignement supérieur. Ici, comme dans les autres domaines de la science, il élaborera les connaissances exactes que les autres enseignements doivent distribuer ». Depuis cette époque, création de plusieurs chaires d'histoire des religions et d'histoire du christianisme dans les Facultés des Lettres. — L'état d'esprit ainsi défini d'offensive antichrétienne apparut en plusieurs réponses dans l'enquête du numéro de janvier 1927, des *Cahiers de la république des lettres*, intitulée *Politique et religion, la guerre ou la paix*. Lire par exemple la réponse de M. P.-L. Couchoud, directeur de la collection *Christianisme* et intitulée : *Les raisons de ne pas croire*.

Ici, on voudrait seulement préciser les deux points indiqués dans le précédent article et en montrer la portée :

I

Venons-en au premier point. On a lu dans l'article précédent du *Bulletin*, p. 85 : « Une autorité officielle du diocèse de Paris a reçu en dépôt un écrit constituant la preuve de l'identité d'Herzog-Dupin et de M. Turmel ». Ce renseignement doit être complété de la manière suivante :

Il a été versé aux Archives de l'Archevêché de Paris, une carte signée J. Turmel et adressée à M. Paul Lejay, secrétaire de la Rédaction de la Revue d'histoire et de littérature religieuses, *où ont paru les articles de Dupin sur la Trinité et d'Herzog sur la Sainte Vierge, en 1906 et 1907.*

Dans cette carte, M. J. Turmel affecte de parler à la troisième personne des articles sur La Sainte Vierge dans l'histoire. *Il demande, d'une manière pressante, à M. Lejay, la substitution, dans la* Revue, *du nom d'Herzog à celui de Dupin, qu'il ne trouve pas assez secret. Cette carte est du début de 1907.*

Ainsi donc :

1° M. Paul Lejay, bien au courant de l'origine des articles qu'il insérait, voulait d'abord publier dans sa *Revue* les articles sur *La Sainte Vierge dans l'histoire* sous la signature d'Antoine Dupin, auteur prétendu de *La Trinité dans les trois premiers siècles*, étude précédemment publiée par lui dans sa *Revue*.

C'est donc que *La Sainte Vierge*, etc., et *La Trinité*, etc., sont bien d'un seul et même auteur, comme je l'avais dit et démontré. C'est donc qu'Herzog-Dupin sont deux pseudonymes et deux pseudonymes d'un seul auteur et que j'ai eu raison de les réunir.

2° A la nouvelle que M. Paul Lejay, publiant *La Sainte Vierge dans l'histoire*, allait tout naturellement continuer à lui donner pour auteur Antoine Dupin, M. Turmel s'est ému et a fait de pressantes instances auprès de M. Lejay pour lui faire changer ce pseudonyme et adopter celui de Guillaume Herzog, choisi par lui-même.

Ainsi donc M. Turmel a été intimement mêlé à la publication de *La Sainte Vierge dans l'histoire* et il y a eu une part prépondérante, puisqu'il est l'inventeur du pseudonyme de Guillaume Herzog, qui a signé l'œuvre.

M. Turmel avait le plus grave *intérêt* à intervenir dans la détermination du pseudonyme de Guillaume Herzog, puisqu'il le fait avec insistance; et, aux yeux de M. Lejay, il avait *le droit* d'intervenir, puisque le secrétaire de la *Revue* a fait droit à sa demande.

3° D'autre part, dans cette carte, aucune allusion n'est faite à un tiers intéressé. De plus, M. Lejay qui aurait pu et dû, d'un mot, mettre M. T. hors de cause en déclarant que celui-ci n'était pas Herzog-Dupin, n'a jamais dit ce mot.

Dès lors, non seulement M. T. est complice, avec M. Lejay, de la publication de *La Sainte Vierge dans l'histoire*, mais il en est l'auteur principal. En effet, personne ne peut confondre le style de M. T. et celui de M. Lejay, celui-ci ayant d'ailleurs pris la peine de se moquer doucement des clichés de son collaborateur, dans un compte-rendu de l'*Histoire de la théologie positive* de M. T. (3).

Une fois établi que M. T. est l'auteur de *La Sainte Vierge dans l'histoire* et, par conséquent, de *La Trinité dans les trois premiers siècles* (puisque les deux ouvrages sont d'un même *auteur*), la controverse sur la question Herzog-Dupin s'éclaire et devient des plus instructives.

D'abord la carte envoyée à M. Lejay pour créer le personnage d'Herzog montre la tactique de M. T. dans le jeu des pseudonymes. Pour plus de sûreté et pour « dérouter » la critique, il était d'avis de les multiplier. Ainsi s'explique qu'il en ait employé plus d'une douzaine, dont la liste a été donnée en tête de cet article. Cependant Dupin, Herzog et Lenain furent si éprouvés au cours de la discussion de 1908, qu'ils n'eurent plus la force de reparaître. Ils entrèrent de plein droit aux Invalides du Service moderniste.

Ici on ne considérera que les déclarations de M. T. dans la controverse de 1908.

***

Et d'abord, suivant que M. T. écrit sous son nom ou sous un pseudonyme, il a plus ou moins de franchise. Cette petite faiblesse de son collaborateur était bien connue de M. Lejay. En 1904, dans le compte-rendu déjà cité de l'*Histoire de la théologie positive* de M. T. déjà citée, il disait : « J'ai signalé au

(3) *Revue d'histoire et de littérature religieuses*, t. IX (1904), p. 400.

passage quelques lacunes ou des points contestables. Sans doute l'auteur n'en est pas responsable. *Il ne pouvait dire toute sa pensée*... On est surpris que M. T. ne veuille pas, *pour le moment*, juger cette érudition (patristique)... L'historien de la théologie positive est donc seulement l'historien des preuves théologiques. Il n'a pas même à se demander *si les mêmes preuves ne servent pas à justifier une même formule qui a changé de sens* ». *Le moment* allait venir, où M. T. pourrait *dire toute sa pensée*.

Les articles d'Herzog parurent dans la *Revue d'histoire et de littérature religieuses*, dans les numéros de mars-avril, juillet-août et novembre-décembre 1907. Ces articles ayant été édités en un tirage à part, M. Bricout, directeur de la *Revue du clergé français*, eut la malencontreuse idée d'en demander un compte rendu.., à M. Turmel. L'article parut dans le numéro du 15 mars 1908 de la *Revue*. Naturellement, M. T. ne disait absolument rien de l'étroite parenté de la documentation et des idées d'Herzog et des siennes. Mais il profitait de l'occasion pour provoquer les théologiens :

> Une réfutation en règle de ce travail [d'Herzog] exigerait un spécialiste [!] Les lignes suivantes n'ont pas la prétention de résoudre *les difficultés*. Elles se proposent seulement *de les circonscrire, de les délimiter*. C'est déjà faire œuvre utile que de dire au soldat *de quel côté il doit tirer sous peine d'égarer ses balles*... L'apologiste doit retrouver, dans la croyance des premiers siècles, le germe divin dont les accroissements successifs ont fait l'arbre majestueux que nous admirons aujourd'hui. Il doit donc interroger les Pères, fouiller la tradition. Il sera amplement récompensé de sa peine, le jour où il aura vengé l'honneur de la Reine du Ciel.

Or, cinq jours plus tard, dans le *Bulletin* du 20 mars, paraissait, sous la signature de l'auteur de ces lignes, un article intitulé *Un insigne plagiat : la Sainte Vierge dans l'histoire par Guillaume Herzog*. On y montrait qu'Herzog, sans le dire, a tout simplement démarqué et tourné, contre le dogme catholique, des exposés de M. Turmel : emprunt de la méthode, plagiat des références, de passages entiers, de traductions, du style, de doctrines particulières. Enfin Herzog a transformé en thèses les objections présentées par M. T.

Cette dépendance si flagrante une fois signalée, le silence de M. T. sur ce sujet, dans l'article du 15 mars, devenait au plus haut point inquiétant et scandaleux pour le public. Il paraissait inexplicable que M. T. n'ait *ni signalé ni stigmatisé*, comme il convenait, *le plagiat continu et éhonté* dont lui-même était victime dans cet ouvrage, *au détriment le plus scandaleux du dogme catholique.*

M. T. fut vite averti de l'article du *Bulletin* du 20 mars. Dès le 23, il écrivait à M. Bricout : « Je répondrai à mes supérieurs hiérarchiques *s'ils m'interrogent;* aux revues et aux journaux, jamais » (4). Cette attitude n'est que trop compréhensible et sera désormais toujours, et pour cause, la même, dans les conjonctures pareilles traversées par M. T. Il lui était absolument impossible, sous peine de confusion immédiate, de se risquer à aborder la discussion publique, de laquelle cependant il relevait sans conteste. Son unique espoir était dans une courte explication habile avec des Supérieurs dont il avait déjà expérimenté la grande indulgence.

Quatre jours plus tard, le 27 mars, il écrivait encore à M. Bricout : « Il est sûr que M. Herzog s'est servi de mes travaux, mais *pas plus que X, pas plus que Y* ». Quelle audacieuse moquerie ! Jamais, et pour cause, M. T. n'a donné de noms. S'il se risquait à en donner, malgré le sérieux du sujet, il ne provoquerait qu'un immense éclat de rire. En revanche, on n'aura pas manqué de savourer « M. Herzog », aussi réel que X et Y. Dans cette unique phrase, en fait de sérieux et de bonne foi, tout est à l'avenant

Le 20 avril paraissait dans le *Bulletin* un second article du même auteur intitulé : *Guillaume Herzog et Antoine Dupin, deux pseudonymes d'un plagiaire.* On y voyait d'abord, à titre d'appendice à l'article précédent, un supplément de plagiats d'Herzog à l'égard de M. T. Puis on y voyait un second plagiaire de M. T. C'est Antoine Dupin, auteur de *La Trinité dans les trois premiers siècles.* Dupin ne quitte pas M. T. d'une semelle Il ne copie pas seulement les articles publiés par M. T. en France, mais encore ceux qu'il a donnés à *The New-*

(4) Les références à la controverse de 1908 renvoient au livre *La Question Herzog-Dupin*. Ce livre donne tous les principaux documents jusqu'en juillet 1908. On trouve la référence de la suite jusqu'en décembre, dans *Bulletin* (1908), p. 287-289 : *Un incident moderniste.*

York Revue. Dans tel cas, les articles des deux auteurs sont si voisins par la date qu'il faut parler de *plagiat télégraphique*. Dans tel autre cas, la date des deux articles étant la même, il faut parler d'*harmonie préétablie* entre les deux auteurs. On montrait enfin l'identité d'Herzog et de Dupin. Aussi l'article concluait-il : « Quand on secoue Herzog-Dupin, il tombe du Turmel ».

Le 10 mai 1908, Mgr Dubourg, Archevêque de Rennes (auquel un curé de la ville avait instamment recommandé M. T. pour la circonstance) fit appeler M. T. et l'interrogea (5). Ce dernier répond très énergiquement qu'il n'est ni Herzog ni Dupin et qu'il ne connaît pas ces personnages. Les explications fournies par lui, du reste très courtes, roulent uniquement sur ce point qu'il peut y avoir des liens de parenté entre un article paraissant en Amérique et un autre publié en France, quand les deux auteurs se sont inspirés des mêmes ouvrages et ont puisé aux mêmes sources.

On voit tout le fond de cette réponse. M. T. jouant sur les mots, par une casuistique peu avouable, si elle n'est pas mensongère, affirmait qu'il n'était ni Herzog ni Dupin, ne pouvant évidemment pas être à la fois trois personnages, et il ajoutait qu'il ne connaissait pas Herzog ni Dupin, puisque ceux-ci n'existent pas. Quant aux explications relatives aux dépendances existant entre ses livres et ceux d'Herzog-Dupin, c'étaient des plaisanteries et des moqueries.

Dès le lendemain 11 mai, M. T. écrivait à M. Bricout :

« Sur votre demande, Mgr Dubourg m'a appelé hier et m'a fait subir un *interrogatoire très serré* [!] quoique très sympathique. Le résultat n'en est que plus décisif [!] Je n'ai pas eu de peine à démolir l'échafaudage élevé par la haine. Monseigneur a reconnu *le bien fondé de mes explications* qui, toutes, étaient appuyées sur *des preuves*. Il a été convenu que, pour calmer l'agitation, je lui écrirais une *lettre destinée à paraître* dans la *Semaine religieuse* ».

---

(5) Les renseignements qui vont suivre sont tirés d'une longue *Lettre* autographe de cinq pages d'une écriture menue, de Mgr Dubourg, archevêque de Rennes et datée du 11 juillet 1908. On utilise aussi une longue *Lettre* de M. Michel, alors Supérieur du Grand Séminaire de Rennes et datée du 10 juillet de la même année.

Telle est l'origine de la lettre adressée par M. T. à Mgr Dubourg, le 13 mai et publiée dans la *Semaine religieuse* du 16. Mais, à la réflexion, M. T. vit qu'il ne pouvait pas maintenir ces positions *devant le public* et il écrivit : « Monseigneur... j'ai commencé par déclarer devant Dieu que je n'étais ni Herzog ni Dupin; puis traitant des emprunts qui ont été faits soit à mes livres, soit à mes MANUSCRITS, j'ai donné des explications dont Votre Grandeur a reconnu le bien fondé » (6).

C'est l'aveu si grave de M. T. que ses *manuscrits* avaient été utilisés par Herzog-Dupin.

A ce propos, le P. Portalié a écrit : « A ceux qui croyaient la critique inutile ou impuissante, nous recommandons cet incroyable aveu. Voilà, sans doute, une des plus belles victoires qu'elle ait jamais remportées : forcer un écrivain à reconnaître que ses manuscrits, ce trésor intime, qui est une partie de son âme, quelque chose de sa personnalité, ont été à la disposition des ennemis de notre foi qui y ont puisé à leur gré, non pas une fois, deux fois, mais durant des années ! » (7)

Et devant l'impression faite sur l'opinion par cet aveu, Mgr Dubourg fut amené à déclarer avoir le souvenir très net que M. T. ne lui avait aucunement parlé de ses *manuscrits*. Et le curé de la ville qui avait instamment recommandé M. T. à l'Archevêque, lui en ayant fait le reproche, M. T. répondit : « Peut-être bien, mais j'ai dû alors parler à Monseigneur de mes cahiers ». Sur quoi Mgr Dubourg déclara qu'il n'en avait aucune souvenance. Et cependant il tenait cette première lettre de M. T. pour une « *victoire* » en ce que, d'après lui, elle faisait cesser l'identification Turmel-Herzog-Dupin.

Autour de lui, tous les membres de l'administration épiscopale n'étaient pas aussi satisfaits. Sur les instances de M. Michel, Supérieur du Grand Séminaire, Mgr Dubourg se décida à demander à M. T., par l'intermédiaire du curé de Rennes, son ami, une seconde lettre, dont il lui traça les grandes lignes. C'est le document publié dans *La Croix* du 25 mai et que

(6) *La Question Herzog-Dupin*, p. 103.
(7) *La Critique de M. Turmel et la Question Herzog-Dupin*, Paris, 1908, p. 27. Tiré à part des *Etudes publiées par des Pères de la Compagnie de Jésus*, numéro du 5 août 1908.

Mgr Dubourg, dans son envoi, disait avoir reçue « à sa grande joie » (8). Et cependant M. Michel écrivait, en date du 10 juillet : « Le bon archevêque s'est laissé jouer par M. T. quand il a consenti à se contenter de la seconde lettre de M. T. Ah ! le bon billet ! » Aussi M. Michel voulut-il insister, mais sans succès. Il écrivait lui-même : « Tout a été inutile et, pour l'Archevêque, l'incident est clos » (9).

A ces faiblesses s'oppose la fermeté de l'opinion scientifique. Mgr Duchesne aperçut tout de suite la vérité et n'a jamais varié dans son sentiment, même après les dénégations de M. Turmel, estimant que tant qu'on n'aurait pas trouvé un Herzog-Dupin en chair et en os, l'auteur des articles était « Turmel ». Quand il vit poindre le nez de Dupin, il écrivit à M. Lejay, pour savoir qui était ce personnage. Comme il l'écrivait lui-même, on l'envoya aimablement promener. M. Lejay répondit qu'il connaissait très bien le personnage et que si l'on désirait correspondre avec lui, il se chargerait d'être l'intermédiaire. Et après les articles signés Herzog, bien que n'étant pas en relations ordinaires avec M. T., Mgr Duchesne lui écrivit : *Tu es ille vir* (10).

Un autre maître de la critique, et qui heureusement n'est pas de ceux que nous avons perdus, m'écrivait à la date du 2 août 1908 : « Je crois être un de ceux qui vous ont suivi avec le plus de sympathie. Autre chose est de dénoncer secrètement, autre chose est de s'attaquer publiquement à quelqu'un pour le démasquer. Vous avez donc très bien fait de marcher; mais je constate avec peine que l'on s'est entendu pour étouffer cette affaire. Les conservateurs paraissent ne vous savoir aucun gré, parce que *vous avez montré l'efficacité de la critique pour la distinction des sources*. Les autres sont naturellement vexés d'être découverts. Mais il vous suffit d'avoir rendu à l'Eglise

(8) *La Question Herzog-Dupin*, p. 114.
(9) Cette situation n'a pas échappé aux observateurs du dehors et *La Bonne Parole* de septembre 1908 en plaisantait doucement à la page 175.
(10) D'après des *Lettres* de Mgr Duchesne des 9, 19 mai et 15 juillet 1908.

un service signalé, dont l'importance sera reconnue tôt ou tard ».

Ce maître éminent voyait une attitude intentionnelle là où il n'y avait, peut-être le plus souvent, qu'une ignorance trop lente à ouvrir les yeux. Quoi qu'il en soit, il importe de combattre cette ignorance et de montrer à tous combien la vraie critique est chose sérieuse et redoutable. Tant pis pour ceux qu'on a vus s'amuser à faire des gambades et des pieds de nez devant une mitrailleuse en action.

II

Passons au second point : *M. Turmel est l'auteur de la* Lettre *et des articles signés Hippolyte Gallerand.*

Après la publication de l'article précédent, M. T. a été interrogé par un vicaire général de Rennes, au nom de S. E. le Cardinal Archevêque sur ses rapports avec Hippolyte Gallerand. Cessant de parler de poursuivre ses diffamateurs, M. T. a simplement déclaré n'être l'auteur ni de la *Lettre* ni des articles signés Gallerand et s'en remettre à l'appréciation d'experts.

Malgré ces dénégations, qui sont la digne suite de celles relatives à Herzog-Dupin, je maintiens que M. T. est l'auteur de la *Lettre* et des articles signés H. Gallerand et je le prouve.

L'examen isolé de l'écriture de Gallerand est déjà démonstratif. Mais ce serait faire trop naïvement le jeu de M. T. que de s'en tenir là. La *Lettre* (fond, forme et écriture) et les articles Gallerand doivent être envisagés comme un ensemble de données inséparables dont la force probante est à considérer d'abord isolément et ensuite en groupe.

Dans l'examen de la *Lettre* Gallerand, datée du 29 mai 1928, il faut considérer à part l'écriture, la teneur verbale et les idées. Pour cet examen, on se servira comme terme de comparaison, surtout de la *Lettre* de dénégation écrite par M. T. à M. Gay, directeur de *La Vie catholique* et datée du 2 juin 1928. Les deux documents, écrits seulement à cinq jours d'intervalle et relatifs à la même question, doivent être spécialement révélateurs. En fait, il en est bien ainsi.

Dans l'exposé suivant, le sigle G renvoie à la *Lettre* de H. Gallerand à M. Rivière p. (118) et (p. 120); Tg renvoie à la *Lettre* de M. T. à M. F. Gay (p. 119) et (p. 121); Ta renvoie à la *Lettre* de M. T. à M. le Directeur de la *Semaine religieuse* d'Albi (p. 86). On ne renverra à cette dernière *Lettre* que pour les données qui lui sont particulières.

I. — *L'écriture de G. est intentionnellement contrefaite.* De son écriture naturelle, l'auteur écrit le *dé* minuscule avec une haste droite (*d*), mais pour se dissimuler, il a voulu l'écrire avec la partie supérieure inclinée et retournée à droite, à la manière du *delta* grec. Ce qui le prouve, c'est que pour la lettre *dé*, son texte présente trois graphies résultant du changement projeté, mais comme il fallait s'y attendre, incomplètement réalisé.

Sur 31 *dés* minuscules, 21, soit les deux tiers, sont conformes au programme et se rapprochent du *delta* grec. Les dix *dés* restant, soit un tiers, sont conformes à la manière naturelle de l'auteur, avec une haste droite. Pour eux, l'attention de l'écrivain a faibli, l'habitude l'a emporté. Mais il y a eu un retour de la pensée du programme et sur ces dix *dés* droits, l'auteur en a transformé après coup cinq, c'est-à-dire la moitié, en *deltas* grecs, suivant le programme.

Dans G, *d* droit : lignes 2, 7, 10, 11, 12; *d* droit changé en *delta* : lignes 8, 13 (*deux fois*), 16, 19...

Chose curieuse, ce sont surtout les petits mots *de*, *du*, *des*, qui échappent à l'attention de l'auteur. Sur 12 *de*, *du*, *des* de sa lettre, G écrit 4 *deltas* et 8 *dés* droits, soit ici deux tiers d'infidélités au programme contre un tiers dans la statistique générale. Sur ces huit *dés* droits, il en transforme quatre en *deltas*.

II. — La parenté de ces deux écritures est la suivante :
G est l'écriture à peine déguisée de M. J. Turmel.

Dans G, l'écriture est plus soignée, moins cursive, d'où plus de lettres isolées.

Les principaux moyens de dissimulation sont :

1° Le *delta* substitué au *d* droit. Le *delta* n'apparaît pas dans les deux spécimens de l'écriture naturelle de T.

2° Le *té* minuscule barré non au milieu, mais à l'extrémité supérieure de la haste, environ 33 fois dans G. — Cette particularité graphique apparaît dans le spécimen de l'écriture naturelle de Tg, à la suscription non numérotée, au-dessus du *té* de *Directeur*. (Peut-être trois autres cas dans T, mais non clairement lisibles dans cette photographie).

N. B. — Dans Tg, Ta et G, la proportion des *tés* barrés au milieu de la haste et des *tés* non barrés est à peu près la même (dans Tg, environ 20 *tés* barrés au milieu et 53 non barrés [soit la proportion de 1/2, 6]; dans Ta, environ 7 *tés* barrés au milieu et 19 non barrés, plus un cas incertain [soit la proportion de 1/2, 7]; dans G, environ 7 *tés* barrés au milieu et 20 *tés* non barrés [soit la proportion de 1/2, 33] et cela malgré l'intrusion dans G des 33 *tés* barrés à la partie supérieure de la haste par manière de dissimulation.

3° Autre moyen de dissimulation dans G : en règle générale, la suppression des boucles dans les hastes et les queues de lettres (tendance marquée déjà dans l'écriture naturelle de T.

Malgré l'essai de dissimulation, la main de T est reconnaissable d'une manière très certaine dans G, aux particularités suivantes :

A. — *Mots communs aux deux textes.*

Ecclésiastique, dans G l. 11 et dans Tg l. 11. — C'est exactement la même écriture. Particulièrement les lettres *siast* sont absolument identiques.

Vie des l. 13 et 19 dans G et de l. 30 dans Tg sont identiques.

Catholique dans G l. 19 et dans Tg l. 1 et 2 est identique. — Pour des précisions, voir plus loin ce qui concerne la graphie de l'*e* final et le crochet terminant le jambage de *q*.

Et identique dans G l. 6 et 11 et dans Tg, l. 2 et 23.

B. — *Groupes de lettres et lettres isolées.* Le groupe *pr* est identique dans G l. 8, 9 et 24 et dans Tg, l. 25 et 34.

Les deux *ess* à l'allemande dans G, l. 10 (*essayé*) ont un correspondant dans la première *ess* de *mission* dans Tg, l. 6.

— La forme si originale de l'*a* avec une boucle intérieure est aussi commune aux deux textes.

G nous indique tout le secret de sa formation dans *a* de *Strasbourg*, à l'adresse. En minuscule, on trouve l'*a* soigné l. 1 (*articles*) et l'*a* expédié l. 21 (*savoir*). Dans tous ces cas, avec la boucle intérieure.

Dans Tg, l'*a* expédié se trouve sous sa forme minuscule et avec la boucle intérieure : l. 12 (*plainte*); l. 15 (*judiciaire*); l. 31 (*légalité*); l. 34 (*adresse*) — sous sa forme majuscule, dans *Augustin*, l. 7 et dans *avec* (l. 32), toujours avec la boucle intérieure.

— La forme de l'*èss* minuscule, par un simple trait vertical :

G l. 3 *sur;* l. 17 *sérieux;* l. 22 *seule;* l. 20 *se;* l. 21 *si;* et Tg l. 2 *sens;* l. 7 *sur, saint;* l. 11, *sans, se;* l. 12 *serais;* l. 15 *sûrement,* l. 17 *sans;* l. 18 *sans, sur;* l. 20 *suivre*, etc.; et Ta, l. 9 *suis;* l. 10 *serais;* l. 14 *sentiments.*

Forme de l'*èss* avec boucle :

G l. 2 *sciences;* l. 21 *savoir* et Ta l. 3 *semaine.*

— La forme de l'*èf* comme l'*èss* longue allemande.

D'abord *èf* liée à la lettre précédente et non à la suivante. Dans G, l. 5 *réfuter;* l. 24 *profond;* dans Tg l. 10 *diffamatoire;* dans Ta, l. 11 *rectification*.

La même forme en finale, dans G l. 9 *vif;* l. 11 *chef;* la même forme isolée dans G l. 9 *irréfutable;* l. 16 *feront;* l. 23 *faire.*

Particularité graphique des crochets.

A noter trois formes tout à fait spéciales de l'*e* final, qui se rencontrent chez G et chez Tg.

1°. — **L'*é* final.**

a. — L'*é* final de *catholique* (consistant en un crochet retourné en haut et à gauche) est identique dans *catholique* de G l. 19 et dans Tg, l. 2. Il revient d'ailleurs à la fin du mot *étude* dans G l. 8.

b. — Une autre forme d'*é* final se rencontre, très bien marquée, dans G l. 11 (*que*) et dans Tg, l. 14 (*une*). Cette graphie est celle notée ci-dessus (a), traversée par un trait de gauche à droite. Le même signe est reconnaissable dans G l. 23 (*puisse*).

— Il est remarquable que les deux formes *a* et *b* différentes mais apparentées se rencontrent dans les deux textes.

c. — Une autre forme d'*é* final prend la forme de l'*ess*. Cf. surtout, dans G l. 7 (*méthode*) et l. 23 (*que*) et dans Tg, l. 18 (*brochure*).

Cf. aussi pour la présence du même signe : G l. 2 (*de*); l. 8 (*prouve*); l. 11 *ecclésiastique;* l. 18 (*masque*) avec Tg, l. 20 (*décide*); l. 27 (*excuse*), l. 34 (*adresse*).

Cette graphie est celle notée ci dessus, continuée par un trait retourné de droite à gauche.

— Il est remarquable que les deux formes (a) et (c), différentes mais apparentées, se rencontrent dans les deux textes.

Réunissons les observations finales faites en *b* et en *c* : il est remarquable que les trois formes *a*, *b*, et *c* de l'*é* final, différentes mais apperentées, se rencontrent dans les deux textes.

d. — Quatrième forme de l'*é* final : un signe formant comme un angle obtus, dont le sommet est en haut :

Dans G l. 17 *ôte* et l. 22 *que;* et Tg l. 8 *mettre;* et l. 24, une formation analogue surchargée : *justice;* dans Ta, l. 10 *de*.

2°. — *L'é non final.*

L'*é* au début ou au milieu des mots présente une forme très spéciale, commune aux deux textes. C'est, pour l'*é* sans liaison avec la lettre suivante, une forme terminée par un petit crochet ou par un point ou par les deux :

Cf. G l. 15 (*relève*); l. 2 (*sciences*); l. 3 (*publiés*); l. 7 (*méthode*). l. 9 (*irréfutable*); l. 22 (*étude*).

Et Tg, l. 2 (*sens, honneur*); l. 6 (*réclame*); l. 15 (*sûrement* aux deux *é*); l. 26 (*polémiques*); l. 31 (*légalité*); l. 32 (*sentiments*).

Naturellement dans les deux textes, cette même graphie revient pour l'*i* dont le trait final est identique à celui de l'*é;* d'où une forme d'*i* terminée par un petit crochet ou par un point.

Dans G l. 2 le second *i* de (*religieuses*) et, dans l'adresse, le second *i* d' (*université*).

Dans Tg, l. 20 (*suivre*); l. 25 (*folliculaire* premier *i*); l. 28 (*reproduire*).

Comme l'écriture de G est moins cursive que celle de Tg, la même graphie revient dans G : pour *c*, l. 6 (*c'est*); pour *t* : à l'adresse : (*l'Université* et *Strasbourg*) et ailleurs; pour *l* (*publiés*) l. 3. — Un goût tout pareil pour les petits crochets les plus imprévus se constate dans Tg, dans l'*a* : l. 4 (*rédacteurs*); l. 13 (*devant*).

En fait de petits crochets, il y a encore celui qui termine le jambage du *q* du côté gauche.

Dans G, l. 7 (*charlatanesque*); l. 13 (*catholique*); l. 18 (*masque*); l. 19 (*catholique*).

Dans Tg, l. 11 (*ecclésiastique*); l. 30 (*catholique*).

Il est donc démontré que *l'écriture* de Gallerand est intentionnellement déguisée et que le scribe qui se dissimule est

Les articles que les quatre derniers numéros de la Revue des sciences religieuses ont publiés sur la rédemption chez saint Augustin m'ont permis de constater :

1° que, pour me réfuter, l'auteur a dû recourir à la logomachie et aux digressions, c'est-à-dire à la méthode charlatanesque. Et cette constatation, qui prouve que mon étude est irréfutable, m'a procuré un vif plaisir.

2° que l'auteur a essayé de compromettre un ecclésiastique et que, de ce chef, il prend place à côté de Saltet. Dans un article qui relève des tribunaux, la *Vie catholique* du 12 mars dit que l'auteur m'ôte mon masque. Les deux concordances qu'il relève avec des études datant de 29 ans feront hausser les épaules aux hommes sérieux. L'auteur n'ôte aucun masque. Mais l'intention y est et l'étourdi de la *Vie catholique* ôte le léger masque que dont cette intention se couvrait.

L'auteur voudrait savoir si j'ai l'intention de continuer mon étude. La seule réponse que je puisse lui faire c'est que j'ai pour lui un profond mépris

A. Gallerand

Rennes 8 le 2 juin

Monsieur le Directeur

Les rédacteurs attitrés de la Vie catholique ont tous le sens de l'honneur et de l'équité. On ne peut en dire autant de tous les rédacteurs occasionnels. Celui qui, dans le numéro du 12 mai (p. 12) s'est donné la mission de faire de la réclame pour une brochure sur saint Augustin, a trouvé le moyen (7e alinéa) de me mettre nommément en cause dans un contexte qui est nettement diffamatoire pour un ecclésiastique, sans paraître se douter que je serais en droit de porter plainte devant les tribunaux. Mes amis, que j'ai consultés, tout en estimant qu'une poursuite judiciaire tournerait sûrement à mon profit, me conseillent de laisser tomber

Jean Rivière
Prêtre
Professeur à l'Université
Strasbourg
Bas-Rhin
Place Arnold 6.

M. J. Turmel. Cette preuve, à elle seule, suffirait. Mais elle est encore renforcée par une autre, qui se tire de la même *Lettre* :

II. — Dans celle-ci, si l'écriture est légèrement déguisée, la suite des *pensées*, des *sentiments* et celle des *mots* est, sans déguisement aucun, exactement celle de la *Lettre* de M. T., écrite quelques jours plus tard, à M. Gay (Tg), directeur de *La Vie Catholique*.

H. GALLERAND

L'auteur a essayé de compromettre un ecclésiastique.

Dans un article qui relève des *tribunaux*.

J'ai pour lui un profond *mépris*.

De ce chef, il prend place à côté de *Saltet* (N. B. dont les articles et le livre sont de 1908).

J. TURMEL

Quant au... folliculaire qui *a essayé de me compromettre*.

... contexte qui est... diffamatoire pour *un ecclésiastique*.

Je serais en droit de porter plainte devant *les tribunaux*.

Quant au *méprisable* folliculaire.

En réveillant des *polémiques assoupies depuis vingt ans*,

sans les relever cette réclame dont le mobile a
été d'attirer l'attention sur une brochure qui sans
cela, n'aurait pas eu deux acheteurs. Après avoir
longtemps hésité, je me décide à saisir leurs a-
vis, eu égard à mon âge qui réclame la paix, je
vous demande de surveiller vos rédacteurs d'occasion et de rappeler au respect du code ceux
qui ne respectent ni la charité ni la justice.
Quant au méprisable folliculaire qui a essayé
de me compromettre en réveillant des polémiques
mortes, depuis 20 ans, il n'a pas l'excuse de
reproduire le texte de la brochure. Car la brochure — qui certes est odieuse — ne dit pas tout ce
que dit la Vie catholique; elle se maintient dans
les limites de la légalité.
Avec mes sentiments très distingués

J. Turmel

N. B. Je profite de cette occasion pour vous
prier de compléter mon adresse qui, comme
la bande ci-jointe le prouve, est incomplète

On rappelle qu'Hippolyte Gallerand est l'auteur pseudonyme des articles *La Rédemption dans saint Augustin* (*Revue d'histoire et de littérature religieuses*, 1922, p. 38-77) et *La Rédemption dans l'Eglise latine, d'Augustin à Anselme* (*Revue d'histoire des religions*, 1925, p. 35-75) et *La Rédemption dans les écrits d'Anselme et d'Abélard* (*Ibid.*, p. 212-241).

M. J. Turmel ayant été accusé, de divers côtés, de se cacher sous le pseudonyme de H. Gallerand, a envoyé des dénégations à ce sujet :

1° Sous son propre nom d'abord à M. Gay, directeur de *La Vie catholique*, le 2 juin 1928 : c'est la lettre des pages 119 et 121; ensuite à *La Semaine religieuse d'Albi*, en date du 23 janvier 1929 : c'est la lettre de la page 86. (Dans cette lettre, la date 1928 résulte d'un *lapsus* de l'auteur de la lettre. Dans le *Bulletin*, p. 84, lignes 9 et 18 la date 1928 doit donc être changée en 1929).

2° M. T. a envoyé une lettre de dénégation signée de sa main H. Gallerand, à la fin mai 1928 : c'est la lettre imprimée dans le *Bulletin*, p. 87-88 et p. 118 et 120.

Les articles consacrés par M. J. Rivière aux théories de Gallerand sur la Rédemption sont les suivants : *Le dogme de la Rédemption chez saint Augustin.* Paris, Gabalda, 1928. *Le dogme de la Rédemption après saint Augustin*, dans la *Revue des sciences religieuses* (1929), pp. 11-42; 153-187; 305-342). A ajouter la note *Correspondance* (*Ibid.* (1928), p. 483-484.

Enfin, pour que rien ne manque, on trouve dans la *Lettre* de Gallerand un des nombreux clichés de M. T. On y dit : « de ce chef (l'auteur) *prend place à côté de Saltet* ».

L'expression soulignée ici revient chez M. T. C'est ainsi qu'il écrit : « Les Chérubins et les Séraphins *prirent place* dans l'Angélologie chrétienne *à côté des* Dominations, des Principautés et des puissances » (11). Et ailleurs : « *A côté de* saint Jérôme *prennent place* saint Grégoire de Nazianze et saint Ambroise » (12).

Ainsi, pour l'identité d'auteur de ces deux *Lettres*, l'identité des données matérielles (écriture), des données de fond (pensées et sentiments) et des données littéraires (expressions) est aussi caractérisée que démonstrative. Corps et âme, la *Lettre* de Gallerand est de M. Turmel.

C'est dire que les articles publiés par H. Gallerand sur la Rédemption, dans la *Revue d'histoire et de littérature religieuses* et dans la *Revue d'histoire des religions*, sont de M. Turmel, puisque c'est lui-même qui a signé H. Gallerand dans sa *Lettre* à M. Rivière. Qu'il le veuille ou non, nous pouvons dire, cette signature sous les yeux : *Habemus confitentem reum.*

D'ailleurs, comme il fallait s'y attendre, l'examen doctrinal et littéraire des articles de Gallerand sur la Rédemption conduit d'une manière inéluctable à la même conclusion.

Mais la théorie de Gallerand sur la Rédemption est un domaine réservé de M. J. Rivière, professeur à la Faculté de Théologie de l'Université de Strasbourg, qui se charge à lui seul de l'épuiser. Ceci soit dit sans vouloir diminuer ou faire partager le moins du monde ma responsabilité à cet égard, qui reste aussi entière que possible devant toutes les juridictions.

***

C'est cette même raison qui me fait simplement indiquer une autre donnée décisive supplémentaire pour identifier Gallerand.

---

(11) J. TURMEL, *Histoire de l'Angélologie*, dans *Revue d'histoire et de littérature religieuses*, t. III (1898), p. 427.

(12) J. TURMEL, *L'Eschatologie à la fin du IVe siècle*, *Ibid.*, t. V (1900), p. 107.

Tant il est vrai qu'on ne sera jamais sûr d'avoir énuméré tous les pseudonymes de M. T. !

Dans son *Histoire du modernisme catholique,* Albert Houtin nous a appris que M. T. est l'auteur d'un article signé Goulven Lézurec, dans *La Justice sociale* du 13 juillet 1901, sous le titre *A propos de la Rédemption, Les opinions et la doctrine* (13).

Nous n'avions pas besoin de ce témoignage pour reconnaître les traits de M. T. sous le masque de Lézurec. Les clichés (notés déjà par M. Lejay) qui ont permis d'identifier Herzog-Dupin-Lenain se rencontrent dans l'article de Lézurec. Il importe de le montrer pour mettre tout à fait hors de conteste la sûreté absolue de la preuve tirée des coïncidences verbales caractéristiques. Voici ces *expressions clichées de Lézurec,* qui se retrouvent dans toute la famille des déguisements de M. T.

Le magistère ecclésiastique qui *proclame hautement* le dogme de la Rédemption... Ils *déclarent hautement*... Les théories théologiques *les plus hautement* recommandées...

Il nous reste à *interroger les Pères* et les Docteurs *et à leur demander*... Si *nous interrogions Origène*, etc... ils nous *donneraient* la même *réponse*... *nous apprendrions*...

Les grands scolastiques... *se mirent à l'école* de Hugues... *Mettons-nous donc à l'école* de l'histoire. N'est-ce pas elle *qui nous apprend ?*

L'accueil qui fut fait à l'archevêque de Cantorbéry et à *l'illustre* professeur de Sainte-Geneviève.

L'esprit humain a fini par en voir *l'enfantillage* (14).

A. Houtin était donc bien informé en nous disant que Goulven Lézurec est M. J. Turmel. Pour la raison déjà indiquée, je serai très court sur ce sujet.

Dans *La Justice sociale*, l'abbé Naudet avait ouvert une enquête sur la meilleure explication à donner à nos contemporains du mystère de la Rédemption. Singulier objet de discussion pour un journal ! C'est encore un pseudonyme, l'abbé Delion, qui avait lancé l'enquête. Invité ou non, M. T. alla à la rescousse. Dans sa *Lettre,* il faut restituer à M. Naudet la con-

(13) *Histoire du modernisme catholique*, Paris, 1913, p. 398.

(14) Pour ces expressions du prétendu Lézurec, les termes de comparaison avec le style de M. T. se trouvent dans *La Question Herzog-Dupin*, p. 35-36 et p. 242-251.

clusion, qui porte si bien sa signature à tous égards : « Nous redisons le mot de Savonarole : *Salva semper determinatione Sanctae Romanae Ecclesiae* et nous soumettons cette humble étude au jugement du Siège Apostolique », formule qui aurait fait un si curieux effet dans la *Revue d'histoire et de littérature religieuses* et qui est en contradiction avec tout le reste de la *Lettre* de Lézurec. A part certaines sourdines mises à la pensée et à l'ironie et inévitables dans *La Justice sociale*, cet article est très révélateur de la formation des idées et de l'aigreur grandissante de M. T.

En voici le résumé :

Malgré les données de saint Paul sur la Rédemption et malgré quelques rares rappels de la doctrine de saint Paul dans quelques auteurs, l'explication de la Rédemption par *le rachat au diable* a servi pendant onze siècles. Cette explication a été pendant dix siècles intimement unie et pour ainsi dire soudée aux données de la foi. L'influence de saint Anselme et d'Abélard l'a fait peu à peu disparaître. On reconnaît dans cet aperçu la doctrine essentielle de Gallerand. Malgré sa brièveté relative et ses raccourcis forcés, l'exposé de Lézurec, pour l'information théologique, dépasse les cadres des articles de Gallerand, qui en sont une simple dérivation.

Sur la portée de l'état de choses ainsi présenté, le prétendu Lézurec raisonne de la manière suivante :

On dirait que quelques-unes des catégories de la théologie ont fait leur temps et ont besoin d'être remplacées... Comment ne pas emporter de ce spectacle une leçon de modestie et de défiance ?

Mettons-nous donc à l'école de l'histoire. N'est-ce pas elle qui nous apprend que les interprétations du dogme n'échappent pas à la loi de la caducité, même quand elles ont pour patrons les plus illustres Docteurs de l'Eglise, même quand elles s'imposent depuis des siècles au peuple chrétien.

De quel droit nous flatterons-nous d'avoir trouvé la vraie philosophie de la foi, quand nous savons que les Pères, qui croyaient l'avoir trouvée, se faisaient illusion ? Dirons-nous que ce qui était possible jadis ne l'est plus aujourd'hui, qu'à la période des tâtonnements a succédé celle des découvertes, et qu'au surplus si Dieu, pendant douze siècles, a laissé l'ivraie pénétrer dans le champ de la Théologie, il lui en a, depuis lors, sévèrement interdit l'accès ? Comme si le génie des Pères était inférieur au nôtre ! Ou comme si leurs âmes avaient moins de valeur que les nôtres, devant Dieu ! *Ne soyons donc pas dupes d'un orgueil si naïvement grossier*, et, en présence des théories théologiques les plus hautement recommandées, gardons l'attitude d'une respectueuse indépendance.

... Voilà ce que la Providence a permis. Pourquoi ? C'est là une énigme en face de laquelle la *Théologie de l'avenir* devra se placer et qu'elle aura à résoudre. Quelle sera sa solution ? Bien téméraire serait celui qui prétendrait aujourd'hui la connaître ou même la conjecturer On fera sans doute observer que...

Comment *la vraie Théologie* fera-t-elle disparaître l'antinomie qui semble exister ici entre la foi divine et l'histoire des dogmes ? Comment expliquera-t-elle la longue éclipse qu'a subie l'enseignement apostolique relatif à la Rédemption ?... Les écrivains sacrés n'ont-ils pas pu chercher à expliquer les vérités révélées au moyen de théories philosophiques généralement reçues autour d'eux ? N'ont-ils pas pu recourir à ces théories sans leur conférer une valeur absolue ? Voilà la question sur laquelle la Théologie aura à se prononcer.

Dès 1901, c'est tout le modernisme qui se trouve dans ces pages : vérification insuffisante des données qui servent de point de départ; sous des pseudonymes, jeu de cache-cache peu courageux et conseiller de mauvaises actions et, malgré le mot de Savonarole, prétention de refaire la Théologie.

***

Ainsi donc, M. J. Turmel est le seul et unique auteur des écrits de Denys Lenain (15), Goulven Lézurec, Antoine Dupin, Guillaume Herzog et Hippolyte Gallerand.

Et après toutes ces constatations lamentables, il est un mot de Lézurec-Gallerand qui revient à l'esprit comme une des nombreuses morales qui se dégagent de ce drame douloureux. Lézurec nous dit : « Satan accepta *étourdiment* ce marché (de la Rédemption) ». Et Gallerand, dans sa *Lettre*, parle de « *l'étourdi* de *La Vie Catholique* ». Vraiment, au cours de tant d'entreprises d'une confiance téméraire, qui, par les prises innombrables offertes à la critique, devaient forcément être démasquées, M. Turmel aurait dû s'interdire de parler d'étourderie.

(*A suivre*). Louis SALTET.

---

(15) A. HOUTIN, *Histoire du modernisme catholique*, p. 399 : « M. Turmel n'avait pas caché qu'il fût Denys Lenain ».

Denys Lenain est l'auteur pseudonyme d'articles parus dans la *Revue d'histoire et de littérature religieuses*, t. V (1900), p. 552 et t. VI (1901), p. 454 et p. 531.

Monseigneur Pierre Batiffol [1]

III

On voudrait terminer cette notice sur Mgr Batiffol en indiquant l'originalité et le caractère de ses *Etudes* de théologie positive.

Si l'on veut suivre avec équité la marche du travail ecclésiastique en France, depuis cinquante ans, dans les divers domaines de l'histoire religieuse, un rapprochement est nécessaire pour avoir une échelle permettant de juger de l'amplitude et de la force de ce mouvement intellectuel. Cet élément de comparaison, on peut l'emprunter aux études d'histoire profane. Dans celles-ci, on est aussitôt frappé de l'extension et de l'approfondissement de la curiosité et aussi de l'enrichissement des méthodes de recherche et des instruments de travail. Qu'on compare, pour l'enseignement de l'histoire, les Facultés d'Etat de 1880 et les Universités françaises d'aujourd'hui, auxquelles la loi de 1896 a donné l'organisation corporative. Qu'on compare la littérature historique d'aujourd'hui et celle d'alors. Cette rénovation de l'enseignement supérieur universitaire français est une des plus belles pages de la vie contemporaine dans notre pays. Elle est l'œuvre d'initiateurs éclairés et d'organisateurs avisés, secondés par la munificence de l'Etat. Des laboratoires historiques, des cours pratiques ont été créés, des directeurs d'études institués. Sous ces influences, le travail et la culture historiques ont pris une extension et une valeur sans analogues depuis la fondation de l'Université de France. Pour être moins matérielle que celle de l'électricité, cette lumière n'en est pas moins éclatante. Et cette lumière elle-même, la

(1) Voir *Bulletin* (1929), p. 7-18 et p. 49-62.

critique l'analyse avec des procédés qui, dans leur ordre, sont l'équivalent de l'analyse spectrale et des rayons X.

Eh ! bien, avec des ressources bien moindres d'hommes et surtout de budget, un renouvellement tout pareil s'est produit dans les études d'histoire religieuse, comme c'était inévitable, car s'il ne s'était pas produit, c'est que le clergé français aurait perdu sa vitalité. La fécondité d'un mouvement d'études historiques vient de l'importance de la documentation, de la perfection des méthodes et de l'ardeur mise au travail. Or, la littérature ecclésiastique constitue le plus considérable et le plus passionnant ensemble de documents; la méthode historique est un bien commun à tous, comme l'air respirable et l'ardeur au travail aurait été stimulée, si c'eût été nécessaire, et en tout cas a été renforcée par l'organisation croissante d'une opposition scientifique au christianisme.

Et si l'on veut un autre moyen de mesure, qu'on compare, par la pensée, la bibliothèque d'un ecclésiastique de 1880 cultivé et soucieux d'histoire religieuse et celle d'un de ses successeurs de 1929, de même curiosité d'esprit. Entre ces deux catégories de livres, la différence du nombre, de la méthode et de l'investigation en étendue et en profondeur éclateront aux yeux. On croirait passer d'une monde à un autre. Cette grande œuvre, la génération de Mgr Batiffol l'a vue s'accomplir et lui en a été un des principaux ouvriers. Et, pour eux, ce n'était pas seulement affaire de curiosité enthousiaste, c'était une question de défense religieuse et d'apostolat. A la Messe du Saint-Esprit de 1904, Mgr Batiffol disait : « Je ne vous répèterai pas ce que tous ici nous faisons profession et n'avons pas scrupule de répéter partout et sans cesse au clergé, au jeune clergé surtout, dont la formation nous incombe, c'est à savoir que *la propagation et la préservation de la foi en France n'est pas tant une question d'œuvres qu'une question d'idées*, et que le vrai terrain où se décide l'avenir religieux de notre pays est le terrain de la doctrine ».

Comme conditions de cet apostolat intellectuel, il indiquait la soumission à l'Eglise, la sincérité et la spécialisation du travail. Sur ce dernier point, il avait noté avec satisfaction une anecdote suggestive. « Un jour, le général d'une Compagnie illustre était interrogé par le cardinal protecteur d'un Ordre très répandu au delà de l'Océan, qui lui demandait le moyen d'éviter que, dans cet Ordre, il n'y eût pas chaque année six ou huit profès qui perdissent leur vocation et leur foi : comment la Compagnie illustre s'y prenait-elle pour prévenir de semblables malheurs ? Le général répondit : « *Nous formons des spécialistes : ils ont pour mission de mettre la doctrine de la Compagnie au courant de la science* ». Cette réponse est un programme; j'ignore qui était le cardinal, mais le général était le R. P. Martin, général des Jésuites, c'est de lui-même, parlant à ma personne, que je tiens le propos » (2).

Dans la zone si étendue de ses études sur l'antiquité ecclésiastique, Mgr Batiffol, pour son travail principal, se spécialisait dans la théologie positive et l'histoire des dogmes, sur laquelle le protestantisme et la science soit indépendante soit hostile comptent particulièrement. Dès 1897, il écrivait que la tradition est matière de critique et d'histoire et que, par suite, elle est un domaine commun aux scolastiques et aux critiques. La séparation de la théologie et de la critique serait une faillite. Cette séparation aboutirait à abandonner l'histoire des dogmes aux non catholiques. Elle ferait supposer que tous les problèmes que soulève l'histoire religieuse ne sont pas susceptibles d'être abordés scientifiquement et que les catholiques sont obligés de se dérober devant eux. Elle ferait nier la possibilité d'un accord entre les croyances chrétiennes et la haute culture scientifique (3). Dans cet état d'esprit, en 1902, il publiait la première série de ses *Etudes d'histoire et de théologie positive* portant sur : la discipline de l'Arcane, la Pénitence, la Hiérarchie primitive et l'Agape.

*
* *

Les enquêtes de ce genre posaient une question de méthode sur laquelle les auteurs catholiques n'étaient pas d'accord. Sans doute, tous voulaient faire une « œuvre strictement scientifique et objective ». Tous auraient accepté le *Programme* suivant

(2) Notice sur *M. Hogan*, dans *Revue du Clergé français* du 1er août 1902, p. 462.
(3) *Les études d'histoire ecclésiastique et les catholiques de France*, dans *La Quinzaine* du 16 novembre 1897, p. 203.

d'une *Bibliothèque de théologie historique* (4), publié par un groupe important de religieux : « Faire œuvre strictement scientifique et objective. Et donc, avant tout, on demande aux collaborateurs de *chercher dans les auteurs ce qui s'y trouve, non d'y mettre ce qu'on serait bien aise d'y trouver;* de présenter leur pensée telle qu'ils l'ont pensée, au degré de perfection et de maturité qu'elle avait chez eux, sous la forme où ils l'ont vécue, dans le jour où ils la voyaient, non telle qu'elle a pu être plus tard éclaircie, précisée, formulée, rattachée à tel ou tel système, incorporée à telle ou telle synthèse ». Il serait très difficile de mieux dire. Aussi ces formules étaient-elles acceptées par tous. Mais on les complétait différemment.

A gauche, et c'étaient surtout des rédacteurs de la *Revue d'Histoire et de littérature religieuses*, on déclarait : « *Et nous n'ajoutons rien à ce programme.* » On traitait la littérature religieuse exactement comme la profane. On voulait être exclusivement historiens et critiques, sans se préoccuper de la théologie. Cette position plus que hardie n'étant pas sans danger devant l'autorité, après avoir proclamé le principe, plusieurs se préoccupèrent d'en dissimuler l'application sous des pseudonymes. Telle est l'origine de pratiques inavouables qui, de l'avis même d'incroyants, enlevèrent toute dignité à des négations honteuses ou effrayées de se produire.

Quant aux auteurs du *Programme* déjà cité, ils le complétaient de la manière suivante :

S'il n'est pas permis de transporter le présent dans le passé ou de vouloir l'y trouver tout fait, il faut, d'autre part, savoir reconnaître la continuité de l'un à l'autre, *suivre les choses dans leur devenir*, reconnaître l'idée fondamentale et substantielle à travers les variétés de surface. [Un théologien sait que, surtout quand il s'agit d'idées théologiques, c'est se priver d'une grande lumière de ne pas vouloir éclairer le passé par le présent et qu'il n'est pas de bonne méthode d'interpréter les Pères en oubliant qu'ils croyaient ce que nous croyons...] *Combien de fois,* en effet, *les saints Pères disaient ou voulaient dire ce que nous disons, tout en ayant l'air de dire le contraire ou de dire autre chose !* Combien de fois ils pensaient ce que nous pensons, tout en s'exprimant mal peut-être ou confusément ! Ils ont pu bégayer, là où nous parlons clairement; mais

(4) *Une grande entreprise théologique*, dans *Etudes* publiées par des Pères de la Compagnie de Jésus (1902), t. 90, p. 406.

souvent le sens est le même. Et il faut comprendre ce sens, reconnaître dans son germe la pensée que nous voyons maintenant formulée, toute faite ».

C'est ce que ces auteurs appelaient « une critique large et compréhensive, qui, loin de s'opposer à la théologie, *l'éclaire en s'en éclairant*... Ce sera peut-être *la partie la plus délicate de leur tâche*, celle qui exige le plus, avec la pleine maîtrise des questions théologiques et de leurs aspects si variés et si complexes, *le sens historique le plus délié* ».

Ici encore, dans cette seconde partie, le *Programme* présentait d'excellents principes, mais certaines formules extrêmes ne sont pas très faciles à mettre d'accord avec l'exposé de la première partie.

Mgr Batiffol croyait devoir prendre une position intermédiaire entre les deux groupes. Il s'est assez souvent expliqué contre la théorie et la pratique du premier pour qu'il n'y ait aucun doute sur sa pensée à cet égard. Mais il croyait devoir faire des réserves sur certaines formules du second groupe, dans ce dernier exposé. Il disait : « Par là une méthode s'affirme autre que la méthode strictement objective. On « interprète » les Pères et on leur fait dire ce qu'ils voulaient dire, *d'après une idée préconçue*, celle de l'identité de leur pensée et de la nôtre... » Précisant sa manière de voir, il disait (5)

Sans doute, et nous l'avons dit vingt fois ici, *le catholique est tenu de mettre sa recherche scientifique d'accord avec sa foi catholique*. Mais cet accord est final si la recherche est scientifique. Il se produira de lui-même le plus souvent; s'il ne se produisait pas, il nous resterait à calculer l'écart et à en déterminer les causes, qui sont d'ordinaire ou des lacunes dans l'enquête scientifique ou des approximations insuffisantes dans les formules scolastiques. Mais c'est là *une discussion* qui, indispensable comme nous l'estimons, n'en doit pas moins être *subséquente à l'enquête scientifique*... l'historien étudiera les textes en eux-mêmes, et, son étude achevée, s'enquerra du rapport qu'ils ont avec la tradition. A ce compte, l'histoire reste l'histoire et le catholique reste catholique.

On voit tout le sérieux et le caractère impératif de ces préoccupations. Dans la critique faite de la seconde partie du *Programme*, on aura remarqué l'éloignement de Mgr Batiffol pour le rôle qu'il y trouvait d'une « idée préconçue ». Cette disposi-

(5) *Bulletin* (1902), p. 66.

tion s'expliquait chez lui par le souci d'assurer le caractère scientifique de l'histoire religieuse, condition indispensable de son influence sur les esprits. Or, pour nos contemporains sans exception, le caractère scientifique d'une recherche et de ses résultats est lié à l'absence d'idée préconçue.

A cet égard, Mgr Batiffol citait le mot de Mommsen : « Le nerf de notre vie, c'est la recherche sans idée préconçue, qui trouve, non ce qu'elle pourrait et devrait trouver, étant donné le but qu'elle se propose et qu'elle considère, non ce qui sert pratiquement à des fins étrangères à la science, mais ce qui paraît logiquement et historiquement vrai au chercheur consciencieux » (6), De plus, ce qu'il y a et ce qu'il n'y a pas dans les textes est déterminé par les lois de l'interprétation; ce qu'il y a et ce qu'il n'y a pas dans la réalité historique est déterminé par les arguments positifs et les arguments négatifs.

Et pour satisfaire à cette exigence de l'esprit scientifique, Mgr Batiffol faisait loyalement siennes les règles que posait Fustel de Coulanges : « Il faut lire les documents anciens, les lire tous, et si nous n'osons pas dire ne lire qu'eux, du moins n'accorder qu'à eux une entière confiance... L'esprit critique appliqué à l'histoire consiste... à prendre les textes tels qu'ils ont été écrits, au sens propre et littéral, à les interpréter le plus simplement qu'il est possible, à les admettre naïvement, sans y rien mêler du nôtre. Le fond de l'esprit critique, quand il s'agit de l'histoire du passé, est de croire les anciens. Et je les crois d'autant plus que leurs idées sont plus éloignées des miennes ».

⁂

C'est cette méthode, complétée pour lui par le contrôle théologique, comme il a été dit plus haut, qui lui a permis d'écrire d'excellents livres de théologie positive. Sur les sujets étudiés, son champ d'exploration était « la tradition », c'est-à-dire une série de phénomènes historiques et l'évolution qui est la loi de leur continuité ». De là son premier volume d'*Etudes* déjà nommé, les cinq volumes sur la Constitution de l'Eglise et le

(6) *Ibid.*, p. 65.

Pontifical romain, des origines à saint Léon et la biographie si attachante de saint Grégoire le Grand.

L'auteur excelle à analyser les textes, à reconnaître et à reconstruire la continuité et le progrès d'un développement. Aussi ses exposés arrivent-ils, le plus souvent, à donner des impressions de réalité et de sécurité qui n'ont de limite que l'état plus ou moins complet de la documentation conservée.

C'est du Tillemont, si l'on veut, mais portant sur la doctrine et non sur la littérature, mais organisé par l'idée de développement et par suite en mouvement comme la vie, c'est-à-dire en grand progrès, en fait d'intelligence historique, sur l'infatigable et pieux ami de Port-Royal.

On voit par là l'originalité de Mgr Batiffol parmi les historiens du dogme de l'Eglise et de la Papauté. La période des origines est la seule qui ait été discutée avec suite par les historiens protestants. Pour le IVe et le Ve siècles, il restera longtemps l'auteur classique à consulter sur ce sujet. Son histoire suivie, progressive et nuancée se substitue de plein droit aux exposés incomplets et fragmentaires des historiens généraux du dogme : Tixeront, Harnack, Loofs et Seeberg.

Pour la période des origines, les documents sont peu nombreux et moins explicites qu'on ne le voudrait. De là, inévitablement, des impondérables dans la discussion, des hypothèses et, pour le lecteur, une impression qui n'est pas toujours celle de la sobriété scientifique. Mais dès que les documents deviennent suffisants, toute la fermeté désirable apparaît et n'abandonne plus l'exposé. Tout au plus pourrait-on regretter que, pour les rapports du Pape et du Concile général, l'auteur n'ait pas pris en considération le recueil de textes constitué par Friedrich Schulte, adhérent du Vieux-Catholicisme et ancien professeur de droit canonique à l'Université de Bonn.

Il n'y aurait pas lieu d'insister sur l'originalité de ces travaux, si elle n'avait été récemment niée, de la manière qu'on va voir. A ce sujet, le signataire de ces lignes a cru devoir adresser la *Lettre* suivante à M. le Directeur de la *Revue d'Histoire de l'Eglise de France* (7).

---

(7) *Revue*, etc (1929), p. 278-280.

Permettez, je vous prie, à un de vos abonnés, de vous présenter quelques remarques au sujet d'une note publiée, par un correspondant français, dans la *Revue d'histoire ecclésiastique*, publiée par l'Université catholique de Louvain.

Nous savons tous que cette *Revue* est un recueil d'une sûreté d'information et d'une valeur scientifique de premier ordre, reconnus universellement et avec toute la gratitude requise. Elle fait le plus grand honneur au clergé belge et à la Belgique, et plusieurs d'entre nous s'estiment honorés d'y avoir collaboré. Pour les *Chroniques* des divers pays, elle fait d'ordinaire appel à des correspondants nationaux et s'entoure ainsi, autant qu'il dépend d'elle, de toutes les garanties possibles d'exactitude et même de bienveillance. Après cela, que, par des exceptions infiniment rares, toutes ces précautions puissent, à des degrés divers, manquer le résultat si énergiquement poursuivi, nul ne songera à s'en étonner. Dans le travail énorme constitué par la publication de chaque numéro de la *Revue*, rien de plus facile que le passage non contrôlé d'une note relativement minuscule par son étendue matérielle.

C'est certainement ce qui est arrivé, dans la dernière *Chronique*, pour une note nécrologique signée G. M. et relative à Mgr Batiffol. Les sentiments de l'Université de Louvain, pour le très regretté défunt, sont bien connus, ayant été affirmés à plusieurs reprises, en paroles et en actes, à ce collaborateur de la *Revue d'histoire ecclésiastique*, à l'occasion de conférences faites par lui à l'Université de Louvain et par le titre, à lui donné il y a deux ans, de docteur *honoris causa* de la Faculté de théologie. Mais à lire la note envoyée de chez nous à la *Revue* de Louvain, on pourrait douter ou de l'information ou de la justice de l'opinion française à l'égard de l'un des hommes qui ont le plus honoré le clergé français depuis trente ans. Ne vous semble-t-il pas, monsieur le Directeur, que la *Revue d'histoire de l'Eglise de France* ait un mot à dire à cette occasion ? Il serait assez extraordinaire et pas mal ridicule d'aller demander à nos amis belges d'être plus véridiques sur l'un des nôtres et plus français que nous-mêmes. C'est chez nous, en famille, que cette petite mise au point doit être faite.

La légèreté de G. M., correspondant français de la *Revue* de Louvain, se trahit déjà par la confusion qui lui fait prendre *L'histoire du bréviaire romain* pour la thèse de doctorat ès lettres de Mgr Batiffol. Dès lors, il ne faut pas lui demander d'avoir la moindre notion de l'étendue de la bibliographie du défunt, ni s'étonner qu'il énumère quelques-uns de ses ouvrages sans faire la moindre allusion à la longueur si honorable de la série à laquelle ils appartiennent. Il faut reconnaître d'ailleurs que ce vide est compensé par des condensations significatives. Dans une seule phrase, l'auteur ne trouve-t-il pas moyen de manquer de justice à la fois pour Mgr Duchesne et pour Mgr Batiffol ? Il écrit : « L'œuvre du regretté défunt, si considérable qu'elle apparaisse, n'a cependant ni la valeur scientifique ni la valeur littéraire de celle de son contemporain, Mgr Duchesne ». En oubliant qu'à ce degré la comparaison est odieuse, l'auteur oublie aussi que Mgr Duchesne ayant une manière géniale, on peut être encore d'un très grand mérite, bien qu'on ne soit pas soupçonné d'avoir du génie. Il ne faudrait pourtant pas se mettre à vouloir exiger du génie de tout le monde. Le mérite de Mgr Batiffol et, puisqu'on nous impose des comparaisons, sa supériorité sur Mgr Duchesne est d'avoir fait une œuvre ecclésiastique et dans le domaine doctrinal et dans le domaine universitaire. Si sa carrière n'avait pas été si malheureusement arrêtée, on eût vu mieux encore la fécondité et la portée de cette œuvre.

L'auteur de la notice a bien entrevu une partie de ces choses, mais il a une manière à lui de les dire. Dès le début de l'article il se révèle : « Mgr Pierre Batiffol, ancien recteur de l'Institut catholique de Toulouse, décédé en janvier dernier, était le représentant d'une génération qui aspirait à cultiver la théologie positive. » Cette aspiration d'une génération disparue à cultiver la théologie positive est une trouvaille. Il fallait une note plaisante pour égayer une fâcheuse occurrence. Heureusement nous l'avons. Singulière génération qui aspirait à cultiver la théologie positive ! On dirait une de ces formes de vie périmées qu'il faut aller chercher à Glozel. De cette génération bizarre, l'auteur n'en est sûrement pas et il n'a rien à redouter de cette tocade et de cette lubie de la théologie positive. Il en est bien revenu, ou plutôt il en a été toujours indemne, comme le prouve surabondamment la manière dont il parle de l'œuvre de Mgr Batiffol.

Il recourt encore à la comparaison. Il écrit : « L'œuvre du regretté défunt... conserva *toujours* le caractère d'une haute vulgarisation qui mettait *surtout* à profit les recherches de la science allemande, et c'est cela qui lui *donnait* son prix. » Encore le petit jeu de pesage et après Mgr Duchesne, voici la science allemande dans l'autre plateau. Mais ici il faut dire holà ! car le cas s'aggrave d'une injustice matérielle caractérisée et de bien autre chose encore.

1° Pour présenter avec une telle assurance une pareille fausseté, il faut ne pas avoir ouvert les cinq volumes consacrés par Mgr Batiffol aux cinq premiers siècles de la papauté. Non, cette œuvre n'a pas « *toujours* le caractère d'une haute vulgarisation qui met *surtout* à profit les recherches de la science allemande ». C'est une œuvre de première main, fondée sur la discussion technique et détaillée des textes et s'adressant aux spécialistes de l'histoire du dogme. C'est une publication résultant d'un travail personnel, épuisant les questions et qui n'a *jamais* le caractère d'une haute vulgarisation utilisant *surtout, ni même à un degré notable*, les recherches de la science allemande.

Ce que Mgr Batiffol utilise, ce sont les *Lettres* des papes jusqu'à saint Léon, éditées par dom Coustant, et les *Lettres* de saint Léon, éditées par les frères Ballerini. G. M. rencontre donc aussi mal que possible, car la science allemande d'aujourd'hui, dont il fait si grosse bouche, en est encore réduite à se servir de l'édition du bénédictin français Coustant et des deux prêtres séculiers italiens de Vérone, les frères Ballerini. Et la critique allemande, ou plus informée ou plus juste que G. M., proclame, avec une insistance qui l'honore, le mérite de ces éditions critiques. Il n'y a qu'à relire, à cet égard, la préface enthousiaste placée par Schoenemann en tête de sa réédition partielle de Coustant (Gœttingen, 1796). Bien plus, l'édition allemande des *Lettres* des papes de saint Hilaire à saint Hormisdas (461-523) a été copiée par le prêtre Andreas Thiel, à la Bibliothèque nationale de Paris, dans les papiers de dom Coustant et c'est la seule que nous ayons de ces *Lettres* (1868). Donc, en cette affaire, ce ne sont pas les Français qui utilisent les recherches des Allemands; c'est l'inverse. Telle est l'origine des données premières de l'enquête de Mgr Batiffol, sur lesquelles il travaille directement et par une manipulation infatigable. Telle est la tradition d'études qu'il a continuée.

Après cela, qu'il y ait dans ces volumes une information très étendue sur les travaux étrangers allemands, anglais et italiens, et une discussion attentive des conclusions de la science protestante et anglicane, c'est tout simplement une obligation élémentaire de l'historien, qui d'ailleurs, ainsi réalisée, est chez nous et à l'étranger, un mérite très rare, qui complète l'originalité de l'auteur, loin de la diminuer.

G. M. prétendrait-il que, pour faire œuvre scientifique et originale, il faille traiter une question inédite ou manipuler des documents inédits ? Singulière conception du travail scientifique, qui serait ainsi réduit à porter sur les infiniment petits et les infiniment négligeables de l'histoire. Seuls pourraient réclamer la qualité de scientifiques personnes ceux que Mgr Duchesne appelait irrévérencieusement « les grabeleurs de Spicilèges ».

Inutile d'insister. On peut attendre les références requises pour tenir compte davantage d'une pareille légèreté.

2° Dès 1897, dans un article de *La Quinzaine*, l'abbé Batiffol donna les raisons qui imposent aux catholiques et au clergé l'étude de la théologie positive. Depuis trente ans, ces raisons n'ont fait que gagner en force et d'autres sont venues s'y ajouter. Nous ne sommes pas en un temps où nous puissions cultiver l'érudition pour elle-même et il n'est que temps pour le clergé « d'aspirer à cultiver la théologie positive ! » Malgré des assurances très optimistes, il est trop clair que la crise doctrinale ouverte il y a un quart de siècle n'est pas terminée.

Dans le même article, l'abbé Batiffol s'exprimait ainsi sur la science allemande : « Cette théologie positive (qu'il faut cultiver) existe à peine, si nous faisons abstraction, d'une part, des travaux de l'ancienne érudition catholique, d'autre part des travaux de l'érudition protestante contemporaine, et si nous ne voulons pas identifier la science soit avec une critique vieillie, soit avec *une critique reprochable : car je n'imagine pas que personne parmi nous ait la candeur de prendre la science protestante pour le dernier mot d'une critique désintéressée, clairvoyante, infaillible* ». Ces réserves, Mgr Batiffol les a toujours faites et il n'a pas cessé de conformer sa pratique à ce jugement.

Maintenant, relisez la sentence sommaire et jugez : « L'œuvre de Mgr Batiffol conserva *toujours* le caractère d'une haute vulgarisation qui mettait *surtout* à profit les recherches de la science allemande, et c'est *cela* qui *lui donnait son prix* ».

Cette phrase aux lourds piétinements répétés vaut à elle seule une longue satire injuste.

***

La méthode qui vient d'être ainsi définie, Mgr Batiffol s'en servit pour étudier l'histoire du dogme de l'Eucharistie. A ce sujet, le R. P. Lagrange a écrit ces lignes très pleines :

Son intention évidente était d'appuyer le dogme qu'il recevait tel quel de l'Eglise, sur une tradition étudiée avec plus de soin qu'on ne l'avait fait encore et en tenant compte des documents nouveaux. Rien de plus opposé à l'esprit du modernisme... Il n'a jamais perdu de vue le réalisme parfaitement clair des paroles du Christ : *Ceci est mon corps, ceci est mon sang*, qui est au point de départ de l'institution du Sacrement. *Il a seulement constaté que les premiers témoignages ne parlent pas d'une* conversion, *et il a cru pouvoir dire que l'adoption de ce mot par les Pères avait marqué non seulement un progrès dans les termes, mais un développement dans la pensée.* C'était à tort, et c'est pour ce fait que le livre fut mis sur l'*Index* des livres prohibés, le 26 juillet 1907. Le décret, cependant, demeura absolument secret et ne fut publié que le 2 janvier 1911 (8).

De son côté, le R. P. Lebreton a écrit :

« On nous permettra de rappeler ce douloureux incident en toute sincérité; nous croyons pouvoir le faire sans manquer à ce que nous devons à notre ami, ni à ses chefs hiérarchiques; s'il y a eu de sa part quelque imprudence, sa docilité admirable a fait de cette grande épreuve l'acte le plus exemplaire de toute sa vie, et c'est à son honneur que nous tenons de le mentionner aujourd'hui.

Nous avons dit la violence des polémiques alors engagées et la gravité extrême des intérêts en jeu... Mgr Batiffol était si sûr de son attachement à l'Eglise, qu'il était peut-être trop insouciant de ces dangers; et puis, il faut l'avouer, il ne supportait qu'avec quelque impatience les avertissements des théologiens qu'il jugeait, pour la plupart, incompétents en matière d'histoire. Le P. Portalié, lui-même, professeur de théologie à Toulouse, dont le recteur estimait hautement la science et dont il reconnaissait l'amitié toujours fidèle, ne put lui faire comprendre que ses études sur l'Eucharistie l'aventuraient en zone dangereuse; en théologie, l'histoire ne suffit pas à tout, la philologie moins encore; il est périlleux de s'en tenir au programme que nous rappelions ci-dessus; rien que des faits, rien que des textes. Ces faits, ces textes doivent être lus à la lumière d'une tradition toujours vivante qui y fait apparaître, comme dans un palimpseste, des traits à demi-effacés qu'un œil profane ne sait pas toujours déchiffrer » (9).

Tout cela est très vrai, abstraction faite de l'inexactitude forcée d'une image. Un palimpseste contient des traits presque effacés tandis que la littérature chrétienne ancienne, dans cer-

---

(8) *Monseigneur Pierre Batiffol*, dans *La Vie intellectuelle*, mars 1929, p. 419.

(9) *Monseigneur Pierre Batiffol, serviteur et historien de l'Eglise*, dans *Correspondant* du 10 février 1929, p. 386-387.

tains cas, présente des traits à peine formés et même si peu formés qu'ils peuvent paraître inexistants, à ne juger que d'après les lois ordinaires de l'interprétation. Il faut donc comprendre le caractère très délicat de la position de Mgr Batiffol. Quant à la doctrine de la « conversion eucharistique », il constatait le conflit entre ce silence plus ou moins complet des textes anciens et les affirmations correspondantes plus ou moins intransigeantes de la théologie postérieure. Initiateur et pionnier, il se trouvait, le premier, en présence d'une situation délicate, qui n'avait jamais été constatée de façon si complète et si précise. C'est là un spécimen des questions qui peuvent se poser devant des enquêtes approfondies et dont la rencontre est si redoutable pour les premiers enquêteurs.

En ces circonstances, la position est facile de ceux qui n'ont qu'une des deux données dans l'esprit ou qui n'ont la connaissance ou l'intelligence complètes que de l'une d'entre elles, tandis que la position de ceux qui possèdent pleinement les deux données est d'un sérieux qu'il est impossible de méconnaître. Pour Mgr Batiffol, il y avait donc là à concilier deux catégories de données toutes les deux impérieuses à divers titres et qui semblaient divergentes. Sur ce sujet, en proposant d'abord une solution, puis en la rectifiant, il a donné successivement la preuve de sa sincérité scientifique et de sa sincérité ecclésiastique. Ou plutôt, il réunissait les deux sincérités lorsque, vu le poids de ses raisons d'ordre historique, il croyait pouvoir attendre, à ses risques et périls, une décision catégorique de l'autorité ecclésiastique à laquelle il était décidé à se soumettre. De telles imprudences, quelque regrettables qu'elles soient, ne sont pas à la portée de tout le monde.

L'intervention de l'autorité ecclésiastique amena Mgr Batiffol à réduire et même à corriger, à propos du témoignage des textes anciens sur l'Eucharistie, la conclusion négative que leur silence aurait eue, relativement à l'existence primitive d'une doctrine sur la *conversion*, à s'en tenir aux lois ordinaires de l'interprétation littéraire et de la discussion historique. Cette correction devenait possible par une ressource qu'on ne possède pas pour l'intelligence des textes profanes : un enseignement de l'Eglise que nous savons par ailleurs avoir dû nécessairement exister, dès lors, sur ce point, d'une manière suffisante, malgré le silence plus ou moins complet des contemporains. La tradition dogmatique vient ainsi compléter la tradition historique, que l'historien catholique ne considère séparément que par une sorte d'abstraction (10).

Quant à la *conversion eucharistique*, Mgr Batiffol arrivait ainsi à reconnaître qu'il y avait eu un progrès dans les termes, mais non un développement de la pensée théologique, la « conversion » étant un donné immédiat révélé, quelque précaires que soient les termes dans lesquels il a été d'abord et assez longtemps exprimé. Ainsi donc, ce mode d'interprétation des textes se rapprochait, tout en s'en distinguant par des nuances notables, de celui du *Programme* indiqué plus haut et que Mgr Batiffol avait d'abord écarté.

On voit la portée générale de ces précisions. L'ancien Recteur de Toulouse est l'historien catholique qui s'est le plus préoccupé, et en toute franchise, des rapports de la critique et de la théologie. Mais ce ne sont là que des grandes lignes, sur l'établissement desquelles il faudra revenir pour y faire entrer toute la variété des faits observés en histoire des dogmes. Ces retouches à son exposé des quatre premières éditions de *L'Eucharistie* ont été arrêtées, sous leur dernière forme, par l'auteur, pendant un séjour à Rome, en mai-juin 1913, au cours de conférences avec le T. Rév. Père Schuster, abbé bénédictin de Saint-Paul-hors-les-Murs.

*
* *

Quand parut cette cinquième édition corrigée, il y avait six ans que Mgr Batiffol n'était plus Recteur de l'Institut Catholique de Toulouse. Il avait résigné ses fonctions à la fin de 1907. Sa mort et le si bel hommage que lui a rendu, à Notre-Dame, lors des obsèques, S. E. le Nonce Apostolique parlant à sa famille, ont rappelé cet événement et amené à en chercher les causes. Le R. P. Lebreton paraît tout ramener à la condamnation de l'*Index*. Le R. P. Lagrange et M. Rivière (11) accor-

(10) Cette retouche de sa méthode est indiquée par Mgr Batiffol à partir de la cinquième édition (1913), dans l'*épilogue* de son livre *L'Eucharistie, la Présence réelle et la Transsubstantiation*, p. 500 à 508.

(11) *Revue apologétique* (1929), avril et mai. M. V. Carrière attribue une importance particulière à un oubli regrettable de Mgr Germain pour transmettre à Rome, en temps utile, une soumission de Mgr Batiffol. Dans la *Revue d'histoire de l'Eglise de France* (1929), p. 128.

dent plus d'influence à une campagne et à des dénonciations. Il semble qu'il faille réunir les deux causes. Pour le Recteur de Toulouse, une question était donc posée qu'en des temps plus tranquilles, ses magnifiques états de service auraient fait résoudre en sa faveur. Mais on était au moment de l'émotion extraordinaire causée par la crise moderniste. Et tandis qu'en France des auteurs démasqués et des auxiliaires notoires du parti étaient ménagés et ont continué à l'être, le Recteur de Toulouse était frappé, qui avait eu la principale part dans la controverse contre le modernisme. Tant il est difficile aux contemporains de connaître une situation !

Tout fait croire que la décision à intervenir ne dépendit pas, au fond, des Archevêques et Evêques protecteurs de l'Institut Catholique. Il y a là-dessus une déclaration incontestable, formelle et qui semble épuiser la question. C'est celle qui fut faite à Rome même, par la plus haute autorité, à Mgr Mignot, archevêque d'Albi, en avril-mai 1908. Et ainsi l'hommage si rare rendu à Mgr Batiffol par S. E. le Nonce Apostolique, lors de la cérémonie funèbre de Notre-Dame, n'en prend que plus de prix.

Pareil arrachement à une œuvre chère ne pouvait aller sans des déchirements de tout genre et de tous côtés et la sensibilité de Mgr Batiffol n'était pas pour en atténuer l'impression. Néanmoins, dès la première heure, l'attitude définitive qui devait être celle de cet homme d'Eglise s'affirma. Et le premier hommage public qui lui fut rendu partit de l'Institut Catholique de Toulouse. Il venait de son successeur, Mgr Breton, parlant à la séance solennelle de rentrée en novembre 1908, en présence de NN. SS. les Archevêques et Evêques protecteurs. Devant cette assistance et après les déchirements rappelés, la conjoncture aurait pu paraître compromettante à d'autres. Disant plus que le possible dans ces circonstances et tout le nécessaire, Mgr Breton prononça ces nobles paroles :

> Je succède à un homme qu'il n'est pas facile de remplacer. Esprit rare par l'étendue de ses connaissances et par le don de les mettre en œuvre, attentif à toutes les voix qui méritent d'être entendues dans la sphère des idées, éveillant à son tour, chaque fois qu'il parlait, la curiosité du monde intellectuel, il avait un rang d'honneur parmi cette élite d'ouvriers de la pensée dont la Providence lui avait confié la conduite. Il n'a pas seulement donné de l'éclat à l'Institut par son

mérite personnel, il l'a vivifié par les travaux qu'il a inspirés, par l'élan qu'il a communiqué autour de lui; c'était un excitateur d'esprits. Du reste, aussi vrai prêtre qu'homme de talent, le triomphe de l'Eglise était le grand désir de son âme; on ne le vit jamais indifférent aux angoisses de cette mère divine (12).

Le R. P. Lagrange, M. Carrière (13), M. Rivière ont dit au mieux ce que furent l'activité, l'influence et l'autorité croissante de Mgr Batiffol depuis son retour à Paris. Si, après ses grands succès de Toulouse, il avait perdu une bataille, il lui resta le temps d'en gagner, depuis lors, un bon nombre d'autres et, pour l'histoire des études, on ne saurait oublier la principale. Par son esprit si ecclésiastique, par la valeur de ses travaux, il a contribué beaucoup à ramener le respect, l'estime et la confiance aux études de critique religieuse si compromises, aux yeux de beaucoup, par les excès du modernisme. Depuis vingt ans, l'apaisement a fait son œuvre. On ne trouverait personne pour croire que des hommes aussi dévoués à l'Eglise que d'autres, aussi saintement et noblement ambitieux que d'autres et pas plus naïfs que d'autres, écrivant sous leur entière et avouée responsabilité, peuvent par plaisir, par amour-propre, créer et faire mousser des problèmes inexistants.

En réalité, peut-être finira-t-on par trouver que Mgr Batiffol faisait une part bien modeste à la vie intellectuelle. Un des textes qui le font le mieux connaître est sa notice sur M. Hogan, où il parle de ses maîtres, de Saint-Sulpice, de la formation et de l'enseignement indélébiles qu'ils lui ont donnés :

Dieu nous a fait cette grâce, si admirablement décrite par saint Paul, de n'être pas des gens sans gîte et sans famille, mais bien de faire partie, avec les saints, de la maison de Dieu, d'être édifiés sur le fondement des apôtres et des prophètes, d'avoir le Christ pour pierre angulaire, de former ensemble un être historique et spirituel que nous sentons grandir chaque jour sous le regard de Dieu.

Quand une fois on a compris non seulement le prix de la vie religieuse, mais la solidarité qui la lie à l'Eglise; il n'est plus possible de ne pas estimer secondaire n'importe quelle enquête critique ou spéculative : à notre expérience qui nous a attachés à l'Eglise s'est ajoutée l'expérience de l'Eglise qui nous attache au Christ et à Dieu,

(12) *Bulletin* (1908), *Chronique*. p. XII.
(13) *Monseigneur Pierre Batiffol*, dans la *Revue d'histoire de l'Eglise de France* (1929), p. 126-129.

et cette double expérience nous assure mieux qu'aucune discussion de faire une œuvre pleine de sens.

Il n'en saurait aller de même pour un intellectuel à qui tout est l'enjeu de l'enquête, si fragmentaire soit-elle, qu'il institue : il ne sera plus alors une question posée, et aussi bien celles de la *Somme* de saint Thomas, qui ne prenne en quelque sorte un intérêt total et tragique (14).

Ces paroles caractérisent au mieux l'âme religieuse et l'unité de vie de Mgr Batiffol.

Le bon à tirer de cet article était donné lorsqu'a paru dans *Le Correspondant* du 10 juillet 1929, un article de Mgr Sagot du Vauroux, évêque d'Agen, sous le titre *Un épisode émouvant de la vie de Mgr Batiffol (1907-1913)*. C'est là un témoignage de la plus haute valeur. L'éminent auteur déclare d'abord : « Mgr Batiffol était un de mes plus fidèles amis ». Puis, à l'aide des *Lettres* de son ami à lui adressées, il décrit l'attitude de Mgr Batiffol pendant les années de 1907 à 1913. De cet article, dont tout serait à citer, on lira avec intérêt les extraits suivants : « Un personnage qui a laissé en France des souvenirs assez peu agréables, — ce n'était pas un Français, — écrivait au Vatican, dès 1906, « *d'un certain Batiffol qui semble être plus rationaliste encore que Loisy et que les protestants mêmes* ». (*Lettre* du 19 octobre 1907). Mais, au témoignage du prélat ainsi dénoncé, Mgr Germain, archevêque de Toulouse, faisait preuve « d'un sang-froid, d'une fidélité, d'une vaillance » (Même *Lettre*) admirables. « Il a écrit et fait parler au Saint-Père. Sur son conseil j'envoie à Rome une justification en règle de ma doctrine ».

Et plus loin : « Au mois de décembre, Pie X témoignait à l'archevêque qu'il était satisfait de l'exposé du recteur. Néanmoins, la situation devenait critique. Encore non publié, le décret de l'Index le serait un jour. C'était fatal. Sans doute le Pape ne demandait rien, et je viens de rappeler que, d'une manière générale, il se déclarait content des explications fournies en octobre, mais son attitude indiquait en somme des réserves trop importantes pour que le *statu quo* fût, je ne dis pas facile, mais possible; Mgr Germain, dont la bienveillance s'était maintes fois affirmée au cours de cette sorte de crise, prit le parti de mettre Mgr Batiffol en présence de conclusions devenues inévitables ».

On voit comment cette présentation des faits concorde, sur les deux points ci-dessus, avec celle qui a été donnée plus haut avec toute la discrétion possible.

Mgr l'Evêque d'Agen montre ensuite que c'est l'intervention personnelle de Pie X qui a permis l'apparition de la 5e édition corrigée du livre de Mgr Batiffol : *L'Eucharistie, la Présence réelle et la Transsubstantiation.*

Louis Saltet.

(14) Notice sur *M. Hogan*, dans la *Revue du Clergé français* du 1er août 1902, p. 453.

NOTES ET CRITIQUES

G. Constans. *L'Eglise de France sous le Consulat et l'Empire.* Paris, Gabalda, 1928, in-12, xxix-393 p.

Après les grands ouvrages du comte d'Haussonville, de Boulay de la Meurthe, de l'abbé Sicard, de notre cardinal Mathieu, du chanoine Pisani, de M. de la Gorce, on pouvait se demander s'il restait encore une place à prendre dans notre histoire religieuse de la Révolution et de l'Empire. M. Constans l'a cru et il nous présente un « exposé rapide et simple » des événements religieux de cette époque. Rapide et simple, il l'est cet exposé, mais il n'en est pas moins complet, en ce sens qu'il ne laisse échapper aucun des événements nombreux et complexes de la vie religieuse en France à cette époque, et à chacun il prête l'attention proportionnée à son importance. Par là, il dispense parfois de recourir aux amples travaux de ses devanciers et M. Constans n'en ignore aucun, soit pour la marche générale des événements, soit pour des points particuliers. Innovation heureuse, beaucoup d'études sur la Révolution en province ont été consultées. Des travaux comme ceux des chanoines Uzureau et Contrasty méritaient d'être mis à contribution. D'autres aussi méritaient cet honneur que je ne voie pas citer, tels que l'étude de M. Sabatié sur *Debertier*, l'évêque constitutionnel de l'Aveyron, du P. Delbrel sur *La Tour du Pin*, archevêque d'Auch, de M. le chanoine Durengues sur *l'Eglise d'Agen pendant la Révolution.*

M. C. ne se contente pas de nous servir la moelle substantifique des auteurs qu'il consulte, il y ajoute l'appoint personnel d'un judicieux discernement dans le choix des détails caractéristiques, d'un exposé précis sans sécheresse, objectif sans raideur, d'une sûreté de jugement soucieux de remettre les faits en leur vrai jour faussé par la passion ou le parti pris de certains de ses devanciers. Pour se faire une idée du soin méticuleux qu'il porte dans le récit des faits qui le méritent, il suffit de lire chez lui l'exposé des négociations préparatoires au Concordat de 1801. Pas un des incidents, pas une des péripéties qui les traversèrent ne sont oubliés ici. Des événements il nous fait remonter aux causes, immédiates ou lointaines, jusque dans le caractère des acteurs. En aucun de ses devanciers, nous ne trouvons un portrait plus vivant, plus exact que celui de Bonaparte qui nous est ici présenté. Avec le soin particulier qu'il a pris de mettre en lumière ses vraies opinions religieuses, il est fâcheux qu'il n'ait pas consulté les *Mémoires* du comte Molé, tout récemment publiés, et dont le tome premier apporte des témoignages si instructifs pour cette question toujours débattue. Une seconde édition aura bientôt comblé cette lacune, comme elle fera disparaître certaines fautes d'impression comme *Bayonne* pour *Bayane* cardinal, *Daunon* pour *Daunou*, *Daujon* pour *Danjou* (table). Elle ne parlera plus du « serment presque unanime prêté à la Constitution par les évêques et curés de l'Assemblée » (p. 3), ce qui est inexact et en contradiction avec les pages suivantes. Parmi les religieuses guillotinées, elle ne citera pas *les* Filles de la Charité de Dax (p. 16) : une seule fut exécutée.

Simples vétilles qui n'enlèvent rien au mérite d'un volume digne à tous égards de l'honneur que lui a fait la Direction de l' « Enseignement de l'histoire ecclésiastique » en lui ouvrant sa collection si appréciée. Mais sa place est bien marquée en d'autres bibliothèques, car il est attrayant et instructif pour d'autres lecteurs que les étudiants.

A. DEGERT.

Chan. UZUREAU, *Un mystique à la veille de la Révolution : Urbain-Elie Cassin, chanoine d'Angers* (1714-1783). Angers, Siraudeau, in-16, 55 p.

Pour la rareté de l'exemple, elle valait bien d'être remise en lumière cette curieuse figure du chanoine angevin Elie Cassin, un saint, un mystique, « une copie fidèle de saint Jean de la Croix pour la vie crucifiée qu'il a menée et pour l'intelligence qu'il possédait par sa propre expérience des voies surnaturelles et divines », en plein XVIIIe siècle, alors que la piété que n'avait pas étouffée l'esprit du siècle était desséchée par le souffle délétère du jansénisme ! Le clergé « de bon ton », simplement « honnête » n'y comprenait rien. Sur les registres officiels du chapitre, le secrétaire notait au jour de la mort de son confrère « que le peuple lui avait attribué des miracles et il était certain que pendant sa vie son imagination vive et délicate avait produit en lui des extases ». Heureusement cette incompréhension fut le fait du petit nombre. On le vit bien aux chaleureux et nombreux témoignages que M. Uzureau se borne à rééditer; nous y trouvons tout édifiante et sincère, l'impression des contemporains à défaut d'une étude personnelle, écho déformé d'une admiration tardive.

A. DEGERT.

I. Abbé F. GROS. *Le secret de la prononciation de l'anglais.* Paris, Didier, 1925, in-8°, 28 p.

II. Abbé V. DATTAS. *Cours d'anglais,* Toulouse, Bureaux de la Presse Catholique, 1928, in-12, 318 p.

I. Une des difficultés de l'anglais est la prononciation. Difficulté réelle, sans doute, mais que l'on se plaît à exagérer, faute d'étude ou d'attention. Cependant on ne saurait concevoir de langue vivante sans une prononciation exacte qui est le seul véhicule de la pensée entre l'interlocuteur et l'auditeur, ou, pour emprunter une image à la T. S. F., entre le poste émetteur et le poste récepteur. Il importe donc au plus haut point d'acquérir une bonne prononciation. C'est pour rendre celle de l'anglais plus accessible aux étudiants que décourageraient ses anomalies apparentes ou réelles que l'auteur a composé cette méthode, fruit d'études faites à Londres et résultat d'une longue expérience. Des tableaux très clairs sur les différents sons anglais et leur comparaison avec les sons français facilitent l'acquisition et révèlent le « secret » de la prononciation de l'anglais. Ce fascicule n'est que le résumé d'un ouvrage très complet qui sera publié ultérieurement. Dans sa forme condensée il est éminemment pratique et on ne peut que le recommander aux élèves, aux étudiants et à tous ceux qui s'intéressent à l'anglais.

II. Les cours d'anglais ne manquent certes pas. Encore l'an dernier en a vu une éclosion extraordinaire. Mais il est rare qu'un professeur trouve dans l'ouvrage dont il se sert son idéal d'enseignement. Ici il y a indigence de vocabulaire, là une présentation défectueuse des règles de la grammaire, ailleurs peu ou point d'indication de prononciation. C'est pour obvier à ces inconvénients et réunir en un seul volume les principes essentiels de l'anglais que M. l'abbé Dattas a rédigé avec beaucoup de soin et de méthode ce nouveau *Cours d'anglais*. L'étudiant y trouvera avant tout une notation minutieuse de la prononciation, des vocabulaires assez abondants et bien choisis, des exercices très pratiques et qui sortent de la banalité ordinaire, enfin une exposition suffisante des règles grammaticales. On pourrait peut-être reprocher à ces dernières une excessive concision qui leur donne parfois un air de notes prises en classe. Mais l'auteur me répondrait sans doute qu'il a fait de la compression afin d'éviter la dilatation du livre. Autre objection : les fautes d'impression. Ici la réponse est encore plus facile et l'excuse plus acceptable. Quiconque a livré quelques feuilles à un imprimeur sait comment son manuscrit peut être défiguré, encore plus s'il s'agit d'une langue étrangère. A cet égard, d'ailleurs, je devrais faire mon *mea culpa*, puisque l'auteur avait bien voulu me confier le soin de revoir les épreuves. Une seconde édition remédiera facilement à ces quelques taches qui ne sauraient diminuer la valeur et l'utilité d'un ouvrage qui peut rendre de réels services à l'enseignement de l'anglais et que l'on est heureux de recommander en toute confiance.

C. DE SUPLICY.

LA COLLECTION DE FAUX DU CONSEILLER DE MASNAU
ET LEUR AUTEUR PRÉSUMÉ,
LE PRÉSIDENT SABBATHIER DE LA BOURGADE (*)

(*Suite*).

III. — Arguments historiques en faveur des thèses gallicanes

Le gallicanisme ne transpire qu'à l'état de tendance dans le *Chronicon* des abbés de Castres que nous savons positivement émaner de la plume de notre président. Tandis que le chroniqueur insiste avec emphase sur les prétendues faveurs des souverains envers les abbés et l'abbaye : amitié de Charles Martel pour l'abbé Alphonse, octroi d'un précepte d'immunité par Charles le Chauve à l'abbé Adalbert, visite de Louis le Jeune à l'abbaye et acte de clémence du monarque à la prière de l'abbé Roger, — autant de traits sans appui dans les documents, — il omet les faits bien réels qui témoignent de la juridiction souveraine du Saint-Siège : menaces de Grégoire VII ayant pour effet la cession de l'abbaye par les vicomtes d'Albi, ses avoués, au chef d'ordre ultramontain Saint-Victor de Marseille, en 1074; privilège de Calixte II à l'abbé Beg en 1122, lui confirmant la protection de saint Pierre et l'exemption. Si l'abbaye fut royale sous les Carolingiens, elle fut pontificale sous les Capétiens. Sabbathier nous le laisse ignorer. Sa réticence est significative. Par ailleurs, le problème de la rivalité des deux juridictions, la spirituelle et la temporelle, reste toujours à l'horizon de sa pensée. Il imagine une insurrection de la population castraise contre un abbé Godefroy de Muret, en 1115.

(*) Voir *Bulletin* 1928, pp. 145-166.

Le motif était que l'abbé, seigneur temporel, jetait en prison les excommuniés qui ne s'étaient pas réconciliés dans le délai d'un an. Les gens ne voulaient pas recevoir les deux chaînes de la même main. Le pouvoir civil prit fait et cause pour eux : d'où « un immense conflit entre les deux fors ».

> Vincula ferre duo populo renuente, querela
> Nascitur tunc ingens inter utrumque forum.

Une telle dispute qui serait à sa place lorsque la constitution *Cupientes* de saint Louis (44) était en vigueur, est un anachronisme sous Louis le Gros. Mais l'allusion est révélatrice des préoccupations de l'auteur.

La tendance s'exprime en doctrine dans le pseudo Odo Aribert. Le chroniqueur raconte un litige entre la juridiction ecclésiastique et la juridiction laïque, le dernier mot revenant à celle-ci. Lorsque le comte Bernard, dit-il, assassiné par la main même de Charles le Chauve, en 844, eut passé trois jours étendu sur le seuil du monastère Saint-Sernin, l'évêque de Toulouse, Samuel, lui fit de solennelles obsèques et grava une inscription en vers romans sur son tombeau. Pour cet acte de ministère pastoral il dut comparaître devant le viguier royal — *vicarius regius* — et se vit infliger par lui une amende de cinq cents sous toulousains. Peu de mois après, l'épiscopat des Gaules, réuni en concile à Chavignon (Aisne), supplia le roi de casser la sentence du viguier « comme énervant et détruisant la juridiction épiscopale et ecclésiastique ». Le roi resta sourd à la requête, « ne pouvant pas souffrir que les évêques soient exemptés de la juridiction royale et laïque, en ce qui concerne les droits royaux et les lois du royaume. Or, c'est une loi ancienne du royaume que les condamnés à mort ne doivent pas être ensevelis avec prières et épitaphes » (45).

---

(44) Sur l'ordonnance *Cupientes*, adressée aux Albigeois en 1218, prescrivant aux juges séculiers la saisie des biens de l'excommunié qui n'a pas sollicité de l'Eglise son absolution dans le délai d'un an, et sur le refus de s'exécuter opposé par le sénéchal de Carcassonne, Pierre d'Auteuil, voir *Hist. gén. Languedoc*, VI, 843; VIII, 1360; et *Commentaire de M.* DUPUY *sur le traité des Libertés de l'Eglise gallicane* (Nouv. éd., Paris, 1715), t. II, p. 200-2.

(45) Pierre BOREL, *Les Antiquitez de Castres*, liv. I, ch. I et *Hist. gén. Lang.*, t. II, col. 239-41, et t. I, p. 1041-3.

Cette histoire est évidemment une fable. Outre que le fait lui-même de l'exécution du comte Bernard par le roi Charles est controuvé, ce n'est pas au IXe siècle que l'on pouvait parler de viguier royal, de sous toulousains et de juridiction laïque — *jurisdictio regia et laicalis*. Le cas est donc purement théorique et typique. Le seul aspect intéressant c'est la solution qu'on lui donne. Cette solution est dans le sens le plus avancé et le plus agressif du gallicanisme parlementaire. Un évêque, pour un acte de ministère pastoral, est déféré devant une juridiction civile de second ordre, non pas même pour cause d'appel comme d'abus, mais directement sous l'inculpation de transgression des lois du royaume. C'est une violation flagrante du privilège du for. L'évêque inculpé devait être traduit par le roi devant le tribunal de l'archevêque ou du concile provincial, ou jugé par une commission de prélats palatins. Le parlementaire qui a imaginé le cas présente, comme réalisée au IXe siècle, une procédure qu'il aspire à faire adopter par l'Etat. Nous sommes bien au XVIe siècle, au temps de Pierre Pithou et des *Libertez de l'Eglise gallicane*, parues en 1595.

La Chronique de Bardin fait un pas de plus dans cette voie. C'est un manifeste de gallicanisme parlementaire, politique et même ecclésiastique : un traité en exemple (46). Auguste Molinier a signalé dans Bardin « son animosité contre l'Eglise, son dévouement aux intérêts de la couronne de France » (47). Il n'en a pas vu la portée et la signification. Le pseudo-Bardin est enragé contre les juridictions indépendantes, épiscopales ou pontificales. L'Inquisition, notamment, n'a droit de fonctionner en France que parce qu'elle est un tribunal royal. L'histoire est ployée à cette doctrine. La Chronique lui lance toute une suite d'impudents défis. Il suffira de l'examen attentif de quelques traits pour se rendre compte du dessein didactique de l'auteur et que son gallicanisme, en progrès sur celui de la Pragmatique Sanction de Bourges (1438), rejoint celui de Pierre Pithou au siècle suivant.

---

(46) Ainsi, plus tard, Pierre Dupuy et Durand de Maillane s'évertuent à étayer de preuves historiques les fameux articles de Pierre Pithou.
(47) *Hist. gén. Lang.*, X, 424, 2e col.

Gallicanisme ecclésiastique. En 1420, l'archevêque de Toulouse, non nommé — c'était alors Dominique de Florence — siégeant comme conseiller au Parlement, nouvellement rétabli, de Toulouse, souscrit à la condamnation à mort d'un blasphémateur. Les religieux de la cité proclament qu'il est tombé dans l'irrégularité, en raison de l'adage : *Ecclesia abhorret a sanguine*, que sa juridiction, perdue *ipso facto*, ne pourrait lui être restituée que « par les évêques comprovinciaux ou par le Souverain Pontife » et que « ceux qui ont droit de choisir les archevêques doivent procéder à une nouvelle élection ». L'archevêque réplique en excommuniant les fauteurs de cette frivole agitation. Les moines appellent de la sentence « au synode comprovincial et, si cela ne suffit pas, au seigneur pape » (48).

Aucune trace dans les documents de ce conflit. Il est d'autant plus invraisemblable que l'attaque est menée par les Frères Prêcheurs et que l'archevêque était lui-même un dominicain. Mais le sens de l'apologue est très clair. L'archevêque est justiciable du concile provincial et élu par le chapitre métropolitain. On ne tient pas compte de la réserve pontificale frappant l'élection de l'archevêque ni de l'évocation des causes majeures par le siège apostolique. Le pape n'est ici que le dernier ressort. C'est la réforme archaïsante, décrétée par le concile de Bâle et l'Assemblée de Bourges, que le chroniqueur montre en action une vingtaine d'années plus tôt, au lendemain du concile de Constance.

Gallicanisme régalien et politique. Un prélat entre en scène qui dénonce au Parlement royal, dès 1319, l'impérialisme usurpateur et ambitieux des papes. A cette date, Jean XXII a créé en France, au sud de la Loire, seize nouveaux évêchés, transformant un titre d'abbé ou de prieur en un titre épiscopal. L'abbaye Saint-Benoît de Castres fait partie de ce mouvement; la ville par là-même devient une cité. L'abbé, du nom de Bernard Béranger, s'estime lésé. Il fait opposition à l'acte du pontife, par une sorte d'appel comme d'abus, devant « les parlements de Toulouse et de Paris réunis ». Il fait valoir que, « selon les lois et usages de France, le pape ne peut pas procéder à l'érection d'un siège épiscopal sans l'assentiment du roi, corroboré

(48) X, Preuves, col. 58.

par lettres patentes, et sans celui du seigneur local; qu'il ne lui appartient pas de décorer une ville de France du titre de cité; que le pape Jean, à l'instar de ses prédécesseurs, travaille à joindre à l'empire spirituel qui lui revient en toute la terre, la domination sur tout pouvoir temporel, et que, pour atteindre plus facilement son but, il multiplie les évêques, complices et auxiliaires de son usurpation; que lui, abbé, n'a pas l'intention d'offenser le pape, tout disposé qu'il est à lui rendre, en toute autre chose, l'obéissance spirituelle comme au vicaire de Jésus-Christ ». Le Parlement qui n'a pas décliné sa compétence ni écarté la plainte, évite de se prononcer et ménage un accommodement entre le nouvel évêque, Déodat de Sévérac, abbé de Lagny, et l'abbé destitué de Castres. Celui-ci gardera son titre et touchera une pension viagère de 1.300 livres tournois sur les biens du monastère (48 *bis*).

Cette action intentée à Jean XXII devant le Parlement par l'abbé de Castres est de l'invention pure (49). Le pape informa le roi Philippe le Long par lettre du 5 juillet 1317 des seize érections de sièges qu'il venait d'accomplir. Aucune protestation et opposition ne fut élevée dont l'histoire ait gardé trace. La situation des abbés, dépouillés de leur juridiction, fut réglée au mieux de leurs intérêts. Mais, notre légiste romancier, choqué de l'initiative pontificale, profite de l'occasion pour stigmatiser les ambitions théocratiques de la cour romaine et rappeler que toute intervention des papes dans le domaine temporel est subordonnée au *placet* royal. Cette doctrine est prématurée à cette date et Auguste Molinier reconnaît que « jamais un prélat du XIVe siècle n'eût osé parler du Souverain Pontife dans des termes pareils » (50), mais elle est en parfaite conformité avec le 4e article des *Libertez de l'Eglise gallicane* qui inspirera le 1er de la *Déclaration de 1682*.

Les papes ne peuvent rien commander ny ordonner, soit en général soit en particulier de ce qui concerne les choses temporelles ès

---

(48 *bis*) Ibid, col. 33-34.

(49) BALUZE, *Vitae paparum*, t. II, p. 311, s'y est laissé prendre, et, sur son autorité, FLEURY, *Hist. eccl.*, liv. 92, ch. 29. Dom Vaissete remit les choses au point. *Hist. gén. Lang.*, X, note 74, n° 3, p. 74-75.

(50) X, 75 1re col. note 3 et p. 432.

pays et terres de l'obéyssance et souveraineté du Roy Tres Chrestien; et, s'ils y commendent ou statuent quelque chose, les sujets du Roy, encores qu'ils fussent clercs, ne sont tenus leur obéyr pour ce regard.

Voilà pour le gallicanisme politique. Voici maintenant les empiètements du pouvoir civil dans le domaine spirituel et l'absorption de la juridiction ecclésiastique par les cours royales, conformément aux maximes du gallicanisme parlementaire. En 1358, l'évêque de Castres, Pierre [des Prez de Montpezat], entraînant après lui cinquante-six bénéficiers de son diocèse, résiste, à main armée, aux « sergents et collecteurs royaux », chargés de lever un subside sur les biens ecclésiastiques. Le sénéchal de Carcassonne l'ayant cité à sa barre pour répondre de tels excès, saisit ses meubles, en vend une partie, et prononce contre lui une sentence d'exil pour neuf ans. L'évêque réplique en excommuniant le sénéchal et ses suppôts. Le gouverneur de Languedoc, comte de Poitiers, saisi en appel, agissant au nom du dauphin son frère, accorde des lettres d'abolition et rémission à l'évêque, mais décrète que « la sentence d'excommunication portée contre les officiers royaux en vertu d'une faveur spéciale accordée à l'Eglise, sera annulée, les fors ecclésiastique et séculier ayant fusionnés, par Monseigneur le chancelier de France et Monseigneur l'archevêque de Bourges » (51).

Cette affaire est simplement inadmissible. Au XIVe siècle, les subsides ecclésiastiques ne sont pas levés par des collecteurs royaux, mais par le clergé lui-même; un évêque ne peut pas être jugé par un sénéchal ni par un tribunal laïque, mais par son métropolitain ou, plutôt, par une commission pontificale; un bannissement de neuf années ne peut pas être prononcé par un simple sénéchal contre un prélat; une sentence d'excommunication surtout ne peut pas être levée par un fonctionnaire royal, fût-il clerc, agissant au for séculier (52). Cette histoire est

---

(51) X, Preuves, col. 47-48.

(52) Encore un point où Bardin a eu raison de Molinier : « Rien n'oblige à révoquer le fait même en doute », écrit ce dernier; et il ajoute : « Dom Vaissete a parfois été trop sévère pour cet auteur [Bardin], qui ne peut guère être accusé que de beaucoup d'inexactitude, tout au moins dans la seconde partie de sa chronique ». *Hist. gén. Lang.*, IX, 687, note 1. Le savant professeur de l'École des Chartes a un faible pour le parlementaire gallican et anticlérical.

extravagante. Elle fleure le césaro-papisme. Elle rappelle, de façon frappante, l'affaire de Samuel, évêque de Toulouse, mis à l'amende par le « viguier royal » de Charles le Chauve pour avoir donné la sépulture au comte Bernard. Même au XVIe siècle, les causes majeures, celles des évêques, sont réservées au pape. Retenons de ces anecdotes, inventées de toutes pièces, les suggestions habilement insinuées par un historien peu scrupuleux, que la subordination du for ecclésiastique au for laïque a des précédents dans le lointain passé de la France.

Un pas de plus dans la voie de cette intrusion des pouvoirs laïcs dans le domaine purement spirituel. En 1412, apprenons-nous, la cour royale commissionna trois fonctionnaires laïcs — viguier, juge, procureur de sénéchaussée — pour enquêter dans les monastères de Languedoc sur les mœurs déréglées des moines noirs. Les archevêques de Narbonne et de Toulouse, effrayés de cette innovation redoutable, convoquent en concile, à l'abbaye Saint-Hilaire près Carcassonne, les prélats de leurs deux provinces et lancent un monitoire contre les trois officiers pour qu'ils se désistent de cette usurpation sacrilège. L'affaire est portée en conseil du roi qui casse la sentence comme abusive, parce qu'elle a été portée en un concile, convoqué sans autorisation, — *quia sine jussu et licentia regis synodaliter conjugati fuerant* (53).

Dom Vaissete doute de ces faits, « parce qu'ils ne sont appuyés sur aucun autre document » (54). Ils n'eussent pas été sans précédents à la fin du XVIe siècle. Lisons Pierre Pithou à l'article X des *Libertez*. « Les Roys Tres Chrestiens ont de tout temps... assemblé ou fait assembler synodes ou conciles provinciaux et nationaux. » Il n'ose pas encore proclamer la règle de l'autorisation préalable qui passera dans les *Articles organiques* de 1802. Guillaume Bardin prend les devants et montre le vœu des parlementaires déjà réalisé dès les temps du Grand Schisme. Il prouve, en outre, par des traits, que l'Etat ne s'est pas fait faute de réformer de sa propre initiative les abus de l'Eglise.

---

(53) *Hist. gén. Lang.*, X, Preuves, col. 52-3. Le motif du monitoire synodal est indiqué : « Novum videbatur negotia religionis munus laicorum fieri ».

(54) *Hist. gén. Lang.*, IX, 1019.

*
* *

C'est sur le chapitre de l'Inquisition que notre Bardin se trahit le mieux. Jusqu'à l'explosion du protestantisme, le tribunal, à la fois pontifical et épiscopal, bien que jalousé par les justices royales, conserve un reste d'individualité et d'indépendance. Sous François Ier et sous Henri II, il est dépossédé de tout pouvoir proprement judiciaire. On ne lui laisse que le jugement sur la doctrine et les intentions de l'inculpé. Ce sont les cours séculières qui arrêtent, jugent, condamnent et exécutent les hérétiques; elles qui instituent, d'accord avec le pape et les Ordinaires, des commissaires dits « inquisiteurs » et des Chambres Ardentes « vomissant le feu tous les jours ». Ainsi, jusqu'à la fin de l'Ancien Régime. Tant que les hérétiques seront l'objet de poursuites judiciaires, les Parlements, substitués aux tribunaux d'Eglise, en auront le monopole exclusif. C'est bien ce qu'exprime notre Pierre Pithou dans son article 37 :

> Un inquisiteur de la Foy n'a capture ou arrest en ce Royaume, sinon par l'ayde et authorité du bras séculier.

Dès lors, une doctrine juridique s'accrédite que l'Inquisition n'est pas un tribunal ecclésiastique mais royal. « D'où vient donc à nos Officiaux leur juridiction ? » dira plus tard Durand de Maillane, commentant Pierre Pithou. — « De la concession des princes ». Et il ajoute : « Nous ne reconnaissons que la seule autorité du pape et ce qui en tient lieu immédiatement. Tout le reste nous est comme étranger » (55). Tout ce reste, il vient de l'énumérer : ce sont les Inquisiteurs de Rome, et pareillement les autres Congrégations romaines. C'est un corollaire de l'art. 31 des *Libertez* d'après lequel « le pape ne peut par luy ni par ses subdéléguez exercer jurisdiction sur les sujets du Roy en matières de perturbation de repos public par introduction de nouvelles sectes séditieuses ou hérétiques, quand il n'est question que de fait ».

Ainsi informés, nous pénétrerons sans peine les arrière-pensées de Guillaume Bardin. Il nous apprend qu'en 1330 le juge

(55) *Les Libertez de l'Eglise gallicane, prouvées et commentées*, t. I, p. 671 (Lyon, 1771; in-4°).

d'appeaux de Toulouse, ayant reçu commission du roi pour procéder contre les usurpations des tribunaux d'Eglise, força l'entrée de la Chambre de l'Inquisition à Toulouse et s'empara de ses registres. Sur quoi, l'Inquisiteur, au lieu de l'excommunier, le cita devant le Parlement de Paris, lequel désavoua l'officier mal avisé pour le motif, stupéfiant à l'époque, « que la cour de l'Inquisition de la Foi est une cour royale, non ecclésiastique » — *quod curia inquisitionis fidei erat curia regalis non ecclesiastica* (56). Nul ne s'en était douté jusque là, bien que l'Inquisition reçût ses appointements du receveur du domaine (57). Bardin produit encore une ordonnance inédite de Philippe VI de Valois, datée de 1334, révélant que ce sont les rois ses prédécesseurs et lui-même qui, « pour la cause de la foi, ont donné à la cour de l'Inquisition juridiction sur les idolâtres, mages et hérétiques, parjures et impies » (58). C'est bien l'enseignement de Pierre Pithou.

Aussi le Parlement tient-il à honneur d'appuyer et de défendre l'Inquisition, tout en se constituant son ressort d'appel. En 1319, le viguier de Toulouse, un laïc zélé pour l'orthodoxie, défère à l'Inquisition l'abbé de Saint-Sernin, Amiel de Lautrec, futur évêque de Castres, coupable, paraît-il, d'avoir enseigné du haut de la chaire que « les âmes par essence sont mortelles, mais sont rendues immortelles par la grâce de Dieu » (59). Le tribunal spirituel prononce que l'erreur est non chez l'accusé mais chez l'accusateur. Celui-ci recourt au Parlement de Paris qui reçoit l'appel, ne doutant pas de sa compétence, et confirme la

---

(56) *Hist. gén. Lang.*, X, *Preuves*, col. 37. PERCIN, O. P., *Inquisitio*, pars III, p. 101, n° 6 (*Monumenta conventus Tolosani*, 1693), a, lui aussi, été induit en erreur par ce prétendu arrêt du Parlement de Paris.

(57) Ibid. Mandement du trésorier de France, Pierre Scatisse, en date du 17 juin 1368 (col. 50). Aug. Molinier fait connaître qu'on n'a point retrouvé l'original (X, 434, 2e col).

(58) *Ibid.* X, Preuves, col. 37-38.

(59) Encore un point de contact avec la *Chronique des abbés de Castres*. En 953, l'abbé Durand aurait confondu un négateur de l'immortalité de l'âme.

Valfredus spargit doctrinae semina falsae :
Corpus et una animam morte perire docet

Les hérésiologues n'ont retenu les noms ni de Valfred ni d'Amiel de Lautrec. L'immortalité des âmes a été niée par certains contemporains d'Origène et, hors du monde chrétien, par Avicenne. Il faut attendre les temps modernes pour voir renaître le vieux matérialisme, avec l'Italien Pierre Pomponatius que condamna Léon X en 1513, et avec les Français Bonaventure des Perriers et Etienne Dolet. Ces anachronismes trahissent un auteur moderne et commun aux deux pièces.

sentence de l'Inquisiteur (60). — En 1364, l'archevêque de Toulouse ayant, sous peine d'excommunication, suspendu de son office, l'Inquisiteur, le maréchal Arnaud d'Audrehem, gouverneur général de Languedoc, casse son ordonnance et rétablit l'inquisiteur dans ses fonctions, donnant pour raison que « c'est à la requête de la province de Languedoc que l'Inquisition fut accordée » (61). En 1229, lorsqu'au concile de Toulouse, le légat du pape établit le tribunal de l'Inquisition pontificale, le Languedoc n'avait pas encore d'Etats provinciaux et ne formula, que l'on sache, aucune requête à son endroit.

Il résulte avec évidence de cette analyse :

1° Que le faux Bardin est étroitement apparenté avec le faux Odo Aribert et le chroniqueur de l'abbaye de Castres;

2° Que sa prétendue *Histoire chronologique* est un tissu de traits inventés ou dénaturés à l'effet d'accréditer une thèse;

3° Que le gallicanisme qu'elle met ainsi en action est celui de Pierre Pithou et des légistes du XVIe siècle, et que le programme de subordination du spirituel au temporel qu'elle montre réalisé, est une anticipation tendancieuse sur plusieurs siècles;

4° Que son auteur est bien un parlementaire de Toulouse, mais plus récent que Guillaume Bardin.

Nous avons nommé le mystificateur. Il nous reste à examiner si l'attitude politique du président Sabbathier de La Bourgade et les épisodes de sa vie mouvementée cadrent et s'harmonisent avec l'esprit et les intentions des écrits dont nous lui attribuons la paternité.

---

(60) A. Molinier dit à ce propos (*Hist. gén. Lang.*, X, 432) que Bardin « commet une grosse erreur; le Parlement de Paris ne recevait pas au début du XIVe siècle les appels des gens condamnés par l'inquisition pour crime d'hérésie, lesquels étaient portés devant le pape ». Ce n'est pas une erreur; c'est une contre-vérité consciente.

(61) *Hist. gén. Lang.*, X, Preuves, col. 49. Signalons encore le cas de Pierre Cosnin, en 1307. Cet hérétique aurait nié publiquement que le pape est le vicaire de Jésus-Christ. « L'inquisiteur l'interroge. Le Parlement de Toulouse évoque l'affaire à sa barre, entend la relation de l'inquisiteur de la foi examine lui-même le procès et prononce la sentence de condamnation au feu » (*Ibid.*, col. 25). C'est exactement la procédure du XVIe siècle, mais certainement pas celle du XIVe siècle qui persista sans changements notables jusqu'au protestantisme.

La *Chronique de Bardin* a été exploitée par M. Jean GUIRAUD à l'effet de montrer qu' « au cours du XIVe siècle, les successeurs de Philippe le Bel firent de ce tribunal ecclésiastique [l'inquisition] une juridiction bâtarde », à la fois canonique et séculière. *Dict. apologétique de la foi cath.*, art. *Saint-Office*, t. IV, col. 1081-2, à la suite de LEA, *Histoire de l'Inquisition*, trad. Reinach, t. II, pp. 154 et suiv. Malfaisance d'un faussaire !

IV. — La personnalité du président Sabbathier de La Bourgade

Lorsque les restes du président, Maître Pierre Sabbathier de La Bourgade furent transférés dans la cathédrale reconstruite de Castres, où il avait été préchantre, on inscrivit sur sa pierre tombale le sonnet suivant qui résume fort exactement sa vie, digne épitaphe d'un versificateur et d'un épigraphiste amateur. Le chevalier Alexandre du Mège nous l'a conservé (62).

Arreste-toy, passant, pour voir en cest enclos
Un officier du Roy des plus anciens de France,
Couronné de la foy et de l'obéissance
Qu'il rendit à son Roy. Immortel est son los.

Immortels sont ses faits. En ce lieu sont ses os.
Pour d'un peuple esfréné n'approuver l'insolence,
Au plus fort du danger, guidé par sa constance,
Il préféra son Roy à ses biens en repos.

Sous six roys conseiller ou président vesquit.
A Tholose prit femme; à Narbonne nasquit;
A Carcassonne et Béziers dressa deux parlements;

A Castres establit la Chambre mi-partie,
Les prestres et la messe; et, cherchant autre vie,
Rendit son âme à Dieu, riche de sept enfants.
Requiescat in pace !

Les Sabbathier peuplaient le Parlement de Toulouse au XVIe siècle. Ils se passent la charge de procureur général : Raimond en 1529 (63), Bertrand de 1551 à 1562 (64). D'autres sont simples conseillers : Gabriel, sieur de Roquerlan en 1563, fils du procureur Bertrand (65), Jean, époux de Jeanne de Mansencal de 1597 à 1604 (66), Henri, le fils aîné de notre président en 1590. Notre héros, Pierre ou Jean (67), est le seul, à notre

(62) *Hist. des institutions de la ville de Toulouse* (Toulouse, 1844); t. III, p. 235, en note.
(63) *Hist. gén. Lang.*, XI, 230-1.
(64) *Ibid.*, XI, 300, 331, 402. Sabatier, sieur de La Bessede, au XVIIe siècle. Cf. BOREL, liv. I, ch. I.
(65) *Arch. du Tarn*, H. 240.
(66) *Ibid.*
(67) Jacques GACHES l'appelle « Messire Pierre de Sabatier, seigneur de La Bourgade »; cf. *Mémoires sur les guerres de religion à Castres et dans le Languedoc (1555-1610)*, édités par Charles PRADEL (Paris, 1879), p. 453. Dom Vaissete lui donna le prénom de Jean en se référant à

connaissance, qui soit parvenu à la dignité de président à mortier.

Né à Narbonne, en 1517, de Pierre de Sabbathier, il tirait son nom de La Bourgade d'une terre que son grand-père Henri, bourgeois de la même ville, avait acquise en 1516 dans le voisinage. Clerc tonsuré, il est pourvu de la chantrerie de Castres, épouse en 1543 demoiselle de Barthélemy, de Toulouse, qui lui donne ses deux fils, le conseiller Henri, ardent ligueur, et Jacques qui se tient fidèlement à ses côtés aux jours de l'épreuve. L'année suivante, âgé de vingt-sept ans, il achète la charge de conseiller qu'il exerce pendant plus d'un demi-siècle, sous les règnes de François Ier, d'Henri II, de François II, de Charles IX, d'Henri III et d'Henri IV.

Sous six roys conseiller ou président vesquit.

Spectateur militant des troubles religieux pendant toute une génération, royaliste et catholique jusqu'au bout, il ne protesta point contre l'épuration tragique du Parlement de Toulouse lors de la Saint-Barthélemy, en 1572, mais se rallia plus tard au parti des politiques dont le chef dans le Midi était le gouverneur de Languedoc, duc de Montmorency-Damville. C'est à dater de la dernière phase du drame qu'il joua, plus que septuagénaire, un rôle de premier plan et fut élevé à la charge suprême de premier président du Parlement de Toulouse, séant à Carcassonne, puis à Béziers.

Au mois d'avril 1589, le roi Henri III, meurtrier du duc de Guise, s'était réfugié au camp de son cousin et héritier présomptif, le roi huguenot de Navarre, décevant l'attente de la Sainte-Ligue qui pensait l'enchaîner à sa politique de défense de la cause catholique. En suite de quoi, la Ligue, commandée désormais par Mayenne, se détachait de lui, entraînant dans son mouvement insurrectionnel Toulouse et la majeure partie de son Parlement. Du camp du Béarnais, sous les murs de

---

Gaches; cf. *Hist. gén. Lang.*, XI, 848; et pareillement Lafaille. Borel et La Barre ignorent le nom de baptême (N. de Sabatier) : l'un et l'autre le donnent comme chantre ou préchantre de Castres. Les éléments de sa biographie, au reste incomplets, ont été réunis par l'un de ses descendants, le baron de BATZ, d'après les papiers de la maison de La Bourgade, conservés en son château de Mirepoix, dans la seconde partie de son livre : *Vers l'échafaud* (Paris, [1912]), intitulée : *Les faits et gestes de M. le président de La Bourgade* (p. 159-237).

Paris, le roi intime au Parlement l'ordre de se transférer à Carcassonne, dans la ville basse qui lui reste fidèle. La cour souveraine, se ralliant à la sentence de la Sorbonne, qui l'a déclaré déchu de ses droits à la couronne de France, refuse de quitter Toulouse. Sabbathier seul obéit et rejoint à Carcassonne le duc de Montmorency. Le syndic de la ville de Toulouse entame aussitôt une procédure contre sa personne et ses biens.

Il préféra son Roy à ses biens en repos.

Le 1er août, à Saint-Cloud, le monarque assassin est à son tour assassiné, et l'armée huguenote acclame Henri de Bourbon, hérétique relaps, déjà excommunié par Sixte-Quint, privé par lui de sa couronne de Navarre et Béarn, déclaré inhabile à succéder au trône de France. Le conseiller-clerc de La Bourgade, bravant lui-même les censures, prête allégeance au nouveau roi et reçoit l'ordre de créer de toutes pièces un Parlement royaliste dont il sera le chef, ce qu'il réalise au moyen d'éléments empruntés au présidial de la sénéchaussée de Carcassonne.

Deux ans après, le duc de Joyeuse, lieutenant de Mayenne en Languedoc, déjà en possession de la cité haute de Carcassonne, entre dans le bourg où réside le nouveau Parlement, laisse s'évader les simples conseillers mais retient le président et son avocat général Gibbron. Leur dernière heure a sonné; ils vont expier leur félonie religieuse. Cependant, Joyeuse hésite au sujet de La Bourgade. Il consulte le président du Parlement ligueur à Toulouse, Bertrandi, qui sauve son collègue. Gibbron seul est livré au supplice. La Bourgade, échappé à la mort, mais fortement rançonné, réorganise son Parlement à Béziers (68).

A Carcassonne et Béziers dressa deux Parlements.

Encore deux années. En 1593, Henri IV réalise l'espérance qu'il avait laissé entrevoir aux quelque cent évêques sur cent dix-huit que comptait alors la France, qui s'étaient ralliés à lui

(68) *Hist. gén. Lang.*, XI, 791, 817-8. Voir une lettre de La Bourgade à Henri IV, datée du 12 mars 1590, dans *Hist. Lang.*, XII, 1495.

dans le courant de l'année de son avènement. Il abjure, est absout provisoirement par eux de son excommunication et sacré à Chartres. Le pape n'a pas été entendu et la Ligue reste obéissante à sa consigne et disciplinée. Cependant, les deux France, catholique et huguenote, se réconcilient en un prince magnanime, idole du peuple. Aux protestants vaincus et méfiants de Languedoc, il faut une Chambre d'appel offrant des garanties d'impartialité, composée en partie de conseillers catholiques et de conseillers de la Religion. Le connétable de Montmorency hésite sur le choix de la ville où l'instituer. Messire de Fossé fait prévaloir celui de sa cité épiscopale, Castres. Les huguenots l'ont organisée « à la façon de Genève ». Il n'y a plus, depuis vingt-cinq ans, ni temples, ni couvents, ni prêtres, ni religieux, ni fidèles. Tout a été rasé, expulsé, sinon occis. L'installation de la Chambre mi-partie sera le moyen d'y faire renaître le catholicisme.

Quel est le magistrat tout désigné pour inaugurer ce grand œuvre, prélude d'une restauration réparatrice sinon le vénérable président de La Bourgade, clerc gallican, politique modéré, homme de tiers parti ? Le 3 avril 1595, il pénètre à Castres en compagnie de l'évêque et, six jours après, fait célébrer la messe dans son hôtel, la première messe depuis un quart de siècle. Le 18 du même mois, il préside la séance inaugurale de la session parlementaire en cette cour qu'on appellera Chambre de l'Edit, lorsqu'elle aura été confirmée par l'Edit de Nantes en 1598. Chanoines et religieux rentrent dans la ville huguenote et reprennent possession de leurs ruines (69). Le 17 septembre, le pape Clément VIII absout à Rome le roi converti, représenté par deux prélats, ses procureurs, et, par voie de conséquence, les sujets royalistes du prince qui ont bravé le monitoire audacieux de Grégoire XIV. Notre président-clerc mourra donc réconcilié avec l'Eglise. Il s'éteint, à l'âge de 78 ans, le 11 novembre suivant, ayant vécu assez longtemps pour achever son œuvre et assister au couronnement de ses vœux. L'évêque de Castres lui fit les honneurs d'une sépulture à la cathédrale.

---

(69) *Journal de* FAURIN *sur les guerres de Castres*, publié par Ch. PRADEL (Montpellier, 1878), p. 217, *Hist. gén. Lang.*, XI, 848.

Comme on le voit par ce bref exposé, le président Sabbathier sut allier ses deux loyalismes, catholique et royaliste, sans avoir à sacrifier l'un à l'autre. Dignitaire de la cathédrale de Castres, il reste indéfectiblement attaché à l'orthodoxie et sert avec zèle la sainte Eglise catholique, sa bienfaitrice. Mais, fonctionnaire inébranlablement fidèle du roi, il adhère fermement au principe de la succession héréditaire du trône; combat l'attitude insurrectionnelle de la Ligue, répudie son prétendu roi, continue ses services à Henri IV, proclamé déchu par l'Eglise, supporte lui-même l'excommunication pendant quatre ans jusqu'à ce que Rome ait reconnu le prince et rompu avec ses ennemis.

En vertu de quels principes a-t-il pu, en des conjonctures si angoissantes, accorder en lui le catholique et le citoyen ? En vertu de son gallicanisme politique qui dénie au pape le droit d'ôter sa couronne à un prince pour aucun motif. Adhère-t-il à la doctrine du droit divin des rois ? Quoi qu'il en soit, la France ligueuse n'est pas à ses yeux toute la France catholique. A preuve, cet épiscopat français qui, à une grosse majorité, reste partisan du Béarnais en dépit des sentences pontificales. Or, voici qu'à peu de temps de là, un jésuite romain, futur cardinal, enseignera qu'il n'est pas nécessaire d'être gallican pour justifier une telle attitude et que l'exercice du pouvoir temporel indirect du Souverain Pontife ne peut aller jusqu'à la déchéance d'un souverain que sollicité ou approuvé par la nation. Et cette doctrine de Bellarmin, exposée dans son *Tractatus de potestate Summi Pontificis in temporalibus*, en 1610, devient celle du pape Pie IX au XIXe siècle.

Sabbathier reste de son temps. Il est gallican en politique comme en religion. Sa conduite est dans la logique de ses convictions. Etant, en outre, parlementaire et collègue des Corras, Cujas et Pierre Pithou, il adhère à toutes les pratiques codifiées dans les *Libertez de l'Eglise gallicane.*

On voit donc par tout ce que nous savons de lui que rien ne s'oppose à ce qu'il soit l'auteur de la *Chronique de Bardin*, et si l'on s'étonne qu'un homme de son importance, de son caractère, de sa droiture se soit abaissé jusqu'à fabriquer un faux aussi impudent, nous répondrons par l'aveu de Masnau, son neveu, qui ne croyait pas le diminuer en le déclarant l'auteur de la *Chronique des abbés de Castres;* nous nous souviendrons à propos que les humanistes, clercs ou laïcs, du XVIe et même du XVIIe siècle n'avaient pas sur la probité littéraire et historique des principes aussi rigides que nous. Témoins les faux carmélitains, ceux de l'oratorien Jean Vignier, le *De tribus impostoribus*, etc. (70).

*
* *

Je ne voudrais pas manquer de signaler, sans toutefois trop y insister, de singulières coïncidences entre une anecdote romanesque, contée par le pseudo-Bardin, et une histoire réellement vécue par notre président. Le rapprochement de certaines circonstances des deux histoires suggère le soupçon que l'auteur s'est servi des expériences de l'une pour l'affabulation de l'autre.

Bardin veut expliquer comment le prétendu Parlement de Toulouse, institué par Philippe le Bel, fut supprimé par le même souverain. Il imagine une insurrection des Toulousains à propos des tailles royales. Le Parlement qui a châtié le meneur, attire sur lui les fureurs de la populace. La maison de son président est forcée et pillée. Les consuls sont sommés d'expulser les Parlementaires, sans quoi la ville sera mise à feu et à sang. Le Parlement cède, se réfugie à Verfeil; de là à Montauban. C'était en 1310. Le roi irrité rappelle les conseillers et les réunit à perpétuité à leurs collègues du Parlement de Paris. L'année suivante, les Etats Généraux de Languedoc, convoqués pour consentir l'impôt royal, le refusent et passent à la rébellion ouverte. Le chef des insurgés est l'archevêque d'Auch. L'évêque d'Albi, au contraire, soutenu par l'évêque de Lodève, prêche la soumission. L'archevêque le poursuit dans son diocèse, donne l'ordre de l'arrêter. L'évêque doit se réfugier au couvent des Frères Prêcheurs de sa ville épiscopale. Il s'y défend pendant deux mois. Les moines le font évader. L'archevêque s'en prend aux religieux et fait trancher la tête à deux complices (71).

Ce conte se poursuit ainsi. N'allons pas plus loin. Dom Vais-

(70) Les réflexions de Molinier au sujet de Guillaume Bardin s'appliquent aussi bien au président de La Bourgade. *Hist. de Lang.*, X, 424-5, et 64, note 1.
(71) *Hist. gén. Lang.*, X, Preuves, col. 26-33.

sete n'y voit qu'invention pure (72). Aucune trace dans les documents de ces faits qui eussent été en soi si notables. En outre, l'évêque d'Albi, Gérald, mourut en 1313, au cours de l'affaire; un successeur lui fut donné, le 31 juillet, en la personne de Béraud de Fargues. Bardin n'en a cure. Ses prélats sont anonymes; ce sont les figurants d'un drame, des personnages-types. C'est un roman historique qu'il met ainsi en circulation.

Mais, ce qui n'est que trop réel, c'est la sédition des Toulousains ligueurs à la suite de l'assassinat de leur chef, le duc de Guise. Elle s'accompagna de scènes de sauvagerie dont Sabbathier fut le témoin. Le peuple, persuadé que le président du Parlement, Duranti, fervent royaliste, politique du tiers parti, mais sincère catholique, complotait d'ouvrir la ville aux huguenots, prit d'assaut son hôtel, le mit à sac, se porta ensuite au couvent des Cordeliers où il avait appris que le traître s'était réfugié, en brûla la porte et massacra l'innocent. Le cadavre de la victime fut transporté précisément chez son ami, le conseiller de La Bourgade (1589). Le roi, indigné, retira son Parlement de la capitale du Languedoc, comme d'après Bardin aurait fait jadis Philippe le Bel (73).

Quelques mois après, c'est le maréchal de Joyeuse, quoique ligueur, qui devient suspect. On le soupçonne de collusion avec le duc de Montmorency. L'émeute gronde; elle met à sa tête, non un archevêque d'Auch, mais l'évêque de Comminges, Urbain de Saint-Gelais, un cousin de Sabbathier. Elle pourchasse le « tyran » qui s'est retranché à l'Archevêché, et qui, estimant plus avisé de s'esquiver, bat en retraite jusqu'à Verfeil, où jadis le Parlement, expulsé par les Toulousains, avait trouvé asile. De là, Joyeuse fait la loi aux émeutiers et met comme condition de la paix la retraite de l'évêque de Comminges (novembre 1589). Pendant ce temps, un évêque du Languedoc se distingue par sa fidélité au roi, et c'est encore, comme au temps de Philippe le Bel, un évêque d'Albi, Alphonse d'Elbène, un savant de marque, un historien, un lettré, promu par Henri III, l'année

(72) X, p. 64-66. Molinier, toujours indulgent pour Bardin, et plus conservateur que Dom Vaissete, estime l'ensemble de ces faits « probablement vrais ». Il lui « paraît impossible de ne pas admettre le fait en lui-même » de la révolte des Toulousains en 1310. Cf. p. 431.

(73) *Hist. gén. Lang.*, XI, 774 et sq., XII, note IX, pp. 43-55.

précédente. La Ligue s'est emparée de son palais à Albi, de tous ses revenus qu'elle affecte à la croisade contre le roi hérétique, et l'empêche même de prendre pied dans son diocèse (73). Aux côtés de l'évêque d'Albi, en 1313, se tenait l'évêque de Lodève. Pourquoi celui-là, plutôt qu'un autre ? L'oncle d'Alphonse d'Elbène, Bernard du même nom, était évêque de Lodève en 1560 (74).

Ces coïncidences ne portent, il est vrai, que sur les circonstances du fait principal et sur des points de détail. Il s'agit bien, dans l'un et l'autre cas, d'une sédition à Toulouse, d'une rébellion contre le roi, où le Parlement pâtit, du moins dans quelques-uns de ses membres, et où les Etats se compromettent; mais le motif de l'insurrection ne peut être que différent. Néanmoins, si l'on sait, d'une part, que les mutineries de 1310 et 1313 sont une fiction et que leur narration en a été faite au XVIe siècle, ces convergences de traits ne suggèrent-elles pas invinciblement l'hypothèse d'un auteur qui aurait été à la fois spectateur et victime des seuls mouvements révolutionnaires de réelle envergure que l'histoire connaisse à Toulouse jusqu'à cette époque ? Une accumulation de probabilités — *congeries probabilitatum* — nous ramène toujours au président Sabbathier. A défaut de « témoignages » positifs, la critique ne peut conclure qu'à de plus grandes vraisemblances. Dans la mesure du crédit que l'on accordera à la valeur de nos derniers indices, on tiendra que la *Chronique de Bardin* a été composée ou achevée par le président de La Bourgade au déclin de sa vie, à la période la plus mouvementée et la plus saillante.

CONCLUSION

Résumons, en terminant, les faits et nos inductions.

Vers le milieu du XVIIe siècle, un conseiller-clerc au Parlement de Toulouse, Me Guillaume de Masnau, possède un certain nombre d'inédits qu'il donne pour des copies, les originaux étant

(73) *Hist. Lang.* XI, 820). Cf. COMPAYRÉ, *Etudes historiques sur l'Albigeois* (Albi, 1842), p. 561-2.
(74) *Hist. Lang.*, IV, 283, 295.

perdus et demeurant depuis introuvables. Ces pièces intéressent l'histoire du Languedoc au moyen âge, et spécialement Toulouse et le Pays Castrais. Ce sont des épitaphes, des notices de nécrologe, des chartes de souverains et surtout des chroniques.

Des érudits de petite et de grande notoriété puisent dans ce trésor et publient sans méfiance ces inédits. Ils leur font confiance et les exploitent dans leurs œuvres historiques. Tels Pierre Borel, Luc d'Achery, Baluze, Mabillon, Lafaille, Percin, les auteurs du *Gallia Christiana* et de l'*Histoire littéraire*, Dom Vaissete et, plus près de nous, Auguste Molinier, Lea et M. Jean Guiraud. Cependant, Dom Vaissete, au XVIIIe siècle, inaugure un mouvement de réaction, rejette catégoriquement comme supposée l'œuvre principale, mais use d'indulgence envers la *Chronique des abbés de Castres*. Molinier qui le suit, l'estime néanmoins trop radical.

Aucun de ces critiques n'a l'idée de confronter ces pièces issues d'un même fonds et d'en déterminer le commun auteur. Il résulte de leur étude comparative qu'elles sont étroitement apparentées, quant à la matière et quant à leur facture. En second lieu, un contrôle diligent avec les faits connus par ailleurs a démontré à divers auteurs que ce sont tous des faux où l'histoire n'a guère à retenir que les tendances. Troisièmement, si certaines de ces forgeries ne sont que des jeux d'esprits — épitaphes ou étymologies fantaisistes — d'autres ont pour objet de flatter l'amour-propre de certains instituts, abbayes ou parlement, en leur conférant une antiquité fabuleuse; d'autres enfin, — ceci est plus grave — visent à accréditer et autoriser par des faits anciens une doctrine et une pratique du gallicanisme qui ne se produisent pas, en réalité, dans les actes authentiques avant le XVIe siècle finissant.

La question de l'auteur est beaucoup plus délicate. Le conseiller de Masnau, bien renseigné, a révélé lui-même à Borel et à De la Barre que soit la compilation, soit même la composition des pièces les moins importantes du fonds provenaient de son oncle, le président Sabbathier, décédé un demi-siècle auparavant. Nous nous sommes appliqués à montrer que toute l'œuvre est du même falsificateur, nous appuyant, d'une part, sur l'unité foncière de cette œuvre, de l'autre sur l'harmonie intime qui règne entre les idées préconisées par ces recueils d'anecdotes, les principes qui ont guidé sa conduite de parlementaire gallican, et les fragments de biographie qu'il a pu introduire dans ses contes. L'attribution reste néanmoins douteuse, nous ne le dissimulons pas. L'hypothèse que Masnau lui-même serait l'auteur du bloc, au XVIIe siècle, ne saurait être écartée systématiquement. Il faudrait, cependant, pour la rendre plausible, infirmer son propre témoignage lorsqu'il désigne son oncle et douter aussi de celui de Lafaille qui attribue à la main de Masnau les râtures et les corrections, non le texte, de la Chronique de Bardin.

Louis de Lacger,
professeur d'histoire ecclésiastique au Grand Séminaire d'Albi.

L'ŒUVRE THÉOLOGIQUE PSEUDONYME DE M. L'ABBÉ J. TURMEL (1)

Il y a plus de trois ans, dans la Revue indépendante *Les Nouvelles littéraires* (2), M. René Gillouin parlait d'*Une nouvelle offensive antichrétienne* et mentionnait comme étant notoirement des pseudonymes ecclésiastiques les noms de Louis COULANGE et d'Henri DELAFOSSE.

Il y a plus de deux ans, dans la Revue *Les Lettres*, organe d'un groupe d'écrivains catholiques, pour la plupart laïcs, M. Maurice Brillant donnait un article intitulé : *Le Jubilé sans jubilation du Professeur Loisy* (3), et dont le titre indique assez le caractère amusant et spirituel. C'est un aperçu pas mal chargé du « Congrès d'histoire du christianisme », tenu les 19-22 avril 1927, pour célébrer le jubilé de M. Loisy. En informateur avisé, M. Maurice Brillant ne s'est pas intéressé seulement aux congressistes présents; il a lu la liste des adhérents au Congrès et a pensé aux absents. Parmi eux, il a trouvé une connaissance :

---

(1) Voir dans le *Bulletin* de cette année, p. 83-90 et p. 104-125, les articles intitulés : *La suite des pseudonymes de M. J. Turmel.*

Ces études ont fait l'objet de deux articles étendus dans *La Croix* du 18 juillet et du 8 août de cette année. A la fin du second, *La Croix* écrit : « Ou bien M. Turmel, et c'est notre vœu le plus cher, se disculpera de l'accusation formulée contre lui, ou bien, qu'il ne s'y trompe pas, son silence passera pour un aveu. Comme le 3-4 mai 1908, devant ces nouvelles révélations de M. Saltet, nous redisons : « Encore une fois, la parole est à M. Turmel.

Jusqu'ici, M. Turmel s'est borné à nier, contre toute évidence, qu'il ait écrit la lettre signée Gallerand et dont le fac-similé a été donné dans les articles du *Bulletin* indiqués ci-dessus. Il n'a rien dit de la lettre déposée aux Archives de l'Archevêché de Paris, signée de son nom, et qui montre que, contrairement à ses serments solennels donnés deux fois par écrit, en 1908, à Mgr l'Archevêque de Rennes, il est bien l'auteur des écrits de Dupin et d'Herzog sur la Trinité et sur la Sainte Vierge.

(2) *Les Nouvelles littéraires* du 17 juin 1926. Cf. une longue citation de cet article dans le *Bulletin* de cette année, p. 105.

(3) *Les Lettres*, numéro de juin et numéro de juillet 1927.

J'ai eu plaisir à trouver sur la liste le nom de ce mystérieux M. LOUIS COULANGE, auteur d'un livre sur la Sainte Vierge dans la « scientifique » et nullement « confessionnelle » *Collection Couchoud;* il paraît que cet homme existe, en effet, et que c'est un « *prêtre catholique* »... qui croit seulement prudent et loyal de taire son nom véritable et même sa résidence, car il est le seul adhérent sur lequel on ne nous donne point de renseignement géographique. J'ai regretté, par contre, de ne découvrir point M. (HENRI) DELAFOSSE, autre écrivain de l'équipe Couchoud, spécialisé dans le décorticage des Epîtres pauliniennes... Une « critique interne » sans témérité a d'ailleurs conclu assez unanimement que M. Delafosse n'avait qu'une existence mythique (4).

Et à propos d'une séance du Congrès, le même auteur écrit : « J'aurais voulu connaître... et voir enfin le visage de M. Louis COULANGE » (5).

Sans doute l'esprit le plus divertissant et la verve la plus entraînante ne sont pas des arguments dans la critique religieuse, mais il y a plaisir à rencontrer, dans des Revues de grande vulgarisation littéraire, une information si exacte, en fait de science ecclésiastique, et à voir dévisager, avec tant d'impertinence, Coulange et Delafosse, deux des nombreux faux nez qui, à notre époque, donnent un air de Carnaval au défilé de tel Congrès scientifique et à la liste des collaborateurs de telles Revues ou de telle Collection plus scientifiques encore. C'est d'ailleurs une justice élémentaire et très agréable de reconnaître que, dans la *Revue historique*, M. Guignebert n'a pas pour Coulange, Delafosse et consorts, en lesquels il ne voit que des pseudonymes, plus de sympathies que M. René Gillouin.

Après cela, on est péniblement surpris de lire dans un grand et vaillant hebdomadaire, de caractère plus ecclésiastique que *Les Lettres* (on a reconnu *La Vie Catholique*), dans les pages réservées à « La Vie scientifique », sous la plume d'un auteur d'ordinaire bien informé, M. G. Bardy, et cela, à propos du *Catéchisme pour adultes*, du même Coulange, un article de ton bien différent (6). Ici, plus rien des irrévérences et des sourires d'une présentation nuancée et suivant l'état civil réel

(4) *Ibid.*, p. 138.
(5) *Ibid.*, p. 282.
(6) Numéro du 10 août 1929, sous le titre *Catéchisme pour adultes*.

ou prétendu de chacun, mais la gravité d'un catalogue de librairie : M. Coulange par ci. M. Coulange par là et les « historiens *bien connus* (!) H. Gallerand, H. Delafosse ». Ces pseudonymes sont traités comme d'authentiques personnes.

Quel contraste, en fait d'information, sur un point de critique religieuse, entre ces laïcs et un professionnel de la science ecclésiastique : contraste qui dure depuis trois ans ! Et tandis que, de ces laïcs. l'un tire joyeusement la fausse barbe de Coulange et de Delafosse, l'ecclésiastique leur tire gravement... des coups de chapeau. Devant une telle méprise, circonstanciée de la sorte, il faut bien le dire sans ambages, comme une réalité manifeste, *il y a quelque chose qui ne va pas dans l'information ecclésiastique.* Car on ne saurait ici parler de contraste fortuit. Le fait est révélateur. M. G. Bardy représente, par sa valeur, plus que la moyenne du petit cercle ecclésiastique qui travaille. La lacune de son information ne peut manquer de se trouver dans l'esprit de beaucoup de travailleurs du clergé et, à plus forte raison, chez le grand public ecclésiatique.

L'explication de ce contraste n'est pas difficile à trouver. Les laïcs, catholiques ou non, en rapport continuel avec le monde et l'opinion, habitués à mettre la religion et l'enseignement religieux en comparaison avec la vie actuelle, sont préoccupés des contre-coups de la recherche dite scientifique sur la vie chrétienne, si combattue aujourd'hui. A cet égard, le fait d'un ecclésiastique qui, en continuant à exercer ses fonctions, se fait apôtre d'incrédulité avec une étendue, une persévérance et une hostilité qui laissent loin derrière elles l'action du curé Meslier, de voltairienne mémoire, ce fait intéresse des laïcs comme étant d'une portée psychologique et religieuse de premier ordre. C'est que ces laïcs considèrent les études religieuses dans leurs rapports avec la vie présente.

Tout différemment, beaucoup d'ecclésiastiques, voués aux diverses variétés de la critique religieuse, séparent leur vie profonde personnelle des études consacrées à un lointain passé. A ces dernières, ils donneront un soin infini, préoccupés qu'ils sont d'exhumer des documents inédits, d'améliorer les textes édités, de discuter sans fin sur l'origine réelle de tel écrit anonyme ou pseudonyme, aussi antique que minuscule et sans intérêt actuel. Mais qu'à notre époque la librairie soit largement approvisionnée d'ouvrages pseudonymes prédicateurs d'incrédulité et provenant d'un auteur ecclésiastique, c'est là un fait qu'ils se garderont bien de considérer. D'abord, il est pense-t-on, beaucoup trop récent pour être « scientifique », ensuite il cache une hypocrisie, une trahison qu'on répugne à signaler non pas seulement en cachette (ce qui est une horreur louable pour la dénonciation), mais encore en public ce qui est, en réalité, une double abdication, d'ordre scientifique et d'ordre religieux.

Sur ce sujet, considérons d'abord seulement l'intérêt scientifique.

En tout genre d'études historiques, la première loi de la critique est la détermination de l'auteur du document considéré : vérification de l'auteur prétendu, lorsqu'il en est un qui se présente; détermination réelle des auteurs anonymes et pseudonymes, lorsqu'il s'en rencontre. Sans cette détermination de l'auteur, il n'y a pas de critique possible.

Que le grand public, même ecclésiastique, ignore cette loi élémentaire de la méthode ou s'étonne du soin minutieux que l'on met à s'y conformer, on ne saurait en être très surpris. Mais que des spécialistes, pour lesquels cette loi est comme une idée fixe dans l'étude du passé, en viennent systématiquement à n'en tenir aucun compte dans le présent, il y a là une inconséquence manifeste et l'origine de suites des plus fâcheuses. Car la critique n'est pas un petit jeu que l'on puisse prendre et laisser comme le croquet. C'est une discipline intellectuelle impérieuse et, pour la faire respecter par les autres, tâche parfois assez difficile parmi nous, la première condition est de la respecter soi-même. D'ailleurs, les conséquences d'une telle renonciation de principe sont trop claires : c'est le fait que, contrairement à l'esprit bien connu de sa Direction, un grand organe religieux tel que *La Vie Catholique* en vient à donner à son immense clientèle, sur un rayon des plus importants des études religieuses, des informations qui, pour ne rien dire de plus, par leur naïveté, ne peuvent que faire sourire nos adversaires et attrister nos amis. Or, de telles déconvenues seront toujours inévitables, tant que, en ces matières, on ne posera pas en règle absolue l'observation systématique des principes élémentaires de la méthode critique.

Quant à l'intérêt religieux qu'il y a à observer ces principes, il est trop clair. Tous ces ouvrages pseudonymes perdent une grande partie de leur force nocive, quand on sait que l'auteur de ces tentatives forcenées de démolition des dogmes chrétiens et de la simple philosophie spiritualiste est un prêtre toujours en fonctions, qui s'est joué, à deux reprises, de son défunt archevêque, par des serments solennels contraires à la vérité.

Mais, va-t-on dire, la disposition d'esprit dont vous parlez, à propos de l'article de *La Vie Catholique*, est une exception. Vous créez vous-même les fantômes contre lesquels vous partez en guerre. Réponse. Ici encore, ce sont les faits les plus certains de notre situation intellectuelle qui sont méconnus ou ignorés. Lorsqu'il y a vingt et un ans, à la suite du *Bulletin de littérature ecclésiastique*, les grands quotidiens et bien des Revues catholiques ont sommé M. Turmel de s'expliquer sur la parenté de ses écrits avec *Le Dogme de la Trinité dans les trois premiers siècles* d'Antoine Dupin et avec *La Sainte Vierge dans l'histoire* par Guillaume Herzog, tous les spécialistes de la critique historique, — contrairement à l'avis de cercles ecclésiastiques parfois très élevés — ont considéré que le silence de M. Turmel était un aveu, malgré tous ses serments, et qu'il était l'auteur des écrits des prétendus Dupin et Herzog. Mais cette unanimité si précieuse n'a plus existé quand il s'est agi d'apprécier l'initiative du *Bulletin* mettant en cause *publiquement* M. Turmel. Le plus grand nombre a approuvé cette initiative, mais une minorité, dans laquelle se trouvaient des noms imposants de la science ecclésiastique et même des religieux, a osé blâmer plus ou moins ouvertement le *Bulletin* et deux de ses rédacteurs, le R. P. Portalié et celui qui écrit ces lignes. *Et voilà comment il y a quelque chose qui ne va pas dans l'information ecclésiastique.*

Sans aucun doute, c'est là une des lacunes du travail scientifique en matière religieuse, qui, chez nous et ailleurs, depuis trente ans, ont eu des suites si fâcheuses et pour les études et pour les travailleurs. De ceux-ci, quelques-uns, du plus grand mérite, ont subi les contre-coups de fautes qu'ils n'avaient pas commises et qu'ils avaient même tout fait pour conjurer.

Au *Bulletin*, en ces questions, nous avons des traditions à continuer. L'esprit scientifique ne nous paraît pas être un placage que l'on porte ou que l'on dévisse à volonté ou un des nombreux habits du Maître Jacques de la comédie, mais une seconde nature, qu'il nous est impossible de dépouiller et qui commande impérieusement. M. l'abbé G. Bardy écrit à la fin de son article sur le *Catéchisme pour adultes* de Coulange : « Il est, *semble-t-il*, indispensable de dénoncer aux catholiques les ouvrages qui pourraient les tromper et aux autres les travaux qui se présentent sans garanties d'impartialité et de science approfondies. La tâche risque d'être désagréable à accomplir, mais elle est nécessaire ». En parlant ainsi, comme l'auteur a raison et combien plus qu'il ne croit ! Dans le cas présent, la tâche est aussi pénible que nécessaire. Chacun des points à préciser est extrêmement douloureux, mais c'est une liste indispensable à épuiser.

Et voilà pourquoi il faut dire tout de suite que Coulange et Delafosse sont de simples pseudonymes et des fantômes irresponsables. La première information est évidemment de les connaître comme tels. Mais ce n'est qu'un commencement. Il est essentiel de savoir que ce sont là deux membres détachés d'un chœur audacieux et arrogant de pseudonymes, qui compte *quatorze* figurants et dont les faux nez cachent le seul et unique visage de M. l'abbé J. Turmel. Il est essentiel de connaître : 1° la liste des ouvrages de ces professeurs d'incrédulité et 2° le caractère antireligieux et antichrétien de cette littérature.

I

Des quatorze exécuteurs de l'entreprise de démolition que nous signalons et qui cachent le seul M. Turmel, deux sont reconnus par M. Turmel comme identiques à lui-même. Ce sont Denys Lenain et Goulven Lézurec. Deux sont reconnus comme tels par tous les critiques depuis la fin de 1908, date où il fut avéré que M. Turmel renonçait à répondre aux sommations que lui adressaient, à leur sujet, les journaux et les Revues catholiques et même des organes soit indépendants soit protestants. Ce sont Antoine Dupin, auteur du *Dogme de la Trinité dans les trois premiers siècles* et Guillaume Herzog auteur de la *Sainte Vierge dans l'histoire*. Pour ces deux derniers pseudonymes, nous avons d'ailleurs, aux Archives de l'Archevêché de Paris un aveu écrit signé de la main même de M. J. Turmel. Le cinquième pseudonyme de M. Turmel qui soit reconnu à l'heure actuelle est Hippolyte Gallerand. Tous ces faits ont été établis ou dès 1908 ou dans les premiers mois de 1929 (7).

Des neuf autres pseudonymes de M. J. Turmel, huit ont été énumérés dans le dernier numéro du *Bulletin*. Ce sont Louis Coulange, André Lagarde, Armand Dulac, Alexis Vanbeck Robert Lawson, Alphonse Michel, Edmond Perrin, Paul Letourneur. Le quatorzième est Henri Delafosse, qui était désigné dans l'*etc.* de la liste du *Bulletin*. Voici la liste de ces pseudonymes accompagnée de l'énumération des dépouilles de M. J. Turmel, que porte chacun d'eux. Quand on joue un jeu aussi néfaste et aussi inavouable, on doit savoir à quels risques on s'expose. D'ailleurs, il faut décourager et flétrir définitivement des entreprises de ce genre.

Les numéros de la marge de cette bibliographie imprimés en caractères ordinaires datent de 1900 à 1922, ceux qui sont imprimés en caractères gras datent de 1924 à 1929.

ETAT DES ECRITS PSEUDONYMES DE M. J. TURMEL

I. — Imprimés

I. — Coulange (Louis).

1. *L'idée messianique.* — *Rev. hist. litt. rel.* (1910), p. 131-143.
2. *Jésus prédicateur du Royaume.* — *Ibid.*, p. 313-342.
3. *La Résurrection de Jésus.* — *Ibid.* (1911), p. 145-159; p. 297-307.
4. *Le retour du Christ.* — *Ibid.*, p. 544-556.
5. *La légende de Jésus.* — *Ibid.* (1912), p. 455-482.
6. *Le Christ de Paul.* — *Ibid.* (1913), p. 20-44.

(7) Cf. L. Saltet, *La Question Herzog-Dupin. Contribution à l'histoire de la théologie française pendant ces dernières années.* Paris, 1908. Cf. aussi la première note de cet article.

7. *Le Christ alexandrin.* — *Ibid.*, p. 327-351.
8. *Le Christ-Dieu.* — *Ibid.* (1914), p. 227-251.
9. *Le Symbole de Nicée.* — *Ibid.* (1920), p. 350-372.
10. *La réaction contre le Consubstantiel.* — *Ibid.* (1921), p. 481-512.
11. *La Vierge Marie.* In-12, Paris, Rieder, 1925.
12. *La Messe.* In-12, Paris, Rieder, 1927.
13. *Catéchisme pour adultes* : 1. *Les Dogmes.* In-12, Paris, Rieder, 1929. Des 45 leçons de ce *Catéchisme* d'incrédulité agressive, la plupart sont la reproduction d'articles déjà parus dans le Journal hebdomadaire *L'Impartial français*, sous une autre signature, celle de Paul Letourneur. (Cf. plus loin le n° 51).

II. — Delafosse (Henri).

14. *Note sur l'origine de l'Homélie clémentine.* — *Rev. hist. litt. rel.* (1920), p. 276-279.
15. *Nouvel examen des* Lettres *d'Ignace d'Antioche.* — *Ibid.* (1922), p. 303-337 et p. 477-533.
16. *Rapports de Mathieu et de Luc.* — *Revue de l'histoire des religions* (1924), t. xc, p. 1-38.
17. *Nouvel examen des Epîtres pauliniennes.* — *Ibid.*, p. 193-224.
18. *Le quatrième évangile.* In-12, Paris, Rieder, 1924.
19. *Les écrits de saint Paul : l'Epître aux Romains.* In-12, Paris, Rieder, 1926.
20. *Les écrits de saint Paul : la première Epître aux Corinthiens.* In-12, Paris, Rieder, 1926.
21. *Les écrits de saint Paul : la seconde Epître aux Corinthiens.* In-12, Paris, Rieder, 1927.
22. Lettres *d'Ignace d'Antioche*, traduites avec une introduction. In-8°, Paris, Rieder, 1927.
23. *Les écrits de saint Paul : l'Epître aux Phillipiens.* In-12, Paris, Rieder, 1928.

III. — Dulac (Armand).

24. *Bernold de Constance.* — *Rev. hist. litt. rel.* (1911), p. 464-474.

25. *Bonizo : Le* Libellus de Sacramentis *et le* Decretum. *Ibid.* (1912), 230-239.

26. *Note sur deux textes d'Amalaire relatifs à la consécration de l'Eucharistie.* — *Ibid.* (1920), p. 415-418.

27. *Quelques textes de Walafrid Strabon relatifs à l'Eucharistie.* — *Ibid.* (1921), p. 126-128.

28. *Les élections épiscopales dans l'église latine au moyen âge.* — *Revue de l'histoire des religions* (1926), t. XCIV, p. 76-113.

29. Recension de J.-K. Mozley, *The impassibility of God*, Cambridge (s. d.). *Ibid.* (1926), p. 339-340.

30. Collaboration à *l'Impartial français*, journal hebdomadaire, rédigé, 14, rue de Clichy, Paris.

31. Collaboration à la *Courte histoire du célibat ecclésiastique*, par A. Houtin. In-12, Paris, Rieder, 1929.

IV. — Dupin (Antoine).

32. *Le Dogme de la Trinité dans les trois premiers siècles.* — *Rev. hist. litt. rel.*, (1906), p. 219-231; 353-366; 515-532. (Mis en brochure in-12, chez Nourry, Paris, 1907).

V. — Gallerand (Hippolyte).

33. *La Rédemption dans saint Augustin.* — *Rev. hist. litt. rel.* (1922), p. 38-77.

34. *La Rédemption dans l'église latine, d'Augustin à Anselme.* — *Revue de l'histoire des religions* (Premier trimestre 1925), p. 35-75.

35. *La Rédemption dans les écrits d'Anselme et d'Abélard.* — *Ibid.*, p. 212-241.

VI. — Herzog (Guillaume).

36. *La Sainte Vierge dans l'histoire.* — *Rev. hist. litt. relig.*, (1907), p. 117-134; 320-340; 483-607. (Tiré à part, in-8°, chez Nourry, Paris, 1908).

VII. — Lagarde (André).

37. *Le pape saint Grégoire a-t-il connu la confession ?* — *Rev. hist. litt. rel.* (1912), p. 160-183.

38. *Saint Augustin a-t-il connu la confession ?* — *Ibid.* (1913), p. 226-260.
39. *Saint Jean Chrysostome a-t-il connu la confession ?* — *Ibid.*, p. 540-559 et *Ibid.* (1914), p. 26-62.
40. *Les origines de la confession.* — *Ibid.* (1914), p. 332-351.
41. *La doctrine pénitentielle de saint Augustin.* — *Ibid.* (1921), p. 251-257. (N. B. Cet article est signé André LAGARDE et porte, sur la couverture de la *Revue*, le nom d'Armand DULAC).
42. *La doctrine pénitentielle du pape Grégoire.* — *Ibid.* (1922), p. 118-126.
43. *La Pénitence dans saint Basile.* — *Ibid.*, p. 534-548.
44. *La pénitence dans les églises d'Italie, au cours des* IVe *et* V[e] *siècles.* — *Revue de l'histoire des religions* (Second semestre de 1925), p. 108-149.
45. Recension de Victor NORMAND, *La Confession.* In-12, Paris, Rieder, 1926. — *Ibid.* (1926), p. 321-324.

VIII. — LAWSON (Robert).

46. *L'Homélie dite de Léon IV.* — *Rev. hist. litt. rel.* (1914), p. 117-137.
47. *L'Eucharistie dans saint Augustin.* — *Ibid.* (1920), p. 99-152; et p. 472-525.

IX. — LENAIN (Denys).

48. *Notes d'histoire de la théologie.* — *Ibid.* (1900), p. 552-562.
49. *Essais et Notices : Mélanges du Professeur Funk.* — *Ibid.* (1901), p. 454-465.
50. *Histoire de la théologie.* — *Ibid.*, p. 531-536.

X. — LETOURNEUR (Paul).

51. *Catéchisme pour adultes.* — Courtes leçons d'histoire des dogmes publiées en bas de la page *A travers les religions*, dans le journal hebdomadaire *L'Impartial français*. Du début de 1927 au début de 1928 ont paru une cinquantaine d'articles. — Une partie seulement de ces articles a paru ensuite en volume dans le *Catéchisme*

pour adultes de la librairie Rieder. (Cf. ci-dessus, n° 13). Les autres doivent être réservés pour le second volume du *Catéchisme.*

XI. — Lézurec (Goulven).

52. *A propos de la Rédemption. Les opinions et la doctrine.* — Article dans le journal *La Justice sociale*, n° du 13 juillet 1901.

XII. — Michel (Alphonse).

53. *Confession et absolution données par écrit.* — *Rev. hist. litt. rel.* (1921), p. 58-75.

XIII. — Perrin (Edmond).

54. *Le Cardinal Billot et le dogme du péché originel.* — *Ibid.* (1921), p. 181-212.
55. *Le Cardinal Billot et le salut des infidèles défunts.* — *Ibid.*, p. 349-417.
56. *Le Cardinal Billot et la prophétie de la Parousie.* — *Ibid.* (1922), p. 370-393.
57. *Saint Thomas d'Aquin. Somme théologique. I. Dieu. Traduction nouvelle avec une introduction et des notes.* In-8° (Fait partie de la Collection *Les textes du Christianisme*). Paris, Rieder, 1927. — Second volume en 1929.
58. Collaboration à *l'Impartial français.*

XIV. — Vanbeck (Alexis).

59. *La Pénitence dans les écrits de saint Paul.* — *Rev. hist. litt. rel.* (1910), p. 241-251.
60. *La Pénitence dans les écrits des premières générations chrétiennes.* — *Ibid.*, p. 436-465.
61. *La Pénitence dans le* Pasteur *d'Hermas.* — *Ibid.* (1911), p. 389-403.
62. *La Pénitence dans Tertullien.* — *Ibid.* (1912), p. 350-369.
63. *La Pénitence dans Origène.* — *Ibid.*, p. 544-557 et *Ibid.* (1913), p. 115-129.
64. *La Pénitence dans saint Cyprien.* — *Ibid.*, p. 422-442.

65. *La Discipline pénitentielle en Orient, de Denys de Corinthe à Athanase.* — *Ibid.* (1920), p. 181-229.

II. — Manuscrit

66. Gallerand (Hippolyte). Lettre manuscrite en écriture légèrement déguisée, adressée (fin mai 1928) à M. J. Rivière, signée H. Gallerand et calligraphiée par M. Joseph Turmel. — Un fac-similé photographique de cette *Lettre* est donné dans le *Bulletin de littérature ecclésiastique* (1929), p. 87-88 et p. 118 et 120. Aux mêmes endroits, on trouve, en regard, des fac-similés de l'écriture naturelle de M. J. Turmel, fournies par ses lettres de dénégation. — Cette *Lettre* pseudonyme et déguisée était destinée à protester contre le rapprochement fait, par M. J. Rivière, entre M. Turmel et Gallerand, dans son étude : *Le dogme de la Rédemption chez saint Augustin.* Paris, Gabalda, 1928.

Considérez le nombre et l'étendue des 66 numéros de la liste précédente. En aucune matière d'histoire et pas plus en histoire des dogmes qu'ailleurs, il n'est possible d'avoir une discussion scientifique tant soit peu sérieuse, si on n'est pas fixé, par une bibliographie systématique, sur l'origine véritable de ces travaux que l'on rencontrera sans cesse devant soi, puisqu'ils comprennent les domaines les plus importants de la théologie. En réalité, c'est tout un convoi de gravier qu'on a tenté de jeter dans le mécanisme délicat de nos études religieuses pour les « saboter ». Il faudrait être ou aveugle ou complice de l'adversaire ou tenir, d'une manière malsaine, à se réjouir du bon tour joué aux théologiens occupés à digérer sérieusement ce gravier, pour prétendre nous interdire d'examiner les papiers de convoyeurs aussi *indésirables*. Que chacun s'occupe de ses affaires et que les critiques s'occupent sérieusement des leurs.

Ces faits littéraires, de caractère très spécial, sont faciles à classer et à résumer. Et d'abord, mettons-les dans l'ordre chronologique.

1900. — 48.
1901. — 52; 49; 50.
1906. — 32.
1907. — 36.
1910. — 1; 2; 59; 60.
1911. — 3; 4; 61; 24.
1912. — 5; 62; 25; 37.
1913. — 6; 7; 63; 64; 38; 39.
1914. — 8; 40; 46.
1920. — 9; 65; 26; 47; 14.
1921. — 10; 27; 41; 53; 54; 55.
1922. — 42; 43; 15; 56; 33.

1924. — 16; 17.
1925. — 11; 18; 19; 44; 34; 35.
1926. — 28; 45; 20.
1927. — 30; 58 A; 51; 29; 12; 21; 22; 57.
1928. — 23; 66.
1929. — 13; 31; 58 B.

L'activité littéraire pseudonyme de M. J. Turmel se divise d'elle-même en deux périodes (1900-1922) et (1924-1929), séparées par la fin de 1922, date où disparut définitivement la *Revue d'histoire et de littérature religieuses.*

I. — *Première période* (1900-1922)

M. T. écrit dans la *Revue d'histoire et de littérature religieuses.* La publication de celle-ci fut interrompue deux fois : d'abord en 1908 et 1909, ensuite pendant les années 1915 à 1919 inclusivement, soit sept ans d'interruption. D'autre part pendant les quatre années de 1902 à 1905, M. T. a bien écrit dans la *Revue* mais pas sous des pseudonymes. En somme, M. T. a écrit dans la *Revue* sous des pseudonymes pendant douze ans. Pendant cette période, il y a employé douze pseudonymes. Il a donc créé en moyenne, très régulièrement, un pseudonyme par an. Il faut mettre hors série Goulven Lézurec, qui a écrit une fois dans *La Justice sociale* (*Détail :* deux pseudonymes en 1910 (Coulange et Vanbeck); deux autres en 1921 (Michel et Perrin); en 1901 et 1913 pas de création de pseudonymes; pendant chacune des neuf années restantes, un pseudonyme par an).

Pendant cette période, de ces pseudonymes, ont servi une fois (Michel et Gallerand); 2 fois (Lawson et Delafosse); 3 fois (Lenain, Dupin, Herzog, Perrin); 4 fois (Dulac); 7 fois (Lagarde et Vanbeck); 10 fois (Coulange). En moyenne, chaque pseudonyme a donc servi un peu moins de quatre fois.

Le nombre des pseudonymes exhibés par an est différent. Un pseudonyme (1900; 1901; 1906; 1907); deux pseudonymes (1910); trois pseudonymes (1911; 1913; 1914); quatre pseudonymes (1912); cinq pseudonymes (1920-1922); six pseudonymes (1921). Comme on le voit, le nombre des pseudonymes employés par an va à peu près régulièrement *crescendo*.

Comme il est dit dans la carte de M. Turmel conservée à l'Archevêché de Paris, le principe, au début, était de multiplier les pseudonymes pour dérouter la critique. Mais bientôt la littérature à écouler a été si considérable que la multiplication des pseudonymes serait devenue un autre danger. Il y a une limite à tout. Dès lors, certains pseudonymes sont revenus plusieurs fois et, spécialisés pour certaines études, sans être, de quelque temps, dérangés, ont pris une consistance qui les rapprochait du monde réel et une assurance qui, hélas ! ne devait pas être éternelle. C'est ainsi que l'histoire de la Pénitence a été fraternellement partagée entre trois auteurs : Vanbeck (Pénitence pendant les trois premiers siècles), Lagarde (Pénitence au IVe et au Ve siècles); Michel (Pénitence pendant le haut moyen âge). Coulange s'est chargé de la Christologie; Dulac, de la littérature et de l'histoire du haut moyen âge; Perrin s'est voué, avec toute son *humour* et tous ses sarcasmes, à la critique du Cardinal Billot: Dupin et Herzog disparaissent, trop éprouvés qu'ils ont été par les discussions de 1908. Le chroniqueur Lenain disparaît de la *Revue d'histoire et de littérature religieuses*, parce qu'il est passé, sous son véritable nom, à la *Revue du clergé français*.

C'était là toute une famille de pseudonymes entre lesquels il fallait distribuer la copie. Lourde tâche ! Devant un groupe si compact le secrétaire de la rédaction s'y trompait. Ils étaient trop ! En 1921, l'article sur *La doctrine pénitentielle de saint Augustin* était signé André Lagarde et portait, sur la couverture, le nom d'Armand Dulac. Il fallait un père ou la critique pour s'y reconnaître au milieu de cette progéniture pseudonyme !

II. — *Deuxième période* (1924-1929)

La *Revue d'histoire et de littérature religieuses* ayant cessé de vivre à la fin de 1922, M. Turmel passa, semble-t-il, l'année 1923 sans rien publier. En 1924, il entre à la *Revue de l'histoire des religions*. L'année suivante, en 1925, il devient collaborateur de la Collection *Christianisme* de Couchoud, à la librairie Rieder. En 1927 et 1928, il écrit dans le journal hebdomadaire *L'Impartial français*, organe du radicalisme éclairé.

Avec cette seconde époque, réserve faite pour une exception d'ailleurs notable, la période créatrice des pseudonymes est close. Cette exception, c'est l'apparition de Letourneur pour signer, dans *L'Impartial*, les articles sur le *Catéchisme pour adultes*. Mais, comme on le verra, Letourneur devait bientôt être absorbé par Coulange : ces frères pseudonymes se mangent entre eux. En revenant devant le public, en passant des fascicules de Revues dans les volumes de Rieder, les pseudonymes déjà employés prennent une sorte de personnalité. C'est ainsi que, pour quelques-uns, ils ont pu devenir « des historiens bien connus ».

Gallerand continue ses Etudes sur la Rédemption, où il allait avoir le gros désagrément de rencontrer M. J. Rivière, professeur à l'Université de Strasbourg. Surtout, il a la mauvaise idée d'écrire à M. Rivière une *Lettre* en se servant de la main de M. Turmel. Lagarde continue ses Etudes sur la Pénitence. Perrin est conduit par la critique du Cardinal Billot à celle de la *Somme* de saint Thomas d'Aquin. Dulac se survit par de petits travaux et par l'achèvement de la *Courte histoire du célibat ecclésiastique de A. Houtin*. Vanbeck a épuisé son programme et disparaît ainsi que Michel et Lawson.

Deux pseudonymes ont une fortune très remarquable. Coulange, jusqu'ici historien de la Christologie, publie *La Messe*, signe *La Vierge Marie*, à la place d'Herzog, qui a perdu son masque, et substitue son nom à celui de Letourneur, de *L'Impartial*, pour publier en volume, chez Rieder, le *Catéchisme pour adultes*. De toute sa progéniture pseudonyme, Coulange est le préféré de M. J. Turmel, et c'est sous le nom de Coulange qu'il a paru sur la liste des adhérents au Jubilé de

M. Loisy si vivement dessiné par M. Maurice Brillant. Quant à Delafosse, voué jusqu'alors à l'étude des Pères apostoliques, il passe tout naturellement à l'exégèse du Nouveau Testament, où il développe une activité hors pair, substituant à la pauvre critique la fantaisie la plus réjouissante. Le dernier-né, semble-t-il de cette littérature pseudonyme est l'apparition, en cet été, du second volume du Commentaire de la *Somme* de saint Thomas d'Aquin, écrit par M. Turmel et signé par Perrin.

Enfin, comme résumé d'ensemble, indiquons la collaboration aux divers recueils. Dans le tableau qui va suivre, ceux-ci sont désignés par les numéros que voici :

1. — *Revue d'histoire et de littérature religieuses.*
2. — *Revue de l'histoire des religions.*
3. — *L'Impartial français.*
4. — Collection Couchoud, chez Rieder.

Les divers pseudonymes ont collaboré à ces divers recueils de la manière suivante :

Dulac............	1	2	3	4
Perrin............	1		3	4
Delafosse..........	1	2		4
Coulange..........	1			4
Gallerand.........	1	2		
Lagarde...........	1	2		
Letourneur........			3	

Ont collaboré seulement à 1 : Lenain, Dupin, Herzog, Lawson, Michel, Vanbeck. Lézurec a écrit une seule fois dans *La Justice sociale.*

On voit comment les divers pseudonymes fréquentent les mêmes éditeurs. *Treize* d'entre eux ont écrit dans la *Revue d'histoire et de littérature religieuses*, qui est leur maison de famille, et d'où ils émigrent ensemble vers les mêmes recueils quand elle se ferme. *Quatre* ont écrit dans la *Revue de l'histoire des religions. Quatre* ont écrit chez Rieder. *Trois* ont écrit dans *L'Impartial français.*

Dulac écrit chez les *quatre* éditeurs; Perrin et Delafosse écrivent chez *trois.* Gallerand et Lagarde écrivent chez *deux.* Les autres écrivent chez *un seul* éditeur. Tous les degrés sans exception ! Avec des nuances variées, comme il convient, ce sont vraiment des esprits frères, aux plus touchantes affinités électives superposées. Et même l'unité familiale ne suffit pas à expliquer un tel accord. Il y faut l'unité personnelle. La statistique trotte-menu va vraiment bien loin !

II

Quant au caractère doctrinal de toute cette littérature, pendant trente ans, il est allé en s'aggravant de plus en plus et a abouti à un antichristianisme et un antispiritualisme forcenés, dignes de la Collection Couchoud, dont M. René Gillouin a dit l'inspiration sectaire.

Pour connaître le point de départ de M. Turmel, il faudra toujours revenir aux articles du P. Portalié dans les *Etudes* des 5 et 20 août, 5 et 20 septembre 1908, réunis en volume sous le titre *La critique de M. Turmel et la question Herzog-Dupin* (8). Dans le numéro des *Etudes* du 20 août 1908, avec une clairvoyance et une fermeté admirables, le P. Portalié établit les principes de M. Turmel : « *Premier principe : Evolutionnisme dogmatique. Deuxième principe : théologie populaire et théologie savante. Troisième principe : arguments scripturaires et patristiques sans valeur. — Puis les trois lois du développement traditionnel. Enfin la théorie du brigandage théologique et les procédés de M. Turmel* (9) ».

Ce qui devait sortir de ces principes, on le vit dès 1906 et 1907, pour le dogme de la Trinité et pour les dogmes de la Sainte Vierge, dont l'histoire fut présentée par Herzog et par Dupin de la manière la plus négative et la plus corrosive. Depuis lors, pendant vingt-deux ans, les dogmes les plus importants et Dieu lui-même ont subi le même traitement. Il faut avoir le courage de citer, en s'excusant :

---

(8) Un volume in-8° de 136 pages, Paris 1908. On peut y joindre le volume indiqué à la note précédente.

(9) Cet article du 20 août 1908 se trouve dans les *Etudes*, t. 116, p. 506-538. Dans le volume du P. Portalié, les sujets indiqués dans la citation qui précède sont développés dans les pages 32 à 50.

Dieu est un monstre. Disons plutôt qu'il serait un monstre s'il existait. La Genèse nous conte que Dieu fit l'homme à son image. C'est, au contraire, l'humanité apeurée qui fit les dieux à son image. Elle les fit violents, fantasques, sensuels. Puis vinrent les philosophes, qui entreprirent d'épurer les rêves de l'humanité, de les adapter vaille que vaille aux lois de la logique. Et de ces manipulations est issu le Dieu créateur. *Dieu est un affreux cauchemar produit par le raisonnement au service d'une imagination en délire* (10).

On sait quelle est la qualité et la profession publique de celui qui a écrit ces lignes. Une telle association de deux vies en aussi effroyable opposition révoltait déjà douloureusement Mgr Duchesne. Le 24 juillet 1908, après l'apparition du livre sur *La question Herzog-Dupin*, un témoin des plus qualifiés, qui voyait souvent Mgr Duchesne, m'écrivait de Rome :

Mgr Duchesne avait lu, depuis plusieurs jours, votre ouvrage et m'en a parlé. Il reconnaît qu'il faudrait ne rien entendre à la critique pour ne pas voir que Turmel est sous le triple pseudonyme (Herzog, Dupin, Lenain)... Il est convaincu du reste que vous avez atteint le but cherché et que Turmel ne peut plus paraître dans le monde scientifique. Il ne comprendrait pas un directeur de Revue qui recevrait sa prose (11). Par ailleurs, il juge très sévèrement le malheureux. Il me disait (en poussant à l'extrême l'indulgence et le libéralisme) : Je comprends à la rigueur le prêtre qui, ayant eu le malheur de perdre la foi, reste dans l'Eglise tout en se taisant, ou bien la quitte et même après dise sa pensée et attaque son ancienne religion, mais rester dans l'Eglise et ainsi traîtreusement la frapper dans ses parties essentielles !...

(A suivre). Louis SALTET.

---

(10) *Catéchisme pour adultes*, Paris, Rieder, 1929, p. 22.
(11) Quelles illusions !

NOTES ET CRITIQUES

« Numquid » *ou* « Nonne » ? *Deux leçons divergentes d'un texte de saint Augustin.*

Quae est igitur iustitia qua victus est diabolus ? Quae nisi iustitia Iesu Christi ? Et quomodo victus est ? Quia, cum in eo nihil morte dignum inveniret; occidit eum tamen... NUMQUID *isto iure aequissimo diabolus vinceretur si potentia Christus cum illo agere non iustitia voluisset ?* Sed postposuit quod potuit ut prius ageret quod oportuit (1).

Telle est la manière dont se lit, dans l'édition bénédictine, un texte de saint Augustin auquel la critique accorde généralement quelque importance pour déterminer un aspect de sa théologie de la Rédemption. L'évêque d'Hippone y expose comment le plan divin a comporté l'accomplissement d'une sorte de « justice » à l'égard du démon dont nous étions les captifs. De cette procédure, tout le passage auquel appartient ce morceau tend à dire qu'elle était, jusqu'à un certain point, nécessaire.

Un peu plus haut, notre docteur parlait d'un *ordo servandus* aux termes duquel *non diabolus potentia Dei sed iustitia superandus fuit* (2). Les lignes que nous venons de citer reprennent et achèvent le même raisonnement, en soulignant l'impossibilité morale de toute autre conduite. Car il est bien évident que la question ici posée : *Numquid isto iure aequissimo diabolus vinceretur* doit recevoir, dans sa pensée, une réponse négative. Au lieu de signifier un doute, la forme interrogative n'est qu'une variété plus expressive d'affirmation.

On conçoit que ce texte ait été recueilli avec empressement par les historiens de gauche qui voudraient que toute l'économie rédemptrice selon saint Augustin fût commandée par l'obligation où Dieu se trouvait de désintéresser d'abord notre vainqueur de ses droits. Le dernier d'entre eux, Hippolyte Gallerand, désireux de lui rendre toute sa force à l'encontre des « apologistes » dont il écrit sans le moindre essai de preuve qu'ils se sont « évertués à le travestir », le commente en ces termes :

« Augustin, qui a posé en principe que Dieu devait vaincre le diable par la justice et non par la force, vient de montrer comment ce principe a reçu son application dans le Christ mis à mort par le diable sans avoir rien fait qui méritât la mort. Il pose alors ou plutôt

(1) *De Trin.*, XIII, XIV, 18. — *P. L.*, t. XLII, col. 1027-1028.
(2) *Ibid.*, XIII, 17, col. 1026-1027.

il lance cette question comme un défi : « Est-ce que le diable aurait été vaincu avec ce droit très parfait, *isto iure acquissimo*, si le Christ avait voulu agir avec lui par puissance et non par justice ? La réponse qu'il ne donne pas, parce que la question, qui est en réalité un défi, n'en comporte pas, ne peut être que celle-ci : « Non, le droit n'aurait pas été observé à l'égard du diable si le Christ avait agi avec lui par puissance et non par justice ».

« Voilà, conclut le pamphlétaire pseudonyme, la proclamation des droits du diable sur l'homme, proclamation qu'on ne pourrait essayer d'éluder qu'en introduisant dans le texte d'Augustin une négation qui n'y est pas, et en lui faisant dire : « Est-ce que le diable *n*'aurait *pas* été vaincu avec ce droit très parfait si le Christ... » (3).

Il s'en faut d'ailleurs que cette conclusion, en dépit du ton péremptoire qu'elle affecte, soit de tous points assurée. Pour faire au texte la violence qu'impute aux « apologistes » M. Gallerand, on peut, en effet, se rendre compte par le contexte que, dans ce passage, toute la pensée d'Augustin se meut sur le plan de la convenance. Ce qui atténue le « défi » ou plutôt lui donne une autre direction, ce n'est pas à une « justice » abstraite que notre docteur songe en le formulant, mais à une force particulière d'application qui lui tient à cœur, savoir le juste dépouillement du démon par l'abus qu'il a fait de son pouvoir (4).

On doit néanmoins convenir que la question ainsi posée choque, au premier abord, nos habitudes théologiques. Pour cette raison ou pour toute autre, il est assez curieux de constater que ce texte a pris, au cours de l'histoire, une forme qui impose précisément la réponse inverse à laquelle d'instinct nous serions portés. H. Gallerand reproche aux « apologistes » d'introduire dans cette phrase « une négation qui n'y est pas ». Par où, sans nul doute, il vise moins une altération calculée qu'un système d'interprétation imaginé pour se défaire d'un texte gênant. Or, il se rencontre que cette échappatoire dialectique peut se réclamer d'une tradition textuelle déjà fort ancienne, qui, à ce titre, offre tout au moins un petit intérêt de curiosité.

En effet, ce texte augustinien est entré dans le dossier patristique de l'Incarnation chez Pierre Lombard et s'est transmis par cet intermédiaire, à tous les scolastiques postérieurs. Après avoir emprunté au même chapitre du *De Trinitate* de larges morceaux pour témoigner que Dieu a voulu suivre, à l'égard de Satan, une voie de justice et non pas de violence, le Maître des Sentences continue par manière d'objection :

> *Sed* NONNE *iure aequissimo vinceretur diabolus, si potentia tantum Christus cum illo agere voluisset ?* UTIQUE, sed postposuit Christus quod potuit ut prius ageret quod oportuit (5).

---

(3) *Revue d'histoire et de littérature religieuse*, 1922, nouvelle série. t. VIII. p. 51.

(4) Voir notre étude sur *Le dogme de la Rédemption chez saint Augustin*, Paris. 1928, p. 30-35, 57.

(5). *Sent.*, III. dist. XX, 3 (ou 1 dans d'autres numérations); édit. de Quaracchi, p. 642.

Pour ne rien dire de quelques minimes différences dans la construction ou les parties secondaires du texte, on en remarque, au premier coup d'œil, une plus considérable dans la particule interrogative qui en marque le début. Et ceci va, ni plus ni moins, jusqu'à modifier du tout au tout la portée de la proposition.

Avec *numquid*, en effet, on doit traduire, comme le fait H. Gallerand : « Est-ce que le démon aurait été vaincu avec ce droit très juste... ? Question à laquelle la logique du morceau oblige à répondre par la négative. Au contraire, *nonne* donne une phase ainsi conçue : « Le démon n'aurait-il pas été vaincu avec ce droit très juste ? Tournure qui imposerait à elle seule une réponse affirmative, alors même que, par surcroît le texte médiéval ne se chargerait pas de la rendre explicite ou faisant suivre cette interrogation du terme *utique* (6). Par où l'on voit que cette version du texte augustinien donne à nos « apologistes » de lointains prédécesseurs.

D'où vient une leçon aussi éloignée du *textus receptus* et quelle en est la garantie ? C'est ce qu'il ne nous est pas possible de déterminer. Tout ce que nous pouvons dire, c'est que la seconde recension est si bien acquise dans la tradition manuscrite de P. Lombard que l'édition critique des Pères de Quaracchi ne mentionne même pas une seule variante sur ce point. Mais de qui le Maître des Sentences lui-même la tenait-il ? Ses habitudes littéraires bien connues portent plutôt à croire qu'il l'a puisée dans quelque source antérieure ; mais rien, à notre connaissance, ne permet d'en être sûr ni de savoir laquelle. Et le saurait-on que le problème ne serait que reculé.

Par ailleurs, la premième version apparaît comme non moins ferme ; car les éditeurs bénédictins ne signalent pas la moindre divergence à cet égard (7). Il semble donc que les deux aient dû suivre depuis longtemps une marche parallèle, sans que nous soyons en mesure de fixer le moment de la bifurcation.

Si l'on pouvait être assuré d'atteindre le premier témoin de la leçon dissidente, cette origine aurait sans doute quelque chance d'en éclairer le sens. L'hypothèse qui se présente le plus naturellement à l'esprit est celle d'une modification inconsciente, sinon d'une correction intentionnelle : par scrupule théologique, en vue d'échapper aux inconvénients obscurément sentis de la version *numquid*. Mais pareil travail ne se peut concevoir que chez un spéculatif, et qui serait particulièrement sensible à ce genre de difficultés. Où trouver ce théologien ?

Tel, en tout cas, ne semble pas être le rôle de P. Lombard, qui rapporte le texte augustinien sans en tirer autrement parti et, dès lors, se trouve dans toutes les conditions voulues pour le reproduire tel qu'on le lisait de son temps, au lieu de l'amender à ses fins. La

---

(6) Subsidiairement la version de P. Lombard supprime le déterminatif *isto* devant *aequissimo iure*. Ce qui donne au texte une allure de déclaration générale, tandis que l'autre rédaction le restreint à un cas spécial.

(7) De fait, toutes les éditions que nous avons pu consulter portent la leçon *Numquid*. Celles de P. Lombard ne sont, d'ailleurs, pas moins unanimes sur la version *nonne*.

critique interne confirme ici parfaitement ce que l'on connaît de ses méthodes et autorise à conclure que la version *nonne* a toutes les chances de lui être antérieure. Il faudrait donc, selon toute vraisemblance, la faire remonter à quelque modeste glossateur qui n'avait sans doute, en la relevant, aucune préoccupation d'ordre doctrinal.

Jusqu'à quelle date cette investigation rétrospective permettrait-elle de reporter l'archétype ? Et quel en serait éventuellement le rapport avec le texte original de saint Augustin ? Seul le témoignage des manuscrits pourrait en décider, joint, s'il y a lieu, à celui des citations qui ont pu être faites de ce texte avant P. Lombard. Il faut laisser aux spécialistes de la littérature médiévale le soin de résoudre le cas. Tout le but de la présente note ne pouvait et ne voulait être que d'exposer ce petit problème de critique textuelle et d'en marquer l'importance relative dans l'espoir que les futurs éditeurs du *De Trinitate* nous fourniront un jour les renseignements propres à l'éclairer (8).

Jean RIVIÈRE.

P. S. — A défaut d'une citation proprement dite du texte augustinien, on pourrait croire en trouver une interprétation quelque peu antérieure à Pierre Lombard dans ce passage d'un sermon publié par Dom Beaugendre sous le nom d'Hildebert de Lavardin :

Qui enim aequissimo iure virtute poterat diabolum religare et vincere postposuit ut ageret quod oportuit... Sapientia igitur fecit ut iustitia vinceretur rex magnus, non potentia (9).

La réminiscence est manifeste et tout le contexte contribue d'ailleurs à l'accuser. Or, l'auteur, bien qu'il ne reproduise pas le terme précis qui nous occupe, entend la pensée de saint Augustin dans ce sens que l'*aequissimum ius* était parfaitement compatible avec une procédure de puissance à l'égard du démon et que la voie de justice adoptée par Dieu relève uniquement de sa libre « sagesse ». Ce qui suppose, sinon qu'il avait sous les yeux la leçon *nonne*, du moins qu'il donne la même signification à la version *numquid*.

Malheureusement ce sermon fait partie du lot considérable qu'une critique plus attentive de la tradition manuscrite contraint de retirer à Hildebert pour l'attribuer précisément au Maître des Sentences (10). Ce qui fait que cet exemple illusoire qui nous ramène en réalité à Pierre Lombard, ne fait pas avancer la question.

J. R.

---

(8) Une édition est prévue dans le *Corpus* de Vienne, que les derniers catalogues annoncent comme étant en préparation par les soins de M. J.-M. Heer.

(9) *Serm.*, XXXII. — *P. L.*, t. CLXXI, col. 501.

(10) Voir B. HAURÉAU, dans *Notices et extraits des manuscrits de la Bibliothèque nationale*, t. XXXII, 2ᵉ p. Paris, 1888, p. 127.

Fernand AUBURTIN. *En péril de mort.* Paris, Spes, 1929. Prix : 2 francs.

Le péril de mort dont parle M. Fernand Auburtin est celui de la dépopulation de la France. L'auteur étudie le fait, les dangers, les causes, les remèdes de la dépopulation et il conclut en demandant une politique, une véritable croisade contre le fléau qui menace notre pays, après avoir été colonisé, d'être conquis, et, finalement, de n'être plus la France.

Le double fait que cette brochure est arrivée, en peu de temps, au 35e mille et qu'elle est publiée par l'Académie d'Education et d'Entr'aide sociales suffit à la recommander : prêtres, hommes d'œuvres et conférenciers y trouveront en cent trente pages, et parfaitement exposé, tout ce qu'ils désirent connaître et qu'ils doivent connaître sur ce sujet de capitale et d'angoissante actualité.

Lucien CROUZIL.

Gabriel AUBRAY, *Le défilé des ombres* (scènes d'histoire). Introduction par Mgr BAUDRILLART. Bruges-Paris, Desclée, de Brouwer, 1928, in-8°, 366 pages.

Sous ce titre énigmatique — à peine éclairé par le sous-titre — nous avons ici un recueil de portraits ou d'articles critiques, qui, dans divers périodiques, saluèrent l'apparition des biographies ou ouvrages de ces « ombres ». Ces ombres sont la Grande Mademoiselle, la reine Marie Leckzinska, la duchesse de Choiseul, quelques nobles figures, Alexandrine des Echerolles, Mlle Melon, Marie-Anne des Echerolles, l'impératrice Marie-Louise, Napoléon à l'île d'Elbe, le général Charles de Brémont d'Ars.

La critique de G. Aubray (L. Audiat) ne se piquait ni d'objectivité ni de complaisance au dilettantisme alors régnant. Il la concevait comme une sorte d'apostolat social;; elle était l'écho de la pensée de « chrétien intégral », le reflet de sa vie qui, nous dit Mgr Baudrillart, était menée par des principes solides arrêtés, rigides, qui donnaient à sa vie une singulière unité. Aussi bien il expose même les principes directeurs de sa critique, dans une « lettre à un nouveau bachelier », qui ouvre le « défilé » de ces « ombres ». A ce correspondant fictif, il propose de « demander à l'histoire d'éclairer un peu notre lanterne »; il le renvoie aux *Gentilshommes campagnards* de l'ancienne France de M. P. de Vaissière, où est étudiée la crise toute pareille à celle que subit maintenant la bourgeoisie moyenne qui, depuis la fin du XVIe siècle, a arraché du sol la noblesse terrienne. On peut toujours tirer quelque enseignement de la façon dont ils se sont débattus contre cette crise. Il précise davantage sa pensée quand il fait sienne la pensée de V. Duruy : L'histoire est le dépôt de l'expérience universelle; elle invite la politique à y prendre des leçons et elle montre le lien qui rattache le châtiment à la faute.

Ces préoccupations pragmatiques et moralisatrices n'ont point fait de notre critique un prêcheur, Rien ne ressemble moins à un sermon soporifique que ses articles. Eclairées par des vues personnelles et nouvelles, toujours judicieuses, souvent relevées de traits fins inattendus, soutenues d'un ton alerte, bien vivant, ces critiques se font lire et même relire avec plaisir et profit. Au prix de quelques retouches imposées aux portraits tracés par Arvède Barine, Gaston Maugras, Frédéric Masson, les personnages étudiés par eux reprennent ici leur physionomie plus vivante, parfois plus ressemblante que sous le pinceau de leur premier peintre. Même après les fresques ou les tableaux de Le Nôtre et de Hérissay, *Le pèlerinage de Quiberon* ou *les Morts de l'Ile Madame*, donnent, dans les pastels de M. G. A. une aussi vive impression d'horreur et de vérité.

De cette revision des verdicts portés par les premiers juges, un seul personnage pourrait se plaindre. Contre lui, M. G. A. prend le ton d'un réquisitoire sans pitié. Il ne voit en lui qu'un ravisseur brutal, un mari bigame, un époux adultère. Avant de crier à l'injustice et à la partialité, il convient de remarquer qu'il étudie le grand empereur exclusivement dans ses rapports avec Marie-Louise, et tous les historiens et dramaturges les plus disposés à jeter la pierre contre celle-ci conviennent que tous les torts n'étaient pas de son côté. Avec ses idées foncièrement chrétiennes, il ne pouvait apprécier autrement la conduite de Napoléon en son second mariage, sauf à laisser à d'autres le soin de l'étudier dans l'ensemble de son œuvre. Cette inflexibilité du critique « logiquement chrétien » ne peut que confirmer le bel éloge qu'en fait ici Mgr Baudrillart et qui constitue pour ses lecteurs la plus brillante et la plus sympathique des « ombres » dont il ouvre le « défilé ».

A. Degert.

R. P. Yves de La Brière. *L'organisation internationale du monde contemporain et la papauté souveraine* (2e série). Paris, Spes. Prix : 18 francs.

Cette nouvelle série d'études répond aux années 1924, 1925 et 1926. Elle intéressera, autant que la première, le public, et notamment le public catholique qui fait, de plus en plus, la part qui leur est due aux graves problèmes internationaux de l'heure actuelle. Sur les aspects spirituels de la vie internationale, vus de la *Semaine sociale* du Havre, sur les origines et les caractères de la Société des Nations, sur les 5e, 6e et 7e Assemblées de Genève, sur les accords de Locarno, le lecteur trouvera dans le nouvel ouvrage du R. P. de La Brière tout ce qu'un honnête homme doit savoir, et qu'il sait mal, s'il s'en tient aux informations hâtives, incomplètes ou tendancieuses de beaucoup de journaux et de revues.

La lecture de ce livre est, d'ailleurs, facile et agréable : c'est un récit émouvant, par exemple, que celui du discours de sir Austen Chamberlain, du 10 septembre 1925, où s'affrontent les deux conceptions latine et anglo-saxonne des institutions politiques et où le grand homme d'Etat se rencontre, de si curieuse façon, avec Joseph de Maistre. C'est aussi un récit dramatique que celui de l'entrée de la délégation allemande dans la salle de la réformation, à la 7e Assemblée de Genève.

Les catholiques s'attacheront avec un particulier intérêt à l'étude des chapitres qui décrivent l'état actuel des affaires de la papauté dans le monde, qu'il s'agisse du conflit provoqué entre les Pays-Bas et le Vatican par les chrétiens historiques, des Concordats de Bavière et de Pologne, des nonciatures du cardinal Ceretti et de Mgr Maglione, de la question des rapports entre le Quirinal et le Vatican, si heureusement résolue à l'heure actuelle, ou des rapports du Souverain Pontife avec la Société des Nations.

Le livre du R. P. de La Brière se termine par un chapitre, qui a déjà été publié dans la *Revue de Paris* : épilogue magistral où l'idéal chrétien nous est montré comme comprenant des éléments surnaturels et révélés, mais aussi des éléments naturels empruntés à la raison humaine et à l'expérience des siècles. Chrétienne et catholique, sainte et universelle, l'Eglise romaine apparaît, de mieux en mieux, comme l'Eglise de l'ordre, comme l'institutrice de la justice et de la charité dans les rapports individuels, dans les rapports de la famille, de la profession, de la société civile et de la société internationale : l'auteur voit, notamment, dans les mœurs et les institutions du monde international contemporain le travail lent et mystérieux de la pensée chrétienne et de l'enseignement catholique.

C'est parce que, de cet enseignement catholique, le R. P. de La Brière est un des maîtres les plus illustres et les plus justement écoutés, que son beau livre mérite beaucoup de lecteurs.

Lucien Crouzil.

L. Roure. *Le merveilleux spirite. — Le spiritisme d'aujourd'hui et d'hier. — Au pays de l'occultisme par delà le catholicisme. — La légende des grands initiés.* Paris, Beauchesne, 4 vol. in-12 de 354-170-348-123 pages. — Du même, articles *Spiritisme* et *Superstition* dans le *Dictionnaire apologétique* d'Alès, fasc. 23.

Dans les *Etudes* du 20 septembre 1929, le P. Roure publie sous le titre : « *Pourquoi je ne suis pas occultiste* », une courte réfutation du livre de M. Divoire en faveur de l'occultisme. Aux excellentes raisons qu'il allègue, il pourrait en ajouter encore une meilleure : la publication au cours de ces dix dernières années des volumes et articles dont on vient de lire le titre. Ils le placent au premier rang de ceux qui ont sérieusement étudié le problème des déformations que l'idée de l'au delà et le mystère dont elle s'enveloppe ne cessent de susciter dans l'âme humaine quand elle ne veut point s'en tenir fidèlement à la révélation. Partout, dans ces ouvrages, on retrouve l'homme bien informé, attentif à recueillir et à exposer objectivement les faits, dégagé du parti pris et ne demandant qu'à accorder sa confiance lorsque le caractère scientifique des phénomènes ou de la méthode lui paraît bien établie. Ainsi et peut-être même avec trop d'optimisme pour les études sur l'astrologie de M. Choisnard. Le jugement qu'il porte à la suite de son enquête sur les systèmes, de ton modéré et nuancé, s'impose avec d'autant plus de force à l'attention de quiconque ne cherche que la vérité.

Dans le fatras des sources multiples auxquelles il a dû puiser, le P. Roure sait choisir le détail caractéristique et l'expérience cruciale; ses livres se lisent avec agrément sans rien perdre de leur solidité : intéressants et instructifs, ils constituent un excellent guide pour ceux qui ont à s'éclairer sur ces questions pour eux-mêmes ou pour les personnes qui recourent à leurs conseils.

Je n'insisterai pas sur *Le merveilleux spirite*, qui en est à la cinquième édition. Il expose en treize chapitres les origines du système, son histoire avec les diverses péripéties auxquelles ont donné lieu l'attitude et les fraudes de médiums célèbres, les mésaventures de quelques-unes de leurs dupes, que leur science aurait dû rendre plus réservées, les essais d'explication par le fluide vital, enfin les dangers que le développement de la doctrine et des pratiques spirites, dans les divers pays, et son alliance avec la théosophie, font courir aux saines idées philosophiques et au christianisme.

L'exposé du P. Roure légitime pleinement les condamnations portées par l'Église et ses avertissements répétés. La brochure sur *Le spiritisme d'hier et d'aujourd'hui* complète le livre précédent en faisant connaître les plus récents avatars de la doctrine, avec Lodge, Conan Doyle, le docteur Geley, M. Charles Richet et les manifestations ectoplasmiques. Le chapitre V s'occupe plus particulièrement des apparitions, pour exposer, d'après nos docteurs, saint Augustin, saint Jean Chrysostome, saint Grégoire, saint Thomas, ce qu'il faut penser de ces phénomènes et comment on peut distinguer ce qui est d'origine suspecte ou mauvaise de ce qui vient vraiment du bon esprit.

Le troisième ouvrage s'ouvre par une vue d'ensemble sur l'occultisme moderne en tant que distinct du spiritisme, avec lequel parfois, à tort, on le confond. Puis, il consacre une série de chapitres aux diverses manifestations par lesquelles surtout il exerce ses ravages : théosophie, christian science (avec un appendice sur le docteur Coué et son autosuggestion curative), l'antoinisme, les amitiés spirituelles de Sédir, la philosophie cosmique, le Panfreudianisme introduit ici à cause du rôle joué par l'inconscient. Un appendice traite des superstitions du front de guerre. La mort récente d'Edouard Schuré donne un regain d'actualité au petit volume sur la légende des grands initiés, qui lui est consacré tout entier. Après quelques détails sur l'homme, le P. Roure étudie son système et n'a point de peine à montrer, avec une érudition de bon aloi, la haute fantaisie des élucubrations par où Schuré a cherché à s'imposer, qu'elles concernent l'Inde, terre favorite du merveilleux et de la sagesse apocryphes, l'Egypte et son prétendu hermétisme, les mystères d'Eleusis, les systèmes ésotériques de Pythagore et de Platon ou enfin l'essénisme. Toute voie est bonne pour dénaturer la vie et la doctrine du Christ, mais l'on ne peut que s'étonner de l'accueil fait à ces niaiseries pseudo-historiques, par un public qu'on voudrait plus difficile et où l'on regrette de trouver des catholiques que leur foi devrait préserver de ces défaillances du jugement et de ces engouements irréfléchis. Nous ne pouvons que remercier le P. Roure de mettre à notre disposition des exposés aussi utiles et inviter à y recourir en toute confiance.

Ferdinand CAVALLERA.

J. LARRASQUET. *Action de l'accent dans l'évolution des consonnes étudiées dans le Basque Souletin* (Paris, Vrin [1928], 152 p. — *Etude expérimentale précédée de recherches expérimentales sur l'état actuel et l'évolution des vélaires dans le même dialecte.* Paris, Vrin [1928], 272 p., les deux en un seul vol. in-8°.

A lire ce double titre, on ne s'attendrait pas à deux thèses de doctorat ès lettres. Nous voilà bien loin du temps où le doctorat ès lettres pouvait s'obtenir avec une « *Dissertation littéraire sur la tragédie* », de huit pages, complétée d'une « *Dissertation philosophique de felicitate humana* », de huit pages, en latin, et quel latin ! Quelques années plus tard, au temps du discours latin, il aurait attiré échecs sur échecs à un candidat au baccalauréat. Puis vinrent d'autres temps où seules furent mises en valeur les grandes questions ou les grands sujets des littératures ou des histoires classiques : c'est le temps des thèses sur les théories dramatiques de Corneille, sur Bossuet orateur, Bossuet historien, sur la rhétorique ou la politique de saint Augustin, mais un jour est venu où il a fallu se rabattre sur les *poetae minores* et sur les épigones, puis descendre encore jusqu'aux dialectes provinciaux, jusqu'aux patois pour les nommer par leur nom, pour en étudier la formation, la syntaxe et la phonétique à l'aide de la méthode expérimentale accréditée, sinon inaugurée parmi nous, par l'abbé Rousselot.

Encore ces parlers de France se rattachaient, par leur origine, à la vieille souche latine, par la branche romane. Mais la langue basque qui ne se recommandait d'aucune parenté avec une langue morte ou vivante du monde ne semblait pas devoir de sitôt attirer les regards du monde savant. Elle avait bien inspiré à un linguiste allemand des *Contributions à une phonétique comparative des dialectes basques* (1908), mais elle n'avait pas encore affronté la salle du doctorat en France. Nous sommes fiers qu'elle y ait été introduite par un de nos anciens et produite avec honneur, à en juger par les éloges qu'il a reçus d'un jury aussi compétent et aussi peu suspect de complaisance que le sien. On me permettra d'abriter sous leurs suffrages mon incompétence en basque quand je loue, vue du dehors, cette thèse dont les cartes soignées, la belle présentation et les graphiques si nets parlent favorablement même à des yeux profanes. Pour le fond, l'auteur a bien voulu nous donner, comme il le dit lui-même, à l'aide de la méthode expérimentale, « une sorte d'instantané fixant l'état actuel des vélaires souletaines dans le courant d'évolution qui les transforme ». Il y a là donc comme un chapitre détaché de la phonétique expérimentale du basque; je puis même ajouter sans indiscrétion que les autres chapitres sont préparés et verront bien le jour plus tard. Pour ceux qui l'ignoreraient, la phonétique expérimentale, si nous en croyons les maîtres, « est l'étude de l'infiniment petit dans la transformation du langage; elle vient au secours de nos sens défaillants, étend leur action, multiplie leur puissance pour que rien ne leur échappe dans les sons émis. Elle supplée notre oreille, en enregistrant objectivement tous les mouvements des organes phonateurs jusqu'à la plus petite vibration. Bien plus, les tracés nous montrent souvent des sons en voie de disparaître et même déjà morts pour notre oreille et d'autres en train de se former. Il y a mieux. Elle substitue la réalité objective à notre impression personnelle ». Pendant quatre ou cinq ans, M. L. s'est attaché à étudier les sons répercutés sur un palais artificiel ou sur un cylindre enregistreur par des mots basques contenant quelque vélaire (k, g, n) avant ou après l'accent tonique. C'est le résultat de ce long et délicat travail que M. L. nous présente dans ses deux thèses contenues dans le présent volume.

Pour suivre dans leur développement naturel les thèses de M. L. il faut commencer par la fin de son volume, c'est-à-dire lire d'abord la seconde thèse mise ici, je ne sais pourquoi, dans le volume et sur le titre après la première. Après avoir déterminé la nature de l'accent et analysé l'action qu'il exerce dans l'évolution des diverses consonnes du dialecte souletin (occlusives, sourdes, fricatives) puis dans la thèse principale, après quelques remarques préliminaires où il circonscrit, avec la Soule, son domaine linguistique, il passe à l'étude d'une centaine de mots ou formes plus caractéristiques; il nous en présente le tracé au palais artificiel, ou les vibrations au cylindre enregistreur et quelquefois les deux. Une pareille étude échappe à l'analyse. On ne peut s'en donner une fidèle impression qu'avec la figure sous les yeux. Pour apprécier si le résultat obtenu répond au travail dépensé, il faudrait être familier avec le basque et je n'ai pas cet avantage. Je ne puis donc que me rallier aux suffrages d'un de ses juges les plus compétents :

« Ce travail, dit M. Vendryès, professeur à la Sorbonne, témoigne d'une excellente pratique de l'expérimentation phonétique et d'une saine méthode dans l'interprétation des tracés. Ceux-ci sont d'une netteté remarquable. Mais ce n'est là qu'un premier mérite. On doit en reconnaître au candidat un plus important encore : c'est qu'il tire d'une documentation extrêmement précise et parfaitement objective des conclusions neuves et solides, qui sont intéressantes, à la fois, au point de vue de la linguistique basque et surtout de la linguistique générale. Son travail sera, par ses conclusions très importantes sur les causes de l'évolution des sons et des langues, extrêmement précieux en linguistique ».

Tout ce que j'ajouterais de mon cru à pareil éloge ne pourrait que l'affaiblir.

A. Degert.

LA FORMATION DE LA THÉOLOGIE (1)

I

Monseigneur le Chancelier,
Messeigneurs,
Mesdames,
Messieurs,

La solennité qui nous rassemble aujourd'hui dans cette enceinte emprunte des circonstances un intérêt tout particulier.

Il y a sur cette estrade, dans les rangs de NN. SS. les Evêques Protecteurs, des places renouvelées, et, dans les rangs des professeurs, des places vides. Je dois mes premières paroles à ceux qui viennent au nom du Seigneur pour nous soutenir dans nos travaux et à ceux qui nous ont quittés pour aller recevoir leur récompense.

Monseigneur le Chancelier, c'est la première fois que vous présidez cette Assemblée, mais vous n'êtes pas pour nous le chef dont on ne connaît que le titre de l'autorité qu'il doit exercer. Celui qui vous envoie a pris soin d'égaler votre âme aux plus hautes charges. Du reste, il suffit de vous voir et de vous entendre pour savoir de quel esprit vous êtes et quelle volonté vous anime. C'est tout ce que je puis me permettre de vous dire : de la place que j'occupe je n'ai pas le droit de lever vers vous mes regards pour apprécier vos mérites. Laissez-moi simplement vous affirmer que nos cœurs vont vers vous avec une confiance sans réserve.

---

(1) Discours prononcé à la séance solennelle de rentrée de l'Institut catholique, le 19 novembre 1929, par Monseigneur le Recteur.

Monseigneur l'Evêque de Montauban, nul ne s'étonnera de m'entendre vous dire que le Recteur et les Professeurs de l'Institut catholique de Toulouse sont heureux de vous voir où vous êtes : un de leurs anciens élèves assis parmi ceux à qui ils doivent obéir, quelle bonne fortune ! Et puis, appelé à nous juger, à nous aider, vous avez, de la portée et des besoins de notre œuvre, ce que je puis appeler la science expérimentale. Enfin, le Ciel vous a doué d'une bonté rare. Nous avons donc bien des raisons de remercier la Providence de vous avoir mis sur le siège de Montauban.

Je présidais un soir, en 1912, une conférence au Jardin-Royal. Le conférencier, un jeune avocat du barreau de Paris, déjà en renom, président général de l'Association catholique de la Jeunesse française, parla admirablement et fut très applaudi : on l'appelait M. Gerlier. Monseigneur l'Evêque de Tarbes et de Lourdes, aux dons que la nature vous a faits, vous avez ajouté une large expérience des affaires ecclésiastiques. Aussi je ne saurais douter que vous ne donniez la sympathie la plus active à notre œuvre de haut enseignement. Permettez-moi de vous offrir en mon nom et au nom de MM. les Professeurs un sincère hommage de bienvenue.

L'Institut catholique de Toulouse a fait en moins d'un an deux grandes pertes. M. Desnoyers, professeur d'exégèse sacrée à la Faculté de théologie, mourait le 18 octobre 1928, à la suite de longues souffrances qu'il a supportées jusqu'à la fin avec une patience héroïque, et, le 7 août 1929, M. de Suplicy, professeur de langues vivantes, succombait, lui aussi, à un mal qui datait de loin mais qui n'a paru incurable que dans les derniers jours.

Ils ont eu l'un et l'autre une vie toute simple, tout unie. A peine étaient-ils entrés au Séminaire que l'un s'appliquait à l'étude des langues sémitiques, l'autre, à l'étude de l'anglais et de l'allemand et qu'ils décidaient d'y consacrer leur existence.

M. Desnoyers appartenait à cette génération de prêtres dont la vie spirituelle a pour principe l'alliance de la science et de la foi et qui s'emploient de toutes leurs forces, non pas à renouveler ce qui de soi est immuable, mais à rajeunir les formes de l'enseignement pour les approprier à l'état présent des esprits.

Notre siècle est théologique par beaucoup de côtés, et c'est par excellence le siècle de l'exégèse. Si le fond de la doctrine ne saurait changer, l'ordre d'explication scientifique qu'on en peut donner a suivi à travers les âges, malgré certaines déviations passagères, une loi de progrès; depuis trois quarts de siècles surtout, il s'est développé considérablement. M. Desnoyers, pénétré de l'esprit nouveau, avait entrepris une histoire d'Israël qui s'annonçait comme un véritable monument; elle eût vraisemblablement rejeté dans l'ombre bien des œuvres orgueilleuses dont le principal mérite a été de s'adapter aux vœux de la libre-pensée. Il écrivait, lui, une histoire positive, sans hypothèse, ne relevant que de l'examen des faits, d'une connaissance exacte des hommes et des choses de la Bible. De plus sa méthode s'appuyait sur une droiture, une probité, une candeur admirable, éclairée de finesse. Il y joignait une faculté de dialectique élevée, déliée, fertile en découvertes. Il avait enfin naturellement les fleurs du discours, le mouvement et le rythme de la phrase, la mesure et le choix de l'expression, même l'image, ce qui en un mot constitue le fond du talent d'écrire. Si vous voulez vous faire, sans trop d'efforts, une idée de sa manière, lisez sa conférence sur Renan : c'est un chef-d'œuvre d'érudition sûre, de critique impitoyable quoique modérée de ton, d'ironie et d'esprit. Il est mort au moment où il commençait d'offrir au public le fruit d'un labeur de trente années. *Moenia pendent interrupta*, mais l'on peut entrevoir la grandeur de l'édifice en construction dont il avait dressé le plan et amassé les matériaux. Ame forte et riche, habituellement voilée de cette apparente indifférence du prêtre savant qui a mis entre lui et le monde, dans la contemplation des choses divines, un double rempart. La mort l'a révélé tel qu'il était, singulièrement bon et tendre. Dès qu'il sut qu'il allait quitter ce monde, il trouva tout simple de finir sa vie sans avoir achevé sa tâche, puisque Dieu le voulait : il n'eut plus, pour ainsi dire, d'autre sentiment que d'obéir au Maître qui l'appelait.

M. de Suplicy, lui, n'a rien donné au grand public; il s'est contenté de faire son métier de professeur parfaitement. Il laisse pourtant, au dire des initiés, des manuscrits qui, livrés à l'impression, auraient répandu sur l'enseignement des langues des vues nouvelles et, peut-être, jeté sur leur auteur quelque éclat. Travailleur infatigable, laborieux jusqu'à la fin, M. de Suplicy s'appliquait bien plus à s'effacer qu'à se produire. Je ne puis m'empêcher de regretter qu'une certaine défiance de lui-même l'ait rendu aussi discret. « Il ne faut pas mettre la lumière sous le boisseau », a dit Notre-Seigneur, d'où l'on pourrait conclure que les hommes faits pour éclairer les autres n'ont pas droit à la modestie.

Il avait reçu les meilleurs dons pour l'enseignement, il n'a cessé de les cultiver. Un professeur des Facultés de l'Etat, qui ne prodigue pas la louange, disait naguère : « Je n'ai connu personne qui égalât M. de Suplicy dans l'enseignement ». Ce mot me dispenserait de pousser plus loin l'éloge de notre cher défunt. La clarté, la précision, la souplesse de la pensée qui se met au pas des intelligences diverses et inégales, toutes les qualités maîtresses du professeur, n'avaient fait que s'affermir en lui avec l'âge. Non seulement il avait pénétré les ressorts les plus intimes des langues qu'il enseignait, mais il s'était familiarisé avec la littérature, les mœurs, les arts des peuples qui les parlent. Il fallait l'entendre développer l'étude critique d'un écrivain anglais ou tracer le tableau de la vie universitaire à Oxford. Les dons de l'esprit s'accroissent et fructifient par les vertus, l'amour du bien ajoute au talent. L'un des meilleurs dons de M. de Suplicy c'était la libéralité intellectuelle; il aurait voulu pouvoir communiquer tout ce qu'il savait et ses meilleures joies lui vinrent en tout temps des étudiants qui lui montraient le plus d'ardeur de s'instruire. Il avait le dévouement pavoisé de cordialité et de courtoisie. Pardonnez-moi de rappeler ici un souvenir où je me trouve engagé personnellement : je ne saurais rien vous dire où se peigne plus naïvement la spontanéité généreuse de son caractère. Chaque fois que je lui demandais un travail surérogatoire, un service quelconque, c'était entre nous le même dialogue : « Cela vous fera plaisir, me disait-il ? » — « Oui, vous me ferez plaisir ». — « Eh bien, c'est entendu, je n'ai rien à vous refuser ». Lui aussi, selon le mot célèbre, « il fut doux envers la mort, comme il l'était envers le monde ». Quand il eut reçu l'Extrême-Onction, il tendit la main au prêtre qui venait de la lui donner, lui sourit, tourna la tête et rendit le dernier soupir.

L'Institut catholique a donc subi, je le répète, deux grandes pertes, je serais tenté de dire deux pertes irréparables, si la foi ne m'avait appris que Dieu n'impose jamais une épreuve sans y attacher une promesse.

Dans l'enseignement supérieur, la tradition sans doute est chose délicate et qui ne se renoue pas si aisément. Toutefois l'héritage des deux maîtres que nous ne pouvons trop regretter est aux mains d'hommes instruits et habiles qui en savent le prix et le poids. Ces nouveaux maîtres furent les disciples de ceux qui font parmi nous un si grand vide; ils ont à cœur de suivre exactement la voie qui leur a été tracée. Nous avons tout lieu d'espérer qu'ils se placeront avec le temps sur des hauteurs qui feront la chaîne.

II

Toulouse, au mois de juin dernier, a célébré avec éclat le VIIe centenaire de son Université qui fut fondée en 1229.

Permettez-moi de vous entretenir à l'occasion du souvenir que je viens d'évoquer, d'un événement d'une portée plus haute, qui domina, au moyen âge, tout le mouvement des esprits et qui retentira, jusqu'à la fin des temps, dans la vie de l'Eglise.

Le XIIIe siècle qui vit naître, ou, pour parler plus exactement, s'organiser, sous la main des Papes, la plupart des grandes Universités, a été, peut-être, dans l'histoire de la société catholique, la période la plus resplendissante. Quelle générosité et quelle vigueur dans la pratique de la perfection chrétienne ! Quel élan, quelles entreprises pour étendre le règne de Dieu ! En ce temps-là, on trouvait tout simple que les artistes, les savants et les rois fussent des saints. Le ciel et la terre semblaient être comme deux pays voisins dont les habitants, en rapports constants à travers le fleuve qui les sépare, n'ont qu'une même patrie. Certes, il y avait dans ce qu'on appelait alors « la chrétienté », des parties sombres : le pouvoir émietté et sans règles dans la société féodale y laissait une grande place aux abus de la force. Il n'en reste pas moins que le côté lumineux de l'humanité chrétienne n'eut jamais, croyons-nous, plus d'éclat. Or, l'œuvre capitale du moyen âge fut une œuvre de pensée : le XIIIe siècle a fait la théologie.

Permettez-moi de vous rappeler sommairement comment s'édifia par degrés ce monument incomparable, — quels en furent les éléments, — la préparation, — et la construction définitive.

III

La doctrine catholique considérée dans son ensemble était restée jusque là, si l'on peut parler de la sorte, à l'état d'une *matière* qui attend sa *forme*. Les docteurs du XIIIe siècle la lui ont donnée : ils en ont fait une science dont l'étude est indispensable à tout esprit désireux d'avoir l'intelligence des vérités qui forment l'objet de la foi. C'est en cela principalement que le moyen âge marque une ligne de partage entre les siècles chrétiens. Les temps qui l'ont précédé lui ont légué la doctrine catholique éparse dans la tradition; il l'a ramassée, il l'a développée, il l'a encadrée de logique et de raison, il en a lié les divers éléments, il en a formé la synthèse ; il est devenu ainsi et il restera dans la suite des siècles le maître en théologie.

La science théologique fut construite dans les écoles et pour l'enseignement. De là les traits qui en caractérisent essentiellement la méthode et la langue. De là également l'empire qu'elle a exercé sur le développement des croyances, sur les définitions de l'Eglise et sur la formation des esprits.

Quand l'Eglise fut parvenue à faire avec les débris du monde romain et les barbares qui l'avaient envahi une société nouvelle, l'activité intellectuelle se tourna tout entière vers l'étude de la doctrine catholique et la théologie sortit comme spontanément de la foi, d'une foi toute rayonnante dans des âmes qui naissaient à la vie de l'esprit. La culture particulière au moyen âge détermina la forme et la structure de l'œuvre théologique. Parmi les sept arts libéraux qu'embrassait à cette époque le plan d'études générales, la dialectique prit, dès le début, le pas sur les autres disciplines. Elle régna dans les écoles, elle passionna les maîtres et les écoliers au point que, pour beaucoup, l'art de raisonner semblait devoir être le principal ou même le seul but de l'enseignement. Cependant la dialectique se mouvait alors dans un cadre bien étroit. Le haut moyen âge ne connut que deux livres de la logique d'Aristote, les *Prédicaments* et le traité de l'*Interprétation*. C'est vers le milieu du XIIe siècle que le texte complet de l'*Organon* se répandit dans le monde latin. « L'ancienne dialectique », si courte qu'elle fût, n'en avait pas moins ouvert, par le problème des universaux, à des esprits curieux et subtils, la porte de la métaphysique. Il faut même reconnaître que jamais la question fondamentale de l'objectivité de nos connaissances ne fut agitée avec plus d'ardeur.

La dialectique préparait, en façonnant les esprits, le terrain nécessaire pour les constructions futures. Quand vinrent les ouvriers chargés par la Providence d'élever le monument, leur génie se plia d'instinct à une méthode qui était devenue le principal ressort du travail de la pensée.

La dialectique n'était qu'un instrument propre à discerner, à définir, à mettre en corps de doctrine les vérités révélées. Ces vérités, il fallait nécessairement les apprendre de l'Eglise qui les tient en dépôt dans l'Ecriture et dans la Tradition. La Bible était pour les savants du moyen âge un livre « où tout est inspiré, jusqu'au moindre mot »; ils entendaient, à la lettre, en le lisant, la parole de Dieu. Ce livre, ils l'avaient perpétuellement dans les mains, ils en vivaient. Dans toutes les questions et sur tout sujet, c'était l'autorité suprême, irréfragable; ils pensaient en quelque sorte par le texte de la Bible.

Le culte dont l'Ecriture était l'objet rejaillissait sur les Pères de l'Eglise qui s'en étaient faits les interprètes. La grande ère patristique, close depuis des siècles, s'entourait, pour les docteurs du moyen âge, d'une splendeur unique, dans ce passé lointain où ils l'entrevoyaient, à travers tous les bouleversements qui avaient changé la face du monde. Elle se fondait presque, à leurs yeux, avec les temps apostoliques : les Pères de l'Eglise leur semblaient avoir, tous, puisé la vérité à sa source. De là l'usage qui s'établit dès l'époque carolingienne et qui prévalut durant tout le haut moyen âge, de les citer comme on citait la Bible, c'est-à-dire de produire les textes des Pères comme des sentences décisives en matière de foi et qui se suffisaient à elles-mêmes sans autre explication.

Les écrits des Pères constituaient un trésor immense et, pour tout dire, inaccessible à la plupart des hommes d'étude. Pour en tirer parti, il parut indispensable d'en faire des extraits qui fussent à la portée de toute main et de toute intelligence. Dès lors les recueils de textes patristiques se multiplièrent sous des appellations diverses. Ce fut tout d'abord une série de collections confuses, sans aucun ordre. Cependant, comme un grand nombre de citations se trouvaient partout les mêmes, il se forma ainsi une somme traditionnelle de textes consacrés par l'opinion, auxquels s'attacha une autorité prédominante.

Le moyen âge possédait ainsi les deux outils dont il avait besoin pour construire une théologie scientifique, d'un côté le fond de la doctrine dans un enseignement traditionnel, de l'autre une méthode pour en dégager les éléments essentiels et pour en faire la synthèse. Il restait à perfectionner ces deux outils, c'est-à-dire d'apprendre à bien lire les Pères et à manier sûrement la dialectique.

Les maîtres du haut moyen âge voyaient dans les textes patristiques « des autorités », comme ils disaient, qu'on invoque et qu'on ne discute pas, même pour savoir authentiquement dans quel sens il faut les entendre. De plus, tous ces textes avaient à leurs yeux le même poids; en ce temps-là, on ne faisait pas, en lisant les Pères, la différence de l'organe de l'Eglise, toujours sûr, parce qu'il parle en simple témoin de la croyance catholique et du docteur privé sujet à l'erreur.

Il se trouva, d'un autre côté, des dialecticiens qui abusaient du raisonnement : qu'il suffise de rappeler quelques noms des plus célèbres, Bérenger, Roscelin, Gilbert de la Porrée. Enivrés, pour ainsi dire, de l'empire que leur assuraient sur des esprits naïfs les subtilités de la dialectique, ils en vinrent à ôter les bornes qui séparent le domaine de la raison de celui de la foi, et, sous prétexte de soumettre au raisonnement les vérités révélées, ils s'emportèrent jusqu'à saper sans retenue les dogmes fondamentaux.

IV

Cependant, vers le milieu du XIe siècle, s'éleva, « comme un obélisque au milieu des sables », un homme qui fut tout à la fois un penseur de génie et un saint. Il y avait, à cette époque, à l'abbaye du Bec, en Normandie, une école monacale en grand renom dans la chrétienté. La jeunesse, désireuse de s'instruire, y accourait en foule, pour y suivre les leçons de Lanfranc. Anselme y vint du fond de l'Italie, de la cité d'Aoste où il était né en l'an 1033, de parents nobles et riches. La nature et la grâce l'avaient à l'envi disposé à la contemplation des choses de Dieu : pour y vouer sa vie entière, il se fit moine. A l'abbaye du Bec, sur le siège de Cantorbéry, la prière et l'étude, se fondant l'une dans l'autre, remplirent ses jours. Il ne se reposa de méditer qu'au moment où il s'alita pour mourir. C'était le dimanche des Rameaux : « Seigneur Père, dit au saint archevêque mourant un des clercs qui l'entouraient, à ce que nous voyons, vous vous en allez de ce monde fêter la Pâque à la cour de votre Maître ». — « Si c'est son bon plaisir, répondit Anselme, je m'y soumets volontiers. Mais s'il voulait me laisser encore parmi vous pour me permettre au moins d'éclaircir la question que je poursuis en ce moment, celle des origines de l'âme, je l'accepterais avec reconnaissance, car je ne sais si personne, après moi, l'éclaircira ». Dieu ne le voulut pas · Anselme mourut le mercredi saint, 21 avril 1109.

Saint Anselme a lui-même défini à plusieurs reprises l'esprit qui l'animait et la méthode qu'il a suivie dans la composition de ses ouvrages. « Je ne tenterai pas, Seigneur, écrit-il, au chapitre premier du « *Proslogion* », de pénétrer l'infini; mon esprit en est incapable. Je désire simplement entendre jusqu'à un certain point la vérité que vous avez dite et que j'aime de tout mon cœur. Je ne cherche pas à comprendre pour croire, mais je crois pour comprendre. Si je ne commençais par croire, je ne pourrais comprendre ».

Dans le second chapitre du traité « De la foi à la Trinité », il s'élève avec force « contre la témérité criminelle de ceux qui osent mettre en doute les dogmes de la foi parce qu'ils ne les comprennent pas ». « Il faut, dit-il, professer d'abord la vérité que l'Eglise enseigne, il faut l'aimer, il faut en vivre, et puis chercher humblement des raisons qui la rendent plus claire sinon plus certaine ». « La foi qui cherche l'intelligence » : telle fut la maxime constante de saint Anselme, la règle invariable de sa vie d'étude. Tous ses traités théologiques sont des méditations où la recherche métaphysique s'inspire de la prière, où la spéculation rationnelle, une spéculation hardie, profonde, s'entremêle d'élévations ardentes.

Saint Anselme s'était nourri des Pères, en particulier de saint Augustin, il ne les cite pas, mais leur pensée affleure perpétuellement sa méditation. On ne saurait d'ailleurs trouver nulle part une logique plus pénétrante ni plus rigoureuse; il épuise en quelque sorte les principes qu'il tire de la révélation.

Il n'a écrit que des monographies; toutefois, sans se proposer un plan d'ensemble, il a traité et résolu les questions les plus essentielles. Il est le premier qui ait appliqué de dessein formé la spéculation rationnelle au dogme catholique, pour en affermir la croyance dans les âmes. C'est à ce titre qu'il est, si l'on veut, mais à ce titre uniquement, « *le Père de la scolastique* ». Saint Anselme, en effet, n'a pas exercé une influence sensible dans les Ecoles; on lut ses écrits, on n'imita point sa manière de traiter la doctrine; il n'eut pas, à proprement parler, de disciples. C'est souvent la rançon du génie qui dépasse de trop loin la commune mesure des esprits : il ouvre à la pensée des horizons nouveaux, mais il est seul dans le chemin qu'il a frayé.

Vers le commencement du XIIe siècle, tout se remuait dans les Ecoles pour aboutir à une organisation de l'enseignement théologique. Abélard entrait en scène, et l'œuvre qui s'annonçait, c'est Abélard qui l'a faite. Il a fondé la scolastique; il en a déduit avec précision les lois fondamentales, à savoir la synthèse doctrinale, l'emploi rigoureux de la dialectique, l'interprétation critique de l'Ecriture sainte et des Pères.

La formation des esprits les avait disposés à considérer la révélation comme un système où toutes les vérités s'enchaînent logiquement; ils sentaient le besoin d'un exposé général et organique de la doctrine religieuse. Abélard n'avait pas le génie créateur d'un saint Anselme, mais il avait le sens de l'opportunité : il publia l'*Introduction à la théologie;* ce fut la première *Somme*, composée en vue de coordonner l'enseignement de la foi.

Abélard n'a pas inauguré l'application de la spéculation rationnelle à la théologie : c'était fait; mais il en a érigé la pratique en principe. De plus, c'est à lui qu'il faut faire remonter l'origine de « cette manière contentieuse et dialectique de traiter les questions » qui a prévalu dans l'enseignement théologique.

Il a eu enfin le mérite de promouvoir une autre réforme, la plus essentielle de toutes : il a posé le principe de la critique indispensable des textes et il a tracé d'une main assez sûre les principales règles qu'il faut suivre pour en établir l'autorité. Avant lui, on citait les textes sans les éprouver. Abélard, le premier au moyen âge, enseigna qu'il fallait s'assurer de leur provenance et en déterminer le sens en tenant compte d'un ensemble de circonstances qui servent à préciser la pensée de l'auteur. Il fut, pour tout dire, un précurseur de l'exégèse moderne. Comme tous ceux qui devancent leur temps, il souleva beaucoup d'oppositions. Parce qu'il voulait examiner les sources de la foi, établir la concordance des autorités, on l'accusa de les mépriser; de nos jours même il s'est trouvé des historiens pour ne voir en lui qu'un rationaliste. Ce qui est vrai, c'est que le fond de son système était juste et qu'il manqua de mesure dans l'application qu'il en fit. Il avait de la Tradition une idée confuse et, somme toute, inexacte; il semblait mettre sur le même pied, pour l'explication de la doctrine révélée, les philosophes profanes et les Pères de l'Eglise.

Il eut également trop de confiance dans la dialectique. Au XIIe siècle, la théologie était la clef de voûte de l'ordre intellectuel; la foi projetait sa lumière sur toute vérité; elle remplissait la pensée. Dès lors, c'était la tendance générale des esprits en ce temps-là d'étudier la théologie, comme si la raison pouvait pénétrer jusqu'au fond les vérités de la foi. Abélard se laissa emporter à cette illusion présomptueuse; il tenta de mettre les mystères à la portée de l'intelligence. De là l'immense succès de son enseignement; de là aussi les erreurs où il fut entraîné et qui lui valurent d'être condamné deux fois par l'autorité ecclésiastique, aux Conciles de Soissons et de Sens.

Au reste, Abélard n'a pas un fond de doctrine constante et liée; il est éclectique, il prend de toutes mains les données qui lui servent de principes, il est, par suite, flottant et aventureux. Ce n'est, à proprement parler, ni un théologien, ni un philosophe, c'est un dialecticien subtil, ingénieux, plein de ressources, mais superficiel, plus capable d'inventer des raisonnements que de creuser des idées. Doué d'un grand talent d'exposition, d'une érudition vaste, d'une rare séduction de parole, il a laissé surtout le souvenir d'un professeur incomparable.

Abélard avait donc tracé une voie nouvelle pour le développement scientifique de la théologie; il fallait simplement la redresser. A l'heure où il rentrait dans l'ombre, deux hommes se rencontrèrent pour tirer le meilleur parti de sa méthode, en évitant l'écueil où son élan s'était brisé. Très différents d'esprit, de talent, de caractère, Hugues de Saint-Victor et Pierre Lombard ont fixé, chacun à sa manière, ce qu'il y avait de durable et de véritablement fécond dans le travail du douzième siècle.

La parfaite orthodoxie d'Hugues de Saint-Victor rassura les croyants alarmés par les dialecticiens ; enfin, c'est lui qui a, pour ainsi dire, acclimaté la spéculation philosophique dans la théologie. Sa manière de traiter la doctrine rappelle celle de saint Anselme : nourri, lui aussi, des saints Pères, à l'exemple de l'archevêque de Cantorbéry, il s'inspire constamment de leur pensée et ne les cite presque jamais. Son argumentation d'un cours libre et varié, où s'entremêlent les démonstrations, les objections et les réponses, où abondent les considérations profondes et les formules heureuses, se développe avec une allure plus littéraire que scientifique ; c'est un flot rapide et brillant d'idées originales où se renouvelle perpétuellement l'aspect de la vérité. Toutefois, malgré son génie, ou plutôt parce que son génie le porta trop haut, l'œuvre qu'il a laissée et dont l'influence a été si considérable, ne devait pas fournir, pour la diffusion de la science sacrée, l'instrument nécessaire à la masse des esprits.

Au moyen âge, l'enseignement se donnait au moyen d'un texte que le maître lisait, qu'il expliquait, qu'il commentait. Le livre qui servait de base à l'enseignement théologique, c'était la Bible. Le dogme est épars dans l'Ecriture sainte; dès lors, l'enseignement de la doctrine était nécessairement fragmentaire et dispersé. Cependant le principe d'ordre et d'unité qui est au fond de l'esprit humain poussait de plus en plus les hommes d'étude à embrasser les vérités de la foi dans un tout organique et harmonieux. Il fallait, à côté de la Bible, un livre qui, sans avoir la même autorité, présentât aux maîtres la ressource que ne leur offrait pas la Bible, d'enseigner de suite et dans un enchaînement logique, l'objet de la croyance chrétienne. Abélard put s'imaginer qu'il avait fait ce livre, quand il eut écrit « l'*Introduction à la théologie* »; il en avait simplement préparé l'éclosion. Quant à Hugues de Saint-Victor, il donna sans doute dans le « *De Sacramentis* » un magnifique aperçu de la doctrine catholique, mais il avait, dans la pensée, trop d'étendue et de vigueur pour se mettre au pas du commun des esprits.

V

Le livre qu'on attendait, c'était un ouvrage clair, précis, d'une doctrine sûre, substantiel sans profondeur, assez complet et assez impersonnel pour se prêter au commentaire des maîtres, honnête enfin, dans tous les sens du mot. Celui qui publia ce livre, en 1150, se nommait Pierre Lombard. Tout ce qu'on sait de lui, c'est qu'il venait de la Lombardie, d'où le nom qu'il porte dans l'histoire, qu'il enseigna à l'Ecole du Cloître Notre-Dame, qu'il fut évêque de Paris un an et qu'il mourut en 1160.

L'ouvrage de Pierre Lombard — *Les Quatre Livres des Sentences* — fut considéré, dès son apparition, comme la cristallisation du travail théologique qui s'était accompli jusqu'alors dans les Ecoles du moyen âge. La doctrine traditionnelle, telle que les maîtres de l'enseignement l'avaient extraite peu à peu de l'Ecriture et des Pères, y était présentée dans les thèses et sous les formes où ils l'avaient élaborée. Pierre Lombard ne soulève pas de problèmes, ne crée pas de systèmes; il se contente de reprendre les questions déjà posées, d'y donner les solutions acquises en les appuyant des preuves généralement reçues. Il borna sa tâche à faire de ce qui n'était avant lui qu'un amas plus ou moins confus, un édifice régulier et il sut n'employer à cette construction que des matériaux éprouvés. Le succès dépassa de beaucoup le mérite de l'auteur. Dans le « *Paradis* » de Dante, saint Thomas présente avec fierté Pierre Lombard, « qui offrit, dit-il, en citant un mot du Maître des Sentences dans sa Préface, qui offrit, comme la veuve, son obole à l'Eglise » : symbole saisissant du rôle qu'ont rempli ces deux hommes, l'un « offrant l'obole », dont l'autre a fait un trésor sans prix. Aucun livre, après la Bible, n'a obtenu plus de vogue, ni plus d'autorité que l'ouvrage de Pierre Lombard. Le XIIIe siècle l'a placé à côté de la Bible — Bacon disait même au-dessus — dans l'enseignement de la théologie. Durant des siècles, tandis que les Maîtres, dans les Universités, se réservaient l'explication et le commentaire de la Bible, « les *Quatre Livres des Sentences* » servaient de texte aux leçons des bacheliers. Durant des siècles il ne se publia pas un seul ouvrage de théologie qui ne reproduisît le plan des traités de Pierre Lombard et qui même n'en fût en quelque sorte le commentaire. Enfin, chose étonnante, il faut attendre près de quatre cents ans, il faut arriver à la fin du quinzième siècle pour voir saint Thomas se substituer à Pierre Lombard dans cette place de maître suprême et universel de l'enseignement théologique.

Pourquoi ce changement de règne qui aurait dû, semble-t-il, se produire dès que parut la Somme, tarda-t-il si longtemps ? Les causes en furent nombreuses, mais il est aussi difficile qu'inutile de les rechercher, d'autant que les plus apparentes ne furent peut-être pas les plus efficaces. Une seule chose est à noter ici, c'est que saint Thomas, en élevant ce monument grandiose qui a fait l'admiration des siècles, a réalisé pleinement la pensée maîtresse du moyen âge et rédigé le code toujours en vigueur de la théologie scolastique.

A la fin du XIIe siècle et dans les premières années du XIIIe, il se produisit dans le monde religieux deux événements qui, sans avoir le moindre rapport à leur origine, devaient bientôt retentir l'un sur l'autre et par là accroître leur influence, comme deux fleuves, partis de sources différentes, viennent enfin mêler leurs eaux, pour répandre sur leur passage une fécondité plus abondante : ce fut, d'un côté, la transformation des Ecoles en Universités, et, de l'autre, la naissance des Ordres mendiants.

Quand les maîtres et les écoliers de Paris s'avisèrent de former une corporation, prenant ainsi l'initiative d'un mouvement qui allait se propager dans tout le monde chrétien, ils obéissaient simplement à une tendance qui poussait alors les diverses classes de la société féodale à revendiquer des privilèges pour en faire un asile à la liberté. Jusque là, l'existence des Ecoles, attachée, pour ainsi dire, à la fortune de l'enseignement qu'on y donnait, n'avait rien de stable; elles s'ouvraient et se fermaient selon que l'opinion y attirait ou en éloignait les étudiants. C'est ainsi, en particulier, que les Ecoles des Bénédictins, même celles qui avaient jeté le plus d'éclat, s'étaient peu à peu enveloppées d'ombre et de silence, comme des flambeaux qui s'éteignent les uns après les autres.

Groupées en Universités, les Ecoles acquéraient de la consistance; elles formaient une institution sociale, publiquement définie et reconnue; elles avaient des droits consacrés par l'Etat et par l'Eglise. Cette organisation leur infusa un principe de vie qui renouvela leur activité. Maîtres et écoliers en ressentirent une ardeur d'émulation qui, soutenue par des circonstances providentielles, allait ranimer le travail intellectuel, favoriser, sur les divers points de la chrétienté, l'essor d'esprits de premier ordre, faire lever enfin, pour la défense et l'honneur de l'Eglise, une légion de grands scolastiques.

Ni saint François, ni saint Dominique, en fondant, chacun, un ordre religieux, n'avaient songé à former des maîtres en théologie, encore moins des savants qui prendraient la tête du mouvement intellectuel de leur temps. Le pauvre d'Assise s'était proposé d'appeler à lui des hommes décidés à faire profession « de la folie de la croix » et à présenter ainsi au monde un Evangile vivant. Mis en présence de l'hérésie albigeoise, saint Dominique s'était convaincu que l'erreur cède, non pas à la violence, mais à la parole de Dieu : il institua les frères prêcheurs pour propager la vérité en la soutenant de l'exemple des plus hautes vertus.

Cependant, un quart de siècle s'était à peine écoulé depuis la mort de ces deux grands hommes, et l'on voyait dominicains et franciscains remplissant la chrétienté de la renommée de leur enseignement dans les Universités, et, parmi eux, de véritables chefs d'école. Du reste, de cette époque particulièrement féconde, la postérité n'a retenu guère de noms de philosophes et de théologiens qui n'aient appartenu à l'une ou à l'autre de ces deux familles religieuses. Enfin, le plus grand de tous, celui qui a ramassé dans son œuvre tout ce qu'il y avait de solide dans la pensée du moyen âge, fut un fils de saint Dominique. Il semble, en effet, que tous les philosophes et tous les théologiens qui l'ont précédé n'aient travaillé que pour saint Thomas et qu'il soit venu, lui, pour recueillir le fruit de leurs travaux et pour y imprimer le sceau de son génie.

VI

Saint Thomas d'Aquin a été le grand architecte de la théologie : en s'appropriant la pensée de ses prédécesseurs et de ses contemporains, il l'a épurée, il l'a fécondée, il lui a donné le tour et la forme qui lui étaient nécessaires pour apparaître dans toute sa force et pour exercer tout son empire. Dans ce grand courant doctrinal qui avait traversé les siècles, chargé de vérités acquises et d'opinions flottantes, c'est lui qui, le premier, a su discerner d'un regard aussi sûr qu'étendu, ce qu'il fallait en retenir et en rejeter. Il a soumis les données de la révélation à une analyse qui a pénétré « dans les jointures et dans les moelles » de la vérité; le premier, il a pleinement réussi à grouper autour de chaque dogme les questions qui s'y rattachent essentiellement et qui ont exercé depuis la sagacité des théologiens. Enfin, c'est lui surtout qui a implanté, dans l'enseignement théologique, « une forme contraignante », comme parle Bossuet, qui peut bien « gêner les esprits, mais qui les contient, qui resserre leur liberté, mais qui les guide ». Il n'a créé ni la langue théologique ni la méthode scolastique, mais il a contribué pour la meilleure part à les perfectionner et à les fixer; il a, en précisant les idées, arrêté les formules; il a établi entre les unes et les autres une telle convenance que ceux qui ont voulu, après lui, traiter les mêmes matières, ont dû accommoder leur langage au sien. Il a fait de l'ensemble des dogmes et de leurs conséquences certaines ou probables un corps de doctrine dont toutes les parties sont parfaitement liées et en même temps pleines de germes de vie qui tendent à se déployer en vérités nouvelles. C'est ainsi qu'il a imposé sa marque indélébile à la science théologique : on a pu continuer son œuvre, on a pu la développer; nul n'a songé à la refondre pour la recommencer.

A cet aperçu bien sommaire de l'œuvre de saint Thomas, je n'ajouterai qu'une observation, mais elle est capitale. La

Somme a été, comme tous les travaux du moyen âge, une œuvre élaborée par l'enseignement et pour l'enseignement. Saint Thomas était un professeur de théologie; la théologie, il l'enseignait de vive voix. Il a composé la « *Somme* », non pas pour suppléer l'enseignement oral, mais pour fournir un thème à l'enseignement oral. Chaque article de la « *Somme* » est un canevas destiné à être développé par la parole. Saint Thomas s'en est expliqué lui-même dans la préface de son ouvrage : il l'a écrit, dit-il, à l'usage des commençants, c'est-à-dire pour offrir aux maîtres un texte de leçons et aux étudiants un moyen de suivre les leçons des maîtres, plus facilement et avec plus de fruit.

De là l'emploi de ce cadre rigoureux, constant, toujours le même d'un bout de la « *Somme* » à l'autre. où il enferme chacune des questions qu'il débat, cette forme tripartite que revêt invariablement son argumentation : les objections, d'abord, la thèse avec la raison décisive qui l'établit, les réponses aux objections. Chaque article se présente ainsi, encore une fois, comme un sommaire rédigé en vue d'un enseignement oral où il sera développé, expliqué, voire même complété. Cependant saint Thomas prend soin de marquer toutes les idées qui devront faire l'objet de l'enseignement oral; mais il les indique plutôt qu'il ne les expose. Son langage concis, resserré, réduit aux termes strictement nécessaires, où chaque mot porte une idée, son langage si lumineux pour ceux qui savent, accable au premier abord l'attention; pour lui donner tout son éclat aux yeux des commençants, il faut le commentaire d'une parole vivante.

Mais encore saint Thomas ne discute jamais les autorités qu'il invoque à l'appui de sa thèse; les textes qu'il cite sont puisés à bonne source; ils portent coup pour la démonstration de la vérité qu'il veut établir, mais il laisse en question la force de la preuve qu'il en tire, il n'en fait pas l'exégèse : c'est une tâche qu'il réserve à l'enseignement oral. De même, il laisse à l'enseignement oral le soin de noter l'importance relative des objections qu'il énumère et des réponses qu'il y fait; pour lui, il se contente de proposer les unes et les autres sans ordre, sans que rien avertisse le lecteur du poids de chaque difficulté ni du prix qui s'attache à chaque solution.

On a voulu voir dans cette structure singulièrement abrupte et monotone de la « *Somme* » et dans les lacunes qu'on y peut signaler, un défaut de composition. Cette critique est sans fondement. Saint Thomas avait bien le droit de se marquer un but en écrivant la « *Somme* », et, par suite, d'en ordonner le plan. Or il a rempli son idée; ce qu'il a voulu faire, il l'a fait parfaitement, à savoir, une magnifique table des matières, qu'on me passe le mot, de l'enseignement qu'il avait déjà donné, qu'il aurait continué de donner de vive voix, si la mort n'était venue lui fermer les lèvres à l'âge de quarante-neuf ans.

Il s'est rencontré en tout temps dans toutes les sphères de la pensée des esprits qui se sont étonnés que la dialectique tienne tant de place dans l'œuvre de saint Thomas, au point que la vérité qu'il faut croire uniquement parce que Dieu l'a dite et que l'Eglise nous l'enseigne comme révélée par Dieu, y semble reposer tout entière sur le raisonnement. On a regretté qu'à cette exposition large et courante comme un fleuve que présentent les écrits des Pères, le maître de la science théologique ait substitué ce château-fort de dialectique tout hérissé de définitions, de divisions et de syllogismes.

Cette transformation, quoi qu'on en puisse penser, était inévitable; les hommes qui l'ont faite l'ont accomplie moins par l'application d'une volonté réfléchie que sous l'empire des nécessités de l'enseignement. Quant parut saint Thomas, la méthode scolastique était déjà implantée partout, elle servait d'organe dans toutes les discussions philosophiques, théologiques, canonistiques et civiles, elle était devenue comme l'instrument nécessaire de tout travail intellectuel. Saint Thomas en a fait simplement l'outil perfectionné d'une pensée souveraine.

Elle fut d'ailleurs, j'oserai le dire, providentielle, cette méthode scolastique, et, si l'on veut en désigner le premier auteur il faut, comme le rappelle Sixte-Quint, dans l'Encyclique *Triumphantis*, en faire remonter la création « à la munificence de celui qui, seul, donne l'esprit de sagesse, de science et d'intelligence, et accorde à son Eglise, aux différentes époques de l'histoire, des bienfaits et des secours nouveaux en rapport avec ses besoins ». La méthode scolastique, dont « la *Somme théologique* nous offre le modèle, est admirablement propre, a écrit Bossuet, à faire avancer dans les sciences sacrées ceux qui commencent »; il ajoute : « Ceux qui n'ont pas commencé par là sont sujets à s'égarer beaucoup quand ils se jettent sur les matières théologiques ».

Est-ce à dire que, dans l'ordre des sciences sacrées, l'œuvre de saint Thomas soit comme le Panthéon de la raison humaine éclairée de la foi, et que les esprits désireux de savoir doivent borner désormais leurs efforts à venir y chercher des réponses toutes prêtes et définitives sur les choses de Dieu et de l'âme ? Personne, sans doute, n'a jamais songé à emprisonner l'esprit humain dans une parole qui n'est pas sortie de la bouche de Dieu. Du reste, le temps ne nous laisse pas la liberté de nous asseoir ainsi tranquillement aux pieds d'un seul maître; il soulève perpétuellement dans sa course des problèmes nouveaux; il élargit sans cesse l'horizon des idées et des faits. Par suite, la tâche de ceux qui veulent protéger ou défendre la vérité ou même simplement se mettre en état, comme le prescrit saint Pierre, « de rendre raison à quiconque le demande, de l'espérance qui est en eux », s'est depuis saint Thomas, singulièrement agrandie. Voici, pour ne rien dire des autres études indispensables, le champ de la théologie historique défriché par des savants du XVIIe et du XVIIIe siècles, qui s'étend pour ainsi dire à l'infini et dont les explorateurs ne sont pas près d'avoir découvert toutes les richesses. Mais enfin, il n'est plus possible de nier ni l'utilité ni la nécessité de leurs efforts. La vérité révélée, en effet, ne paraît nulle part plus divine que dans cette perspective de l'histoire où le regard la suit s'élevant par degrés dans le ciel de la foi, des premières clartés de l'aube jusqu'à son midi, par la seule vertu de l'Esprit de Dieu qui inspire l'Eglise et qui répand dans les âmes une croyance unique, dont l'objet se précise au cours des siècles, sans subir la moindre variation.

Empêcherons-nous d'ailleurs, en détournant les yeux, « l'homme ennemi » de semer l'ivraie dans le champ de l'histoire ? N'est-il pas, au contraire, indispensable d'arracher cette ivraie, de peur qu'elle n'étouffe le sens de la vérité ? Le moyen d'y réussir, c'est de remonter les siècles et de montrer comment, de la parole de Dieu, à levé peu à peu, dans l'Eglise, le pur froment de la doctrine.

Quels que soient d'ailleurs les progrès des sciences sacrées, le prince de la scolastique qui a fait de la théologie en quelque sorte son domaine propre tant il l'a marquée de son empreinte, y tiendra toujours la première place. Il est là, comme ce Milliaire d'or que l'empereur Auguste avait fait élever dans le Forum et d'où partaient toutes les routes de l'empire. Dans les sciences sacrées, tout relève plus ou moins de saint Thomas; il faut, pour être assuré de faire œuvre solide, ou partir de lui ou revenir à lui, ou s'inspirer de sa pensée, ou éprouver au contact de sa doctrine tout élan nouveau vers la vérité.

L'ŒUVRE PSEUDONYME ET LE SILENCE DE M. J. TURMEL (1)

Après le précédent article, un ami me disait avec un scepticisme légèrement malicieux : « J'attends pour voir comment vous démontrerez que M. Turmel est l'auteur qui se cache sous les quatorze pseudonymes et les soixante-six numéros de la bibliographie pseudonyme que vous indiquez ». Cet excellent ami trouvait donc tout naturel que M. Turmel gardât le plus profond silence et que je fusse obligé de parler jusqu'à l'épuisement complet du dossier : jeu qui aurait été tout à fait piquant pour la galerie, mais dans lequel il est tout à fait inutile d'entrer. La critique, en effet, a plus de ressources que cela. Si elle trace parfois des routes aux interminables lacets, elle a aussi des raccourcis. Il y a vingt-et-un ans, lorsque j'ai commencé à poser des questions indiscrètes à M. Turmel, une seule question m'a fait réfléchir : « Ai-je assez confiance dans la méthode critique pour me lancer dans une discussion aussi dangereuse ? » Et comme la réponse fut affirmative, ma sécurité a été dès lors complète et l'est restée.

Suivons d'abord le raccourci; nous verrons ensuite quelques données nouvelles.

I

Mon savant ami oubliait qu'en ce genre de discussion il y a deux partis en présence : le demandeur et le défendeur, qui, dans le cas présent, est M. Turmel. Que peut faire chacun de ces deux partis ? Heureusement, nous avons là-dessus un précédent aussi instructif et aussi autorisé que possible. C'est

(1) Voir *Bulletin* (1929), p. 83-90; 104-125; 165-182.

celui de la Question Herzog-Dupin, relative à *La Sainte Vierge dans l'histoire*, du prétendu Guillaume Herzog et à *La Trinité dans les trois premiers siècles*, du prétendu Antoine Dupin.

Le premier à résoudre la « Question » a été Mgr Duchesne et l'on va constater avec quelle facilité. Quand il vit poindre le nez de Dupin, il écrivit à M. Lejay pour savoir qui était ce personnage. On l'envoya promener fort aimablement. Mais son jugement était fait. Les articles d'Herzog ne lui parurent nullement déceler un auteur protestant, mais plutôt un théologien catholique attelé à une besogne bien extraordinaire. Comme les théologiens catholiques de cette érudition sont plus que rares et que celui-ci avait tout à fait les procédés de Turmel, il écrivit à celui-ci, bien que n'étant pas en relations ordinaires avec lui : *Tu es ille vir.* M. Turmel protesta avec beaucoup d'énergie et d'indignation, mais Mgr Duchesne maintint toujours son avis, malgré les dénégations données par M. Turmel à Mgr Dubourg, archevêque de Rennes, et sous la foi du serment.

Telle est la manière très simple dont le maître de la critique contemporaine s'est fait une opinion définitive sur cette question.

Quelques mois plus tard, sans connaître le jugement de Mgr Duchesne, et *sans avoir aucune intention de chercher l'identité de ces deux pseudonymes*, j'ai vu le nom réel des deux masques me sauter pour ainsi dire aux yeux, dans une simple lecture faite au jardin, par une après-midi ensoleillée de février (2). J'ai écrit ensuite deux articles et un petit livre pour montrer les rapports organiques de pensée, de préjugés, de style, de vocabulaire et les coïncidences de date qui lient, de manière inséparable, ces deux études pseudonymes de théologie entre elles et à l'œuvre entière de M. Turmel. Et la force probante d'une telle démonstration, sur les diverses catégories d'esprits, on peut la mesurer par les résultats suivants qui appartiennent à l'histoire :

1° L'opinion du monde scientifique reconnaissant que l'auteur des écrits d'Herzog et de Dupin est M. J. Turmel. Aux

---

(2) L. SALTET, *La Question Herzog-Dupin*, p. IX-X (Paris, juillet 1908). Les articles si forts du P. Portalié sur la même question ont paru en août et septembre de la même année dans les *Études*.

témoignages cités à cet égard dans le *Bulletin* (3), on peut ajouter celui d'une encyclopédie religieuse allemande parue en 1913, où les écrits de Dupin et d'Herzog sont incorporés à la bibliographie de M. Turmel (4).

2° L'opinion d'un juge trop bienveillant, Mgr Dubourg, alors archevêque de Rennes, qui considéra comme une « victoire » les dénégations de M. Turmel, ce qui fit écrire à M. Michel, supérieur du Grand Séminaire de Rennes : « Le bon archevêque s'est laissé jouer par M. T. quand il a consenti à se contenter de la seconde lettre de M. T. Ah ! le bon billet ! » (5).

3° L'opinion d'un avocat trop zélé, M. l'abbé J. Bricout, alors directeur de la *Revue du clergé français* (6).

La force probante de l'enquête critique faite sur les écrits d'Herzog et de Dupin se ramenait à deux arguments : l'un positif et l'autre négatif : le silence de M. Turmel. Parmi les nombreuses pages qui ont été écrites à ce sujet par des écrivains très autorisés, il n'en est pas de plus précise, de plus finement nuancée que la suivante, écrite en 1908 par M. J. Besson, aujourd'hui doyen de la Faculté de droit canonique de l'Institut catholique de Toulouse. Les titres en italique ne sont pas de l'auteur cité :

Arguments positifs. — A mesure qu'on dépouille ce dossier il se forme comme une progression d'impression, à laquelle il est malaisé de se soustraire. Sans nul doute la critique interne est délicate; on se méfie toujours de son mirage. Mais ici ce qui impressionne, ce qui obsède ce sont les particularités, c'est le caractère unique du plagiat. M. Saltet n'y relève pas seulement des emprunts de matériaux, des similitudes de style, un étrange parallélisme de dates : il y a quelque chose de plus intrinsèque; des analogies de méthode et comme des

(3) *Bulletin* (1908), p. 286, n. 3.
(4) Biographie *Joseph Turmel*, dans *Die Religion in Geschichte und Gegenwart*, tome V, col. 1397 et 1398 (Tubingue, 1913).
(5) *Bulletin* (1929), p. 111-113.
(6) C'est l'article *Consultations et renseignements : la Question Herzog-Dupin* dans la *Revue du clergé français* du 15 août 1908, p. 470-478. En date du 20 août suivant, M. Franon m'écrivait que c'était là « *une rosserie* ». Les rosseries sont excellentes dans les cabarets de Montmartre, mais non dans la critique religieuse. Pour les études ecclésiastiques, ce fut un vrai malheur que, pendant les années du mouvement moderniste, la direction d'un organe aussi important que la *Revue du clergé français* ait été aux mains d'un homme d'aussi peu de clairvoyance et de sérieux que M. l'abbé J. Bricout.

affinités de pensée : on dirait un même esprit qui procède avec les mêmes habitudes et se forme le même cadre logique.

Une remarque achève de rendre le cas déconcertant. Le plagiaire, malgré son indélicatesse littéraire, se manifeste homme du métier; un érudit de valeur ne se condamne pas à l'anonymat perpétuel; *il a dû se faire connaître, sous son vrai nom, dans le groupe très restreint des critiques français de l'histoire du dogme.* Or, on n'arrive à lui mettre dessus aucun nom, aucun... Un seul vient à l'esprit. Au point où en est le débat, qui ne souhaitera des explications décisives ?

Argument du silence. — Le silence [de M. Turmel] serait la plus décisive de toutes (7).

La même appréciation se retrouve de façon identique dans les divers comptes rendus de la controverse depuis la *Theologische Revue* de la Faculté de théologie de Muenster (8), jusqu'aux *Etudes.* L'argument tiré du silence de M. Turmel est invariablement donné comme le plus simple, le plus expéditif et le plus fort.

C'est ainsi que M. Turmel ayant eu l'imprudence d'envoyer aux *Etudes*, par huissier, une sommation d'insérer, s'attira la foudroyante réponse : « Après les articles de notre éminent collaborateur, M. E. Portalié [sur la Question Herzog-Dupin] parus l'automne dernier dans les *Etudes*, M. l'abbé *Turmel avait certes des explications de fond à donner... Les explications ne sont pas venues* et les catholiques de tout pays, sans distinction d'opinions et de préférence les attendent encore... Il serait trop aisé d'opposer aux pièces de son huissier, *la grande sommation que lui adresse en vain*, depuis l'apparition du livre de M. Saltet, *la conscience des catholiques* » (9).

Et la valeur de cet argument du silence est, dans le cas présent, complètement confirmée par l'aveu écrit de M. Turmel, déposé aux Archives de l'Archevêché de Paris et dont il sera question bientôt.

Tel est le précédent dont il est impossible de faire abstraction dans la controverse relative aux dix pseudonymes restants de

(7) Dans la *Nouvelle Revue théologique*, août 1908, p. 506-507.

(8) Numéro du 10 octobre 1908, col. 502-503 : « *Tant que Turmel ne donnera aucune réponse satisfaisante...* il sera tenu par tout homme capable de juger pour « un misérable, un être méprisable ». Conclusion contre laquelle Bricout cherche en vain de le défendre, parce que son attitude est une conduite que réprouve la plus élémentaire honnêteté ».

(9) *Etudes* du 5 février 1909, p. 446.

M. Turmel (10). Ce précédent nous montre que, dans les controverses de ce genre, contrairement à la première impression, la démonstration la plus accessible à tous peut, dans certains cas, être administrée non par le demandeur, mais, bien malgré lui, par le défendeur lui-même, celui-ci étant réduit au silence. Dès lors, en des questions aussi graves, dans le maniement d'un dossier beaucoup plus considérable que celui des écrits prétendus de Dupin et d'Herzog, sans négliger les arguments positifs, il sera permis et même recommandé de ne pas s'y attarder indéfiniment et, contrairement à une opinion trop peu éclairée, de s'appliquer à mettre en valeur l'argument du silence.

***

Ce précédent si instructif rappelé, venons-en à la question des pseudonymes de M. Turmel postérieurs à 1908.

A ce sujet, à Toulouse, depuis le commencement de cette nouvelle série, nous n'avons pas été dupes, un seul instant, de ces fausses barbes, dont nous avons reconnu aussitôt le vrai titulaire. Mais pour des raisons personnelles, j'étais bien décidé à ne plus intervenir dans cette tragi-comédie. Ce qui le prouve surabondamment, c'est qu'il y a sept ou huit ans, j'ai laissé tomber, sans même y répondre, la proposition qui me fut faite alors de me donner la preuve matérielle de l'identité de M. Turmel et d'Herzog-Dupin. Cette proposition me fut faite oralement, par un intermédiaire des plus autorisés, au nom de *M. l'abbé Jules Croulbois, prêtre du diocèse de Laval*, et exerçant alors le ministère à Paris, sur la paroisse Saint-Sulpice, où il résidait, 4, rue Garancière et où il est mort, dans sa 75e année, le 7 juin 1929.

J'ai regretté souvent depuis de n'avoir pas même remercié alors M. J. Croulbois de sa proposition, qui s'inspirait des motifs les plus nobles. Mais je n'ai pas laissé ignorer cette proposition dans notre milieu.

---

(10) M. Turmel reconnaît la paternité des écrits de Denys Lenain et de Goulven Lézurec. Son identité avec Herzog et Dupin est établie par la pièce des Archives de l'Archevêché de Paris. La question de ces quatre pseudonymes résolue, restent les dix autres.

Ainsi s'est fait que lorsque M. l'abbé J. Rivière, professeur à la Faculté de théologie de Strasbourg, a rencontré sur son chemin les articles d'Hippolyte Gallerand sur la Rédemption et les dénégations y relatives de M. J. Turmel (11), il a insisté à plusieurs reprises pour me faire donner publiquement mon témoignage, en commençant par demander celui qui avait été offert spontanément par M. Croulbois. Pour me décider, il y avait encore l'audace avec laquelle M. Turmel m'avait mis en cause dans sa lettre en écriture déguisée écrite par lui à M. J. Rivière, sous la signature pseudonyme H. Gallerand (12) et je promis à M. Rivière d'intervenir. Mais il m'en coûtait extrêmement de tenir parole. Cinq mois s'étant écoulés depuis ma promesse, je me décidai enfin à écrire à M. Croulbois, qui voulut bien me répondre aussitôt, en date du 10 décembre 1928. Il me disait que trois mois auparavant, atteint mortellement, il avait déposé la pièce en question aux Archives de l'Archevêché de Paris. Il m'en donnait d'ailleurs très exactement le contenu.

C'est une carte signée J. Turmel et adressée à M. Paul Lejay, secrétaire de la rédaction de la Revue d'histoire et de littérature religieuses, *où ont paru les articles de Dupin sur la Trinité et d'Herzog sur la Sainte Vierge, en 1906 et 1907.*

Dans cette carte, M. J. Turmel affecte de parler à la troisième personne des articles sur La Sainte Vierge dans l'histoire. *Il demande, d'une manière pressante à M. Lejay, la substitution dans la* Revue, *du nom d'Herzog à celui de Dupin, qu'il ne trouve pas assez secret. Cette carte est du début de 1907.*

Ce témoignage a été corroboré, quelques jours après la mort de M. Croulbois, par une lettre adressée au signataire de cet article, en date du 13 juin 1929. Cette lettre, à en-tête de l'Archevêché de Paris, est signée par *M. le chanoine Henri Lanier, vice-official de Paris,* et décédé prématurément peu après.

Ainsi amené à intervenir dans cette discussion, sans l'avoir cherché ni désiré, j'ai dû étudier de près la bibliographie pseu-

---

(11) *Bulletin* (1929), p. 83, notes 1 et 2.
(12) *Ibid.*, p. 87 et 118.

donyme des plus étendues qui m'avait été communiquée par M. J. Rivière et le faux en écriture scientifique qui porte la signature H. Gallerand. Dans cette étude, j'ai cru être ramené vingt-et-un ans en arrière. C'est exactement le cas d'Herzog, Dupin, Lenain et Lézurec qui se présentait de nouveau, mais cette fois multiplié dans dix pseudonymes titulaires non plus seulement de deux grandes brochures et de quelques articles, mais de toute une petite bibliothèque. Et à tous et à chacun, on peut appliquer l'analyse si pénétrante et la conclusion de M. J. Besson citée plus haut. Quand on a pris la peine de lire toute cette littérature, il est impossible de séparer des autres un seul de ces auteurs et de trouver, dans l'un, des caractéristiques étrangères aux autres. Il n'y a pas là une école, mais un seul auteur. Par le nombre, la variété et le calibre des données, ce serait un sujet à souhait pour un cours pratique de critique à l'usage des commençants. Il y a tant d'épis à recueillir qu'ils pourront, sans inconvénient pour la preuve, en laisser, par inexpérience, tomber des gerbes entières.

Après ces constatations, j'ai publié, dans le *Bulletin*, la liste des quatorze pseudonymes de M. Turmel et celle des soixante-six numéros de sa bibliographie pseudonyme (13). Telle a été mon intervention.

Et M. Turmel se tait toujours. On m'assure, de bonne source qu'il a tenté de mettre en branle, à Toulouse, une poursuite judiciaire contre le signataire de cet article. C'est négliger la seule juridiction à laquelle je fais appel. La question discutée par le *Bulletin* est d'ordre scientifique, et a été traitée ici comme telle. Elle appartient déjà à l'histoire. La liste des quatorze pseudonymes et celle des soixante-six numéros de leur bibliographie sont entrées dans l'Histoire du modernisme que vient de publier M. J. Rivière (14). Des journaux et des Revues ont pris nettement parti dans la controverse : la *Revue des sciences*

(13) *Ibid.*, p. 171-176.

(14) *Le modernisme dans l'Eglise, Etude d'histoire religieuse contemporaine*, Paris, Letouzey, 1929. Il y a en appendice, dans ce livre, p. 561-564 l'*Etat des écrits pseudonymes attribués à M. J. Turmel.* C'est la liste donnée dans le *Bulletin* (1929), p. 171-182. Il faut y ajouter les deux livres anglais indiqués un peu plus loin. Le chapitre II de la VIe partie est intitulé *Offensive contre le modernisme masqué* (p. 484-505). C'est le récit de la controverse de 1908 et de sa reprise présente en 1929.

religieuses, publiée par la Faculté de théologie de Strasbourg; *La Croix*, la *Revue apologétique*, la *Semaine religieuse d'Albi*, les *Etudes*, *La Vie Catholique* (15). Il n'est sûrement pas de tribunal français qui prétende empêcher la discussion scientifique et l'élaboration de la vérité historique sur le mouvement intellectuel international que constitue le modernisme. Il serait trop curieux de voir un libre critique fuir la discussion publique et essayer de cacher ses fausses barbes dans la manche d'un avocat.

***

Maintenant ma position est la suivante : dans l'intérêt de la clarté et pour ne pas mêler les questions, ils ne faut pas encombrer la discussion, en entassant des données non vérifiées. Mes précédentes questions sont suffisantes pour retenir l'attention de M. J. Turmel. Quand il y aura répondu, je lui en poserai d'autres et très chargées de constatations positives. J'en prends l'engagement solennel. Ayant assez affirmé ma méthode en parlant, je m'en vais provisoirement adopter celle de M. Turmel en me taisant. Nous allons donc désormais jouer au petit jeu du silence, celui dont le fonctionnement terrible est, dans sa simplicité, le plus accessible au grand public.

Mais la question ainsi posée, il faut nécessairement aller plus loin. Il n'y a pas que le silence de M. Turmel à considérer. Il y a celui des Directeurs de Revues et de collections scientifiques dans lesquelles ont écrit les dix pseudonymes. Il est impossible de les négliger. Ces Directeurs savent fort bien quel est le vrai visage qui s'abrite sous ces faux nez. Ils ne voudraient pas, par leur silence, laisser accuser injustement un innocent qu'ils pourraient mettre hors de cause par leur témoignage. Ils ne voudraient pas non plus qu'en ces matières de collaboration scientifique leur jugement et leur pratique paraussent moins délicats que ceux de Mgr Duchesne. En date du

(15) La *Revue* de Strasbourg (1928), p. 342; p. 511-512. — La *Semaine* d'Albi (1929), 17 janvier; 15 août; 24 octobre. — *La Croix*, 18 juillet; 8 août; 7 novembre; 21 novembre. — *Les Etudes*, 5 novembre, p. 272-276 : *La fin d'une mystification*, par M. Adhémar d'Alès. — *La Revue apologétique*, octobre 1929 : *Un épisode actuel du modernisme*, par MM. J. Rivière et Bruno de Solages. — *La Vie catholique*, 10 août; 26 octobre; 23 novembre 1929. — *L'Ami du Clergé*, 28 novembre 1929.

15 juillet 1908, après l'apparition du livre *La Question Herzog-Dupin*, l'éminent critique m'écrivait : « Turmel est littérairement disqualifié. *Je ne vois pas un Directeur de Revue, orthodoxe ou anticléricale, qui puisse consentir à imprimer ses élucubrations* ». Par suite, si même un seul des dix pseudonymes n'appartient pas à M. Turmel, ces Directeurs sauront bien nous le dire. Et sans prétendre aucunement adresser défi ou sommation à M. Alfred Loisy, directeur de la dernière série de la *Revue d'histoire et de littérature religieuses;* à M. René Dussaud, Directeur de la *Revue de l'histoire des religions*, et à M. P.-L. Couchoud, directeur des collections *Christianisme* et *Les Textes du Christianisme*, on doit faire confiance entière, à cet égard, à leur caractère.

Donc, excellent ami dont il est parlé au début de cet article, veuillez prendre patience pour les motifs et avec les engagements de ma part qui viennent d'être dits. Voici d'ailleurs aussitôt un acompte.

II

En terminant, je voudrais montrer très vite, par deux exemples, comment la documentation sur cette lamentable question est inépuisable.

On me communique les extraits suivants de deux lettres qui sont d'un témoin d'une autorité de tout premier ordre dans ces questions d'érudition et de critique :

I. — « Dans la liste des publications de LAGARDE (André) (16), M. Saltet a omis : *The latin Church in the middle Ages* (traduction A. Alexander), 8°, 1915, VI-600 pages (*International Theological Library* : T. et T. Clark, Edinburgh; Scribner, New-York).

Le piquant est que ce livre avait été annoncé sous le nom de J. TURMEL. Je me souviens parfaitement d'avoir lu cette annonce dans un périodique anglais *The Guardian*. Les « publishers » avaient commis la même erreur que Lejay en 1921, confondant Dulac et Lagarde (17), mais, cette fois, en révélant le vrai nom ».

---

(16) André LAGARDE est dans le *Bulletin* (1929), p. 173 le *septième* des quatorze pseudonymes de M. Turmel. Il est déjà titulaire de neuf numéros, auxquels vient s'adjoindre ce dixième, à désigner par 45 *bis*.

(17) Cf. *Bulletin* (1929), p. 174, numéro 41.

II. — « Un prospectus anglais qu'on m'a montré annonce de Louis COULANGE (18) *The Life of Devil*, traduction de Guest. Il y a une notice (qui émane, je suppose, du traducteur), dans laquelle il est dit que *l'auteur est un prêtre français âgé de soixante-douze ans* » (19).

Je n'ai pas encore reçu ces deux livres ni pu vérifier personnellement ces renseignements. Mais je verse ces données au dossier, en prenant l'entière responsabilité de transmetteur. Comme absolument tout fait croire que les renseignements sont exacts, ils sont une preuve externe de l'identité d'André Lagarde-Louis Coulange-Paul Letourneur et de M. Turmel (20).

Donc, sur les quatorze pseudonymes de M. Turmel : deux (Denys Lenain et Goulven Lézurec) sont reconnus par lui de bonne grâce. Deux autres (Guillaume Herzog et Antoine Dupin) sont établis par la carte signée J. Turmel et conservée aux archives de l'Archevêché de Paris. Un autre (Hippolyte Gallerand) est établi par la lettre en écriture déguisée écrite par M. Turmel à M. J. Rivière et signée H. Gallerand. A ces cinq pseudonymes appartiennent neuf numéros de la bibliographie publiée par le *Bulletin*.

Qu'on ajoute à ces données l'identité André Lagarde et Turmel fournie par la première lettre citée précédemment et l'identité Louis Coulange et Turmel fournie par la seconde. Comme d'une part le *Catéchisme pour adultes* de Louis Coulange a paru d'abord sous le nom de Paul Letourneur et que la *Revue d'histoire et de littérature religieuses* a montré l'identité d'André Lagarde et d'Armand Dulac, on arrive à ce résultat :

A l'heure actuelle, sur les 14 pseudonymes de M. Turmel, 8 sont identifiés par la critique externe ou de témoignage. Ce sont : Denys Lenain, Goulven Lézurec, Antoine Dupin, Guillaume Herzog, André Lagarde, Armand Dulac, Louis Coulange et Paul Letourneur. Et ces 8 pseudonymes représentent 38 numéros sur les 66 numéros de la bibliographie pseudonyme publiée dans le *Bulletin*. Cette bibliographie devient donc transparente comme un aquarium et les plus gros poissons, et

(18) Louis COULANGE est dans le *Bulletin*, *ibid.*, p. 171, le premier des quatorze pseudonymes. Il est déjà titulaire de treize numéros, auxquels vient s'ajouter le quatorzième, à désigner par 13 *bis*.

(19) M. J. Turmel est né en 1859.

(20) L'identité d'André Lagarde est révélée par la première lettre: celle de Louis Coulange par la seconde. Or, le *Catéchisme pour adultes* de Louis Coulange a été d'abord publié dans *l'Impartial* par Paul Letourneur.

notamment le plus important d'entre eux, Louis Coulange, auteur du *Catéchisme pour adultes*, sont identifiés, dès maintenant, et encore une fois, par la critique externe (21).

Enfin l'expert choisi par l'Archevêché de Rennes a conclu que la Lettre *en écriture déguisée écrite par le prétendu Gallerand est bien de la main de M. l'abbé Joseph Turmel.*

(*A suivre*). Louis SALTET.

---

(21) J'ai écrit que la lettre envoyée par le prétendu Hippolyte Gallerand à M. J. Rivière et reproduite dans le *Bulletin* (1929), p. 87 et 118, est corps et âme de M. J. Turmel, par l'écriture, les idées, les sentiments et le vocabulaire. En voici trois preuves de plus, à propos d'une seule phrase. Gallerand écrit : « Pour me réfuter, l'auteur [M. Rivière] a dû recourir à la *logomachie* et aux *digressions*, c'est-à-dire à la méthode *charlatanesque*. Et cette constatation, qui prouve que mon étude est irréfutable, m'a procuré un vif plaisir ».

Ce prétendu jugement n'est qu'une application à M. Rivière, après tant d'autres, de la théorie de M. Turmel *et à lui spéciale*, d'après laquelle le mode arbitraire et incohérent de la formation du dogme condamne à toutes les variétés de la falsification les théologiens qui ont la charge de justifier le dogme. C'est là, chez M. Turmel, une idée fixe, depuis le début de sa production théologique et qui, comme il était inévitable, est allée s'exaspérant avec le temps. C'est elle qui lui a fait bafouer les Pères, les théologiens du moyen âge et des temps modernes et, plus récemment, MM. Bardenhewer, Tixeront, Batiffol. C'est à cette liste si honorable que Gallerand a ajouté M. Rivière et dans les termes déjà employés par Armand Dulac, Edmond Perrin et André Lagarde.

Armand Dulac avait déjà parlé de la *logomachie* des théologiens (*Revue de l'histoire des religions* (1926), t. 92, p. 340. Edmond Perrin avait déjà parlé des « préoccupations *charlatanesques* » des théologiens (*Revue d'histoire et de littérature religieuses* (1921), p. 372. André Lagarde faisant la leçon à M. Tixeront (*Ibid.* (1922), p. 120) avait parlé « d'un vague aveu... noyé dans des *développements étrangers à la question* ». Ce sont les *digressions* reprochées à M. Rivière par Gallerand.

Si on réunissait ce qu'ont écrit sur ce thème les quatorze pseudonymes, on aurait la plus belle collection d'injures et toujours du même style. Il est merveilleux qu'en si peu de lignes, la lettre de Gallerand à M. Rivière donne une essence aussi concentrée de l'esprit de M. Turmel.

P. S. — Un témoignage reçu en donnant le bon à tirer de cet article et remontant directement à la parole même de M. P.-L. Couchoud, permet de signaler :

1° Un *quinzième* pseudonyme de M. l'abbé J. Turmel : A. SIOUVILLE, Hippolyte de Rome. *Philosophoumena*, deux volumes. Paris, Rieder, 1929. Dans la bibliographie pseudonyme (*Bulletin* (1929), p. 171-176); cet ouvrage devient le numéro 65 *bis*.

2° Le même témoignage permet de confirmer l'identité d'Edmond PERRIN (numéros 54 à 58) et de M. J. Turmel.

De la sorte, sur les 15 pseudonymes actuellement connus de M. Turmel, 10 soit les deux tiers sont identifiés par le *témoignage*, et sur les 69 numéros de la bibliographie pseudonyme, 44 soit environ les deux tiers sont identifiés *de la même manière*.

P. S. — Vérification faite, le livre d'André LAGARDE, *The latin Church in the middle ages* est bien de M. J. Turmel. Le chapitre X de ce livre (p. 345-381) intitulé *Les élections épiscopales* a paru dans la *Revue de l'histoire des religions* de 1926 sous le nom d'Armand DULAC (Cf. le n° 28 de la Bibliographie pseudonyme de M. J. Turmel : *Bulletin*, 1929, p. 173). C'est là une nouvelle preuve de l'identité d'André Lagarde et d'Armand Dulac (Cf. *Ibid.*, p. 174, n° 41).

NOTES ET CRITIQUES

Mgr de Beauséjour, évêque de Carcassonne. *Les Clermont-Tonnerre Comtois à Vauvillers, à Luxeuil, à Hamonville.* Besançon, imprimerie Jacques.

Nous devons nous excuser auprès du vénérable auteur d'avoir bien involontairement tant tardé à dire aux lecteurs du *Bulletin de littérature ecclésiastique* l'impression que nous avons ressentie à la lecture de son beau livre. Toutefois, ce n'est pas une œuvre fugitive que vient de présenter au public Mgr de Beauséjour et il est encore temps d'en parler; elle restera comme un monument d'histoire locale.

C'est dans un coin de la Franche-Comté, « aux marches de Lorraine » que nous sommes introduits, au sein d'une de ces familles de haute noblesse qui étaient, comme les vieux chênes, destinées à maintenir le sol sur lequel posait la société et à la protéger de leur ombrage. Ce qui fait le mérite tout particulier de cette monographie, c'est que, à une érudition précise, minutieuse, constamment appuyée de documents, se joint le charme du récit. Nous ne sommes pas là dans l'ombre d'une bibliothèque ou dans la poussière d'un chartrier. Partout la lumière et la vie, au point que, après avoir lu ce livre, on croit être Comtois et avoir vécu dans l'intimité des personnages qui viennent de passer sous nos yeux. Certes, oui, il est vivant ce « maréchal Gaspard », « la principale gloire des Clermont-Tonnerre Comtois », qui devint comme un nouveau fondateur de la race, en lui apportant l'honneur d'un duché-pairie, après le sacre de Louis XVI, en 1775. Bien vivante aussi, quoique toute en contraste avec celle de son père, est la figure du comte Aynard de Clermont-Tonnerre, dernier abbé de Luxeuil. Celui-ci est admirablement représentatif de ces grands seigneurs qui étaient d'Eglise par le seul effet de la date de leur naissance. Leurs aînés servaient dans l'armée, ils servaient dans l'Eglise; les uns et les autres aspiraient naturellement aux postes de commandement. A dix-neuf ans, le comte Aynard fut nommé par le roi abbé commendataire de Luxeuil. Il ne devint pas évêque, on ne sait pas trop pourquoi. Ce ne fut pas la faute de son père, le Maréchal, qui multiplia pour le pousser à l'épiscopat les démarches et les sollicitations. Il finit même par se fâcher : « On n'avait pas égard à son rang, on ne rendait pas justice à son fils ».

Le comte Aynard dut se contenter de vivre « noblement » dans son palais abbatial, remplissant son existence principalement par des études de son goût, exerçant à l'occasion une généreuse hospitalité. Enfin un jour vint où s'effondra avec tant d'autres le cadre de cette vie facile. Chassé de son abbaye, dépouillé de tous ses revenus ecclésiastiques par la Révolution, il n'eut d'autre ressource que de se réfugier chez un de ses frères à Hamonville. C'est alors qu'au lieu du personnage fastueux d'ancien régime, on vit apparaître dans l'abbé déchu un homme et même un homme de Dieu. Quoi qu'on ait pu dire, la plupart de ces fils de famille que leur condition réduisait trop souvent, dans l'Eglise, au rôle de figurants, ne laissaient pas de se munir des vertus essentielles de l'état ecclésiastique. Il eût suffi d'un changement de circonstances pour que beaucoup d'entre eux se trouvassent de plain-pied avec les plus austères devoirs. Tel fut l'abbé de Luxeuil. Ruiné par la Révolution, il se montra un vrai prêtre. Il n'émigra pas; il se fit curé de campagne et passa les dix dernières années de sa vie jusqu'en 1801, où il mourut à soixante-seize ans, occupé à exercer le saint ministère parmi des paysans, souvent même, cela va sans dire, au péril de sa vie (1).

Mgr de Beauséjour s'est proposé simplement de composer un livre d'histoire locale. Cependant, il y a peu d'ouvrages d'histoire générale où le lecteur puise un sentiment aussi net des institutions et des mœurs de l'ancien régime.

A la fin du dix-huitième siècle, ce n'est plus guère qu'une façade qui menace ruine. Les paysans des environs de Luxeuil, qui ont entendu parler de la démolition de la Bastille, viennent en troupe, armés de faux et de bâtons, faire le siège de l'abbaye. Eux aussi, ils pensent qu'ils ont quelque chose à démolir; ils réclament « leurs papiers », les titres de leur sujétion et de leurs charges pour les brûler. C'est « le monde nouveau » qui s'avance pour renverser tout ce qui subsiste encore de la société féodale et la remplacer. Voulez-vous savoir comment le peuple entend la Révolution qui commence et ce qu'il en attend ? Lisez dans le livre de Mgr de Beauséjour le chapitre intitulé : « L'assaut du monastère ». C'est en raccourci la vive peinture du mouvement formidable qui souleva les paysans dans toute la France et les jeta à « l'assaut » de la propriété seigneuriale.

Mgr de Beauséjour écrit d'une plume alerte, en homme dont la pensée et la langue sont également sincères. Encore une fois, prenez ce livre : quand vous en aurez commencé la lecture, vous irez avec plaisir jusqu'au bout.

Germain Breton.

J. Bonsirven. *Sur les ruines du Temple* (*Le Judaïsme après Jésus-Christ*). Paris, Bernard Grasset, 1929, in-12, 379 p. (Collection *La Vie chrétienne*).

Après la ruine de Jérusalem (70 après J.-C.) l'histoire générale détache son attention des quelques débris survivants du peuple juif. Seuls les érudits ou les spécialistes s'intéressent à la vie désormais

(1) Le cardinal de Clermont-Tonnerre, qui fut archevêque de Toulouse de 1820 à 1830, était le neveu de l'abbé de Luxeuil.

souterraine d'Israël dispersé parmi les nations. Pour mener cette vie souterraine, ce peuple, hier humilié un peu partout, n'en exerce pas moins quelque influence sur la vie des autres, du moins dans le monde moderne. Plus affirmée que montrée, cette influence prêtée aux Juifs leur a valu des malédictions ou des éloges à outrance.

Le grand public des indifférents ou des simples curieux désirait simplement une histoire en notre langue qui, probe et bien avertie, sans préventions ni faveurs, à côté du tableau de l'activité intellectuelle, sociale et politique des Juifs, dans le passé et dans le présent, nous présenterait l'ensemble des croyances et des traditions antiques conservées, par ce peuple le plus ancien de la terre. A ce besoin répond le présent ouvrage de M. Bonsirven. A l'abondance et à la solidité de l'information il est aisé de reconnaître chez lui un long et pénétrant commerce avec la littérature talmudique et autres sources de l'histoire juive. Rien ne lui a échappé de ce qui a été écrit par, pour ou contre les Juifs, depuis la Genèse jusqu'à la déclaration de Balfour en faveur du Sionisme.

Il prend le Judaïsme *sur les ruines du Temple* et la chute de l'Etat juif qui marque la coupure entre le Judaïsme ancien et le Judaïsme actuel. C'est de ce Judaïsme nouveau qu'il retrace l'histoire, décrit les croyances, le culte et la morale. A vrai dire, l'histoire est ici la part sacrifiée : elle n'est admise que sous forme d'aperçus généraux dans l'introduction dont elle occupe à peine une cinquantaine de pages. C'est que dans cette collection il s'agit moins d'évoquer le passé que de signaler et d'expliquer aux contemporains les croyances et les observances cultuelles avec lesquelles ils sont en contact quotidien. Les croyances, le culte et les doctrines morales se partagent la meilleure partie du volume. Les Juifs croyants, réfractaires à l'emprise du siècle, gardent leur ancienne foi au Dieu unique dont ils se considèrent comme le peuple élu, à qui il a promis le Messie envoyé pour assurer le triomphe et la domination universelle d'Israël en récompense et en proportion de sa fidélité à la Torah qu'il a reçue de lui. Conformément à cette Torah, il rend à Dieu le culte public dans les synagogues et il l'honore par des pratiques traditionnelles au sein des familles et dans la vie, dans la mesure où la destruction du Temple et les conditions de la vie moderne le lui permettent.

Prescriptions rituelles ou simplement domestiques nous sont ici exposées dans leur plus minutieux détails. En dehors de ces devoirs individuels plus particulièrement dictés par la religion, la masse des Juifs, croyants ou incroyants, se croit tenue envers les autres à des devoirs dont la première inspiration remonte aux livres sacrés. Très affirmative et très précise sur les devoirs du Juif envers ses semblables, en qui il doit voir des frères quand ils sont Juifs, elle n'a pas de prescriptions bien arrêtées ni généralement reconnues pour la conduite à l'égard des non-israélites.

Avec les quelques pages qui terminent le volume sur la Cabbale, un des aspects les plus curieux du Judaïsme, et quelques statistiques qu'il renferme, nous trouvons dans l'ouvrage de M. Bonsirven réponse à toutes les curiosités que suscite parmi nous la présence et la façon de penser et de vivre du peuple juif.

A. Degert.

CHRONIQUE

Nos joies et nos tristesses. — Nous avons eu la joie de voir combler les vides que la mort avait faits dans les rangs de nos évêques protecteurs. Mgr Saliège a été nommé archevêque de Toulouse et est devenu ainsi le chancelier de notre Université. Mgr Roques, nommé évêque de Montauban, est venu augmenter la phalange des princes de l'Eglise sortis de nos rangs. Mgr Gerlier, dont nous avions entendu la voix éloquente dans notre salle des fêtes, a été nommé évêque de Tarbes et Lourdes. Mgr le Recteur, dans le *Bulletin* de janvier et dans le discours de rentrée publié en tête de ce numéro, leur a présenté les hommages de l'Institut. Qu'il nous suffise de dire aux vénérés prélats qu'ils peuvent compter sur notre filiale affection et notre respectueux dévouement.

*
**

La mort est venue encore frapper à notre porte, et nous enlever, après une longue et douloureuse maladie, M. le chanoine de Suplicy, professeur d'allemand et d'anglais. Mgr le Recteur a dit éloquemment dans le discours de rentrée ce qu'était le regretté disparu et combien cette perte était douloureuse pour nous.

*
**

Nous sommes heureux d'offrir notre souhait de bienvenue aux deux collègues que l'Assemblée de NN. SS. les Evêques vient de nommer, et que Monseigneur l'Archevêque d'Albi a bien voulu autoriser à nous prêter leur concours : M. l'abbé Sirven, docteur ès lettres, chargé d'un cours d'histoire de la philosophie, et M. l'abbé Gatimel, licencié ès lettres, licencié en allemand, licencié en anglais, chargé du cours d'allemand et d'anglais.

Nos conférences d'hiver. — Elles ont eu le même succès que les années précédentes, et les orateurs qui se sont succédé ont vu au pied de leur chaire un public nombreux et avide de s'instruire. Voici la liste des conférenciers avec les sujets traités :

11 janvier : Le R. P. Bernardin Fernique, franciscain : *Le rôle des Franciscains dans les découvertes géographiques du* XIIIe *siècle*, avec projections.

18 janvier : M. le chanoine de Suplicy : *La Renaissance à Venise; les grands peintres du* XVe *et du* XVIe *siècle*, avec projections.

25 janvier : M. le chanoine de Lacger : *Mgr Mignot, archevêque d'Albi et la défense du Christianisme.*

1er février : M. le chanoine TOURNIER : *Le Bienheureux Bertrand de Saint-Geniès, patriarche d'Aquilée; sa vie guerrière et sa mort tragique* (1350).

8 février : M. l'abbé LAMARTINIE : *Le vignoble du Médoc et son vin; culture, vinification*, avec projections.

15 février : M. l'abbé ANNAT : *L'esprit public et la presse.*

22 février : M. l'abbé CASTAING : *Les émigrés français dans les pays rhénans de 1789 à 1792.*

1er mars : M. l'abbé MAURIÈS : *Lamartine et la Religion romantique.*

8 mars : M. le chanoine SALTET : *Deux chefs-d'œuvre de la Renaissance française; les châteaux de Montal et d'Assier, en Quercy*, avec projections.

15 mars : M. le chanoine MAISONNEUVE : *Les prédications de Notre-Dame de Paris.*

22 mars : M. le chanoine CARRIÈRE : *Cyclones et tempêtes.*

Le septième centenaire de l'Université de Toulouse. — Les fêtes officielles du centenaire furent célébrées les 8 et 9 juin. Elles furent précédées par la réception des reliques du B. Bertrand de Saint-Geniès, mort patriarche d'Aquilée, après avoir été longtemps professeur de droit à l'Université de Toulouse.

S. G. Mgr Nogara, archevêque d'Udine, avait eu la délicate attention d'offrir à la Basilique Saint-Sernin une relique insigne du Bienheureux, le radius du bras droit, et une autre relique importante à l'Institut catholique de Toulouse. Mgr Pietro dell'Oste, chanoine de la Métropole d'Udine, et don Davide Vernerin, secrétaire de l'Archevêché, avaient été délégués par Mgr Nogara pour porter ce trésor précieux, renfermé dans un reliquaire et une châsse artistiques, dons du vénéré Prélat. Les reliques furent remises solennellement aux destinataires, le jeudi 6 juin, à la porte de la Basilique Saint-Sernin, en même temps qu'un magnifique album renfermant de nombreuses vues d'Udine et la reproduction de tableaux reconstituant la vie du Bienheureux. Puis fut célébrée par don Gallo, aumônier des Italiens, une messe d'action de grâces, présidée par Mgr Raynaud; l'office du soir fut présidé par Mgr l'Archevêque. Le panégyrique du B. Bertrand fut prononcé le matin, par M. le chanoine Tournier, curé-doyen de Saint-Sernin, le soir, par le P. Cavallera, professeur à la Faculté de théologie.

Les fêtes officielles débutèrent par une messe célébrée par Mgr le Chancelier, dans la Basilique Saint-Sernin, devant le chef de saint Thomas, patron de l'Ancienne Université et patron de l'Institut catholique. La vaste nef suffisait à peine à contenir le public nombreux et choisi qui avait répondu à l'appel des organisateurs.

Du côté droit de la nef se trouvaient : MM. Dresch, recteur de l'Université; le général Maître, commandant la 17e région militaire, le premier président Loup, le procureur général Gaches; les membres du corps consulaire, MM. Sabatier, membre de l'Institut et Houques-Fourcade, doyens des Facultés des sciences et de droit, de très nombreux professeurs des quatre Facultés, l'Académie des Jeux floraux, les autorités civiles et beaucoup de délégués étrangers.

De l'autre côté de la nef avaient pris place, entourant Mgr Thomas, secrétaire général de l'Institut catholique, Mgr dell'Oste, chanoine d'Udine, protonotaire apostolique; Mgr Gry, recteur de l'Institut catholique d'Angers; les représentants des Instituts catholiques de Paris et de Lille, et de l'Université Grégorienne; les professeurs de l'Institut catholique en toge, le P. Lagrange, de l'Institut biblique de Jérusalem. Venaient ensuite les étudiants de l'Institut catholique, de l'Université, de l'Ecole d'agriculture de Purpan. Des places spéciales avaient été réservées aux « Amis de l'Institut catholique ».

A l'Evangile, Mgr Breton monta en chaire et dans un discours très remarqué, publié dans le *Bulletin* de mai-juin, fit ressortir le sens profond de ces fêtes. « Nous ne devons avoir rien tant à cœur que d'aimer la vérité, de la chercher, de l'embrasser tout entière, telle qu'il a plu à Dieu de nous la donner. Il faut aimer, dis-je, la vérité et il faut en vivre, c'est-à-dire ne pas se contenter d'en remplir notre pensée, mais en faire la règle constante de notre vie ».

Pendant la messe, les chants furent exécutés avec une rare perfection par la *Caecilia* et la *Schola* du Grand Séminaire, et l'office se termina par le chant du *Te Deum*.

Le lendemain 9 juin, un banquet de 1.200 couverts fut présidé par M. Gaston Doumergue, président de la République, assisté des Président de la Chambre et du Sénat, de plusieurs ministres, de nombreuses autorités civiles et militaires et de membres des corps savants. Une place à la table d'honneur avait été réservée à Mgr l'Archevêque, à Mgr Thomas représentant le Recteur de l'Institut catholique, à Mgr Gry et aux représentants de Paris, de Lille et de Fribourg, au milieu des délégués des Universités et des corps savants des cinq parties du monde. Tous les professeurs de l'Institut catholique étaient là, confondus avec les maîtres de l'Université.

La séance universitaire se tint, après le banquet, dans la vaste nef de l'Eglise des Jacobins qui était autrefois l'église universitaire. Sur une longue estrade, autour du Président de la République, avaient pris place les hautes personnalités venues pour assister aux fêtes. On remarquait parmi elles Mgr l'Archevêque. La vaste nef était remplie de l'élite universitaire de la plupart des nations : « vêtus de leurs robes soyeuses, écarlates, violettes ou dorées, barrées d'hermine, constellées de décorations, la tête couverte de bonnets de toute forme et de toutes couleurs, les professeurs formaient un parterre digne de la palette des grands peintres ».

A cette solennité assistaient officiellement, avec les Universités d'Etat, les Universités libres, représentées par des délégués des Instituts catholiques d'Angers, de Lille et de Paris. Quant à l'Institut catholique de Toulouse, à titre de continuation pour sa part de l'ancienne Université, il faisait corps avec l'Université actuelle de Toulouse. C'est pour ce motif que, à la différence des autres Universités, il ne présenta pas d'adresse à la fin de la séance. Du reste, dans son discours, M. Declareuil, professeur à la Faculté de droit, ayant retracé l'histoire de l'Université, son origine, la protection du Saint-Siège, les empiètements du pouvoir royal et gallican, l'œuvre destructive de 1793, les réorganisations de 1808 et de 1896 disait en terminant : « L'Université impériale de 1808 avait rendu le jour à la vieille Faculté de théologie qui alla dépérissant jusqu'en 1843, date à laquelle, doucement, elle mourut. Depuis, reprenant vie sous une forme nouvelle, cette Faculté est entrée dans le cadre de l'Institut catholique de Toulouse, créé en vertu de la loi de 1875, comme établissement d'enseignement supérieur libre. Cet Institut continue pour sa part l'ancienne Université ».

*
* *

Réunion des anciens élèves. — Le Comité des Anciens élèves avait cru devoir faire coïncider la réunion annuelle de l'Association avec les fêtes du centenaire. De fait, malgré tous les obstacles, les anciens arrivèrent plus nombreux que jamais. Après la messe de Saint-Sernin, le samedi 9 juin, eut lieu la réunion ordinaire dans la salle Léonce-Couture, M. le chanoine Michelet, président, et Mgr Thomas rendirent compte de l'état de l'Association durant l'année écoulée. Mgr Gry, recteur de l'Institut catholique d'Angers, dans une causerie charmante, parla des rapports récents d'Angers et de Toulouse, et montra ce que les anciens étudiants des Instituts peuvent faire pour l'enseignement supérieur.

A midi, Mgr l'Archevêque voulut bien présider le banquet fraternel auquel assistaient les délégués des Instituts catholiques de France, de l'Université grégorienne, de l'Université de Washington, Mgr dell'Oste, le P. Lagrange, etc.

Au dessert, Mgr Breton remercia Mgr Saliège de sa bienveillante sympathie. « Nous attendons de vous, Monseigneur, pour le bien et le progrès de l'Institut, de grandes choses; vous avez reçu de la Providence les dons nécessaires pour les accomplir ».

Mgr le Chancelier, dans sa réponse, rendit hommage à la sage direction que Mgr le Recteur imprime à l'Institut, et au bien déjà réalisé : « Les années qui me restent à vivre, je ne puis en faire un meilleur usage qu'en les consacrant aux progrès et au rayonnement de l'Institut dans le Sud-Ouest ».

*
* *

Assemblée annuelle de NN. SS. les Evêques protecteurs : Messe du Saint-Esprit et séance solennelle de rentrée. — La messe du Saint-Esprit pour la rentrée de l'Institut catholique a été solennellement célébrée le 19 novembre dernier, à la Basilique Saint-Sernin.

Les archevêques et évêques protecteurs de notre Ecole de haut enseignement firent leur entrée à 9 heures dans l'insigne Basilique. Devant le chef de saint Thomas exposé à l'entrée du chœur vinrent se placer : NN. SS. Ricard archevêque d'Auch; Cézérac, archevêque d'Albi; Beauvain de Beauséjour, évêque de Carcassonne; du Vauroux, évêque d'Agen; Légasse, évêque de Périgueux; Raynaud, évêque de Germa; Marceillac, évêque de Pamiers; Castel, évêque de Tulle; Pafau, évêque de Torone, auxiliaire de l'évêque de Perpignan; Challiol, évêque de Rodez; Costes, évêque de Flaviopolis, coadjuteur de l'évêque de Carcassonne; Roques, évêque de Montauban; Gerlier, évêque de Tarbes et Lourdes; MM. les chanoines Blanc, vicaire général de Cahors, et Puyo, vicaire général de Dax. Mgr Cusin, évêque de Mende, souffrant, s'était excusé.

Sur une large estrade dressée en face de la chaire avaient pris place MM. les Professeurs de l'Institut revêtus de la toge avec épitoge et hermine. Enfin les élèves de l'Institut et de Purpan, clercs et laïques, occupaient les dernières places réservées. Dans les stalles du chœur se trouvaient, avec le clergé de Saint-Sernin, des représentants du Chapitre Métropolitain, MM. les Directeurs du Grand Séminaire; dans la grande nef et les bas-côtés, une belle assistance de prêtres et de fidèles.

Après le *Veni Creator,* Monseigneur l'Archevêque, chancelier de l'Institut, chanta la messe, durant laquelle la *Caecilia* et la *Schola* du Grand Séminaire exécutèrent brillamment les chants liturgiques.

Après l'Evangile, Mgr Costes prononça un discours que nous n'essayerons pas d'analyser : nos lecteurs le trouveront ci-après et pourront jouir de cette parole éloquente.

A 2 heures s'est tenue à l'Institut la séance solennelle de rentrée. La salle Desprez a rarement vu une si belle et si nombreuse assistance. Elle est remplie par l'élite intellectuelle du clergé et des catholiques de Toulouse et de la région, quand NN. SS. les Archevêques et Evêques, en grand manteau violet, et MM. les Professeurs, en toge, font leur entrée. Après la prière, Monseigneur le Chancelier donne la parole à Mgr Breton, puis à M. le chanoine Maisonneuve. Leurs discours sont publiés dans ce même numéro. Ensuite Monseigneur le Chancelier se lève.

Toute la salle lui fait une ovation. Dans une improvisation éloquente que nous n'avons pu qu'imparfaitement reconstituer, il dit ses remerciements et ses encouragements, son espoir et sa confiance mais il caractérise aussi l'œuvre de l'enseignement supérieur et indique les services que la pensée catholique retire de son labeur et de son rayonnement :

« Le rôle du Chancelier doit se borner, m'a-t-on affirmé, à dire des remerciements et à donner des bénédictions. Je ne sortirai pas de ce rôle et, pour y entrer tout de suite, laissez-moi saluer votre présence, Messeigneurs, qui témoigne que l'Institut catholique est l'œuvre collective de l'Episcopat du Sud-Ouest, de ses sacrifices et de sa générosité, de son intelligence et de son cœur.

« Ce matin, Mgr le Coadjuteur de Carcassonne — dans un discours plein de précision et auquel on rendait tout à l'heure un hommage mérité, hommage qui comblait de joie Mgr l'Evêque de Carcassonne, — nous a dit les services que nos diocèses rendaient à l'Institut et demeuraient disposés à lui rendre pour maintenir et développer ce rayonnement de lumière qui, de Toulouse, s'étend sur la région du Sud-Ouest.

« Cet Institut, vous l'avez dit, est ce que nos prédécesseurs l'ont fait, il sera ce que nous le ferons. On a voulu en faire une œuvre de pensée catholique, nous continuerons cette œuvre. Les hommes passent, les nouveaux venus poursuivent l'œuvre commencée. Monseigneur de Montauban et Monseigneur de Tarbes et Lourdes, dès leur arrivée, avant même leur arrivée, ont bien voulu nous dire le grand amour et la profonde estime qu'ils avaient pour notre école de haut enseignement. Je suis heureux de les saluer ce soir, au milieu de nous et de les remercier d'une sympathie qui nous est précieuse.

« L'Institut sera une œuvre de pensée catholique pour lutter contre l'anarchie de certaine pensée moderne dont M. Maisonneuve, avec cet esprit qui donne à sa pensée un charme pénétrant, a dénoncé l'orgueil et les ravages. Il sera pour cela un centre de culture générale. Vous avez pu être effrayés tout à l'heure par la longue énumération des matières d'enseignement étudiées dans cette maison. Peut-être vous êtes-vous demandé : dans cette multiplicité, qui fera l'unité ? A l'Institut, ces divers enseignements trouvent une harmonieuse et lumineuse unité, une véritable synthèse, car ils sont tous des rayons du grand et unique Soleil de Vérité.

« La synthèse de saint Thomas avait des sources; même en théologie, il n'y a pas de génération spontanée. Mais si les disciplines particulières sont nécessaires, elles s'inspirent d'une métaphysique supérieure. La théologie positive est utile, elle est nécessaire, elle a sa méthode, et elle produit d'excellents résultats quand elle est enseignée par un maître comme le P. Cavallera. Elle suppose une métaphysique et elle vient au secours de la métaphysique. Théologie positive et théologie spéculative sont deux sœurs qui, dans une parfaite intelligence, travaillent pour l'unique Vérité.

« L'Institut catholique de Toulouse a montré avec éclat les services que la critique historique elle-même pouvait rendre à l'Eglise dans les conflits de doctrine. Les articles publiés en 1908 par M. le chanoine L. Saltet sur la *Question Herzog-Dupin* firent des révélations sensationnelles sur les menées modernistes et produisirent une émotion profonde; les savants articles publiés cette année dans le *Bulletin de Littérature ecclésiastique* par l'éminent professeur, dévoilent de tenaces et odieuses entreprises, « une colossale imposture théologique », et arrachant ses multiples masques à un malheureux auteur, lui répètent : *Tu es ille vir !*

« C'est bien un programme de culture générale, comme le notait le remarquable discours de Mgr le Recteur, qui est poursuivi dans cette maison. Il se trouve ici des hommes qui ont la noble ambition de servir la science et l'Eglise et qui, pour réaliser ce but, travaillent à se renouveler et à se dépasser eux-mêmes chaque jour.

« Pour faire leur œuvre, nos professeurs seront encouragés par leurs élèves, plus nombreux cette année, grâce au dévouement de l'Episcopat du Sud-Ouest. Ils seront encouragés par les amis de l'Institut catholique, amis de Toulouse et des diocèses du Sud-Ouest, et aussi par la sympathie qui leur a été officiellement et publiquement affirmée par l'Université de l'Etat. Les fêtes du VIIe centenaire de l'Université ont été une manifestation de fraternité scientifique et il nous a été très agréable de constater quelle grande estime avaient pour Mgr le Recteur et MM. les Professeurs leurs collègues de l'Université. Vous êtes soutenus, Messieurs, surtout par le rayonnement de votre savoir et de votre probité intellectuelle, soutenus enfin par la confiance que vous donnent NN. SS. les Evêques du Sud-Ouest, comme vous l'a dit Mgr le Coadjuteur de Carcassonne, dans un beau discours qui est aussi une bonne action.

« Je n'oublierai pas l'Ecole supérieure d'Agriculture de Purpan. Cette école forme l'élite rurale dont nos diocèses agricoles ont grand besoin, une élite qui sait travailler de la tête et des bras, une élite qui fondera des foyers chrétiens, pour rendre à la vieille terre de France sa merveilleuse fécondité.

« Un apôtre qui a animé beaucoup d'œuvres catholiques a présidé à la naissance et aux premiers développements de cette école : le R. P. Dubruel. La vie du regretté défunt vient d'être publiée. L'auteur de ce livre a bien connu, bien analysé cette belle figure de prêtre et de religieux. A la fois traditionnel et hardi, le P. Dubruel regardait le passé comme se grandissant toujours par l'apport des générations nouvelles et non comme figé dans une immobilité semblable à la mort. Le culte du passé et la préoccupation de l'avenir ont présidé à la naissance de Purpan. Le P. Dubruel a fondé pour nos campagnes une œuvre féconde.

« Et maintenant, Messeigneurs, de tout cœur nous allons bénir professeurs, étudiants, amis de l'Institut catholique du Sud-Ouest ».

NN. SS. les Archevêques et Evêques donnent alors leur bénédiction. Leur bienveillance et leur générosité comme la fidèle sympathie des nombreux amis de l'Institut ont apporté à notre école de haut enseignement, en cette magnifique journée du 19 novembre, un précieux soutien pour son nécessaire et fécond labeur.

L'Institut catholique méritera toujours mieux l'éloge que le Pape Innocent IV adressait, dès 1246, à notre vieille Université dont plusieurs discours ont rappelé le VIIe centenaire : « Une fontaine d'enseignement chrétien, une fontaine de salut, est ouverte à Toulouse : *In civitate Tolosana factus est fons patens scientiae salutaris* ».

Le lendemain, 20 novembre, à 9 heures, NN. SS. les Evêques tinrent leur réunion, au cours de laquelle ils discutèrent plusieurs questions concernant les intérêts de l'Institut et nommèrent chargés de cours : MM. les abbés Gatimel et Sirven, professeurs à l'Ecole Sainte-Marie d'Albi.

*
* *

Discours de Mgr Emmanuel Coste, *évêque de Flaviopolis, coadjuteur de Mgr l'Evêque de Carcassonne, sur les services réciproques que se rendent les Universités catholiques et les Séminaires ou collèges libres.*

Messeigneurs,
Messieurs de l'Institut Catholique,
Mes chers amis,
Mes frères,

L'enseignement supérieur catholique se propose un triple but : honorer l'Eglise par la haute valeur et par la science de ses maîtres et de leurs disciples, offrir à nos jeunes élites intellectuelles un sanctuaire de travail, où elles acquerront, sans détriment pour leurs croyances et pour leur vertu, la culture qui leur convient; enfin prêter appui à nos séminaires, grands et petits, ainsi qu'à nos collèges ecclésiastiques, en assurant la formation technique de leurs professeurs et l'émulation de leurs élèves.

Or, une attention de la Providence permet que le mérite des personnes morales, qui ne doivent pas connaître les rémunérations de l'autre vie, soit récompensé dès ici-bas. De fait, les Instituts catholiques reçoivent des bienfaits appréciés et de la Sainte Eglise qu'ils glorifient, et des élites auxquelles ils se dévouent, et de nos maisons d'éducation qu'ils secourent.

Il s'agit donc de services réciproques. Et puisque, ces deux dernières années, au cours d'une cérémonie semblable à celle-ci, on vous a parlé — et avec quelle autorité ! — des services mutuels qu'échangent, d'abord l'Eglise et le savant chrétien, ensuite les Universités catholiques et les élites françaises, je voudrais, ce matin, aborder le troisième rapport et vous entretenir des services rendus par les Instituts catholiques à nos séminaires et collèges et des services que ceux-ci leur rendent en retour.

I

Ces services sont d'importance. Le premier et non le moindre, de la part de l'enseignement supérieur catholique, est de constituer une véritable école normale au profit des autres professeurs de l'enseignement libre.

Un professeur, en effet, ne s'improvise pas : s'il est insuffisamment préparé à sa fonction, il la remplira d'une manière médiocre. Pour cette indispensable préparation, il n'est assurément pas nécessaire d'entrer à l'école d'un maître, pour en recueillir les leçons et en recevoir la formation intellectuelle et pédagogique. En fait, certains autodidactes, esprits laborieux, ouverts et méthodiques, en recourant simplement à des auteurs judicieusement choisis, se sont formés eux-mêmes et ont illustré leur enseignement. Mais, telle n'est pas la voie ordinaire ni la plus sûre, où l'on puisse recommander aux futurs professeurs de s'engager. De quel côté faut-il donc les orienter ?

Ceux d'entr'eux qui étaient destinés aux grands séminaires pouvaient, jadis, comme encore à Strasbourg, fréquenter les facultés de théologie rattachées à nos Universités nationales. Ce champ d'exercice n'existe plus pour eux. Faut-il le regretter, comme s'il n'y avait jamais eu aucun danger à cette pratique, en raison des immixtions politiques ou philosophiques qui influençaient le choix des professeurs et les tendances de l'enseignement lui-même ? Nous n'oserions répondre négativement.

Evidemment, on ne court aucun péril analogue dans les Universités pontificales romaines, qui dispensent leurs leçons auprès de la chaire de saint Pierre et font rayonner leur science sous le regard vigilant et l'inspiration immédiate du Docteur infaillible. Mais tous les nôtres ne peuvent aller recueillir ces lointaines leçons. D'ailleurs s'il n'y a plus, chez nous, de théologie gallicane, dont il faille se prémunir, il y a toujours un droit civil français, dont la connaissance n'est pas sans utilité pour le canoniste, et même pour le moraliste.

Et voici que nos Facultés canoniques françaises se sont créées, sur la demande ou avec les encouragements du Saint-Siège, pour répandre le haut enseignement ecclésiastique parmi l'élite cléricale de nos diocèses, et pour former en même temps les précieux éléments du corps professoral de nos grands séminaires. Si donc le clergé français se distingue, dans le monde chrétien, par la dignité de son caractère et par ses qualités intellectuelles et morales, ne doit-on pas attribuer une grande part de cet honneur aux Instituts qui ont fourni des maîtres aux diverses maisons de formation sacerdotale ?

Ces Instituts en fournissent, avec non moins de gloire, à nos établissements d'enseignement secondaire.

La prévoyance est en effet de la sagesse. Sommes-nous définitivement entrés dans une ère de pacification religieuse, et n'avons-nous à craindre aucun assaut contre l'enseignement secondaire libre ? Nul ne peut le garantir, s'il prête attention aux efforts sournois qui sont faits, en ce moment, sous le couvert de l'école unique, pour concurrencer nos collèges, en établissant progressivement la gratuité de l'enseignement public. Il serait donc téméraire de repousser la crainte qu'un déplacement de majorité, toujours possible sinon menaçant, n'encouragera pas demain quelqu'un de nos adversaires à réclamer, par la parité des grades entre nos professeurs et ceux de l'Etat, des mesures qui pourraient paralyser le développement et même compromettre la vie de nos maisons chrétiennes, si on ne parait d'avance au danger, en multipliant le nombre de leurs maîtres licenciés.

Ici encore, n'est-ce pas ? Dieu sait tirer le bien du mal. Si même, en effet, l'avenir ne devait pas réaliser ces menaces de nouvelles aggravations, l'effort poursuivi n'aurait pas été vain. Un grand avantage en résulterait : celui d'avoir élevé et de maintenir nos séminaires et collèges à la hauteur des méthodes actuelles et des exigences contemporaines, par l'afflux de professeurs distingués, apportant dans nos maisons, avec le bienfait de leur savoir, le prestige de leurs titres académiques.

De ce profit moral nous avons, dans nos divers diocèses, un sentiment si profond, Messieurs de l'Institut catholique, que nous vous en apportons, chaque année, par nos actes, une nouvelle confirmation. Tandis, en effet, que les autres bancs où s'asseoient vos étudiants, sont trop éclaircis, — pour le plus grand dam d'ailleurs de ceux qui s'abstiennent de les occuper, et de la cause qu'ils sont appelés à servir, — nos lévites et nos jeunes prêtres, c'est-à-dire ceux que nous destinons au professorat, constituent le principal noyau des élèves qui se pressent autour de vos chaires. Sans doute, la crise du recrutement sacerdotal et l'appel angoissé de trop de paroisses privées de curé, ne permettent pas à NN. SS. les Evêques de vous envoyer autant de sujets qu'ils en auraient le désir. Mais des lueurs d'espoir éclairent déjà l'horizon et laissent entrevoir le jour où la pénurie actuelle ne sera plus qu'un souvenir et où le séminaire de votre Institut sera trop étroit pour recevoir tous les étudiants ecclésiastiques de la région universitaire.

En attendant que luise ce jour béni, où nous pourrons vous offrir une plus grande quantité de disciples, laissez-moi vous exprimer la vive gratitude que nous vous gardons pour la qualité des maîtres que vous nous rendez.

Certes, chers Messieurs, à chacun de vous individuellement revient une très abondante part de cette gloire, juste récompense de votre valeur et de votre dévouement : nous ne saurions l'oublier sans ingratitude. Mais, pour beaucoup, ce bienfait est aussi le fruit collectif de votre Institut lui-même dont l'organisation sauvegarde l'unité de l'esprit contre l'émiettement fatal auquel le soumettrait une spécialisation excessive.

Il est certain que, lorsqu'il s'agit d'une science immédiatement ordonnée à la pratique, il est loisible, sans danger, d'y attacher exclusivement le labeur de ceux qui ne poursuivent que ce but utilitaire. C'est ainsi qu'un institut d'électricité peut atteindre son but, tout seul et sans recours aux autres disciplines intellectuelles. Mais il en est différemment quand on se propose, dans l'ordre de l'esprit, de former des élèves destinés à devenir des maîtres. Une certaine spécialisation leur est nécessaire, surtout s'ils sont appelés à enseigner au delà des classes de grammaire; mais, désignés pour procurer à autrui une culture générale, ils doivent la posséder eux-mêmes, aussi bien le mathématicien que l'helléniste ou le philosophe, puisque tout se tient dans l'intelligence et puisque les sciences se compénètrent comme nos facultés. Dès lors, l'esprit soumis à cette formation générale ne sera l'esclave ni des faits littéraires, ni des lois scientifiques, ni des analyses exégétiques; il saura s'élever plus haut et élargir ses perspectives : il se préparera, par exemple, sans prétendre en faire, pour autant, des sociologues ou des théologiens, à intéresser ses élèves aux faits sociaux et religieux qui les enserrent; en tout cas, en pratiquant de fécondes synthèses, à élever leurs pensées et aussi leur idéal.

Or, c'est l'avantage des Universités de sauvegarder ainsi l'esprit humain d'une redoutable étroitesse, par la variété de ses enseignements; c'est l'inestimable prérogative de nos Instituts catholiques qui travaillent à la clarté de la foi, et qui utilisent toutes les lumières, de former sans lacunes les professeurs, spécialisés ou non, de nos collèges et de nos séminaires.

Comment, par suite, s'étonner de leur valeur ? Les grades qu'ils ont conquis, en sont un témoignage que les jurys officiels, qui les leur ont décernés, leur renouvellent ensuite chaque année, en accordant à leurs élèves, avec impartialité mais sans faveur, un nombre de diplômes de bacheliers sensiblement supérieur à la moyenne.

Et voilà l'inappréciable bienfait dont jouissent, dans la personne de leurs professeurs, venus des Instituts catholiques, les jeunes élèves de nos maisons d'éducation. Ils en reçoivent un autre, moins important peut-être, mais néanmoins bien utile à leur émulation, par l'organisation des concours interscolaires.

L'émulation est l'élément caractéristique de la supériorité du travail en commun sur l'enseignement individuel. Mais, dans chaque classe, cette émulation a des limites, du moins pour les meilleurs élèves, pour ceux qui seraient le plus aptes à en bien profiter. Ceux-ci, en effet, parce qu'ils sont mieux doués et plus laborieux que leurs condisciples, se sont placés à leur tête et ils conservent leur rang, sans trop de difficulté. Croyant avoir ainsi atteint un sommet et s'imaginant que c'est le plus élevé, ils seraient tentés de conclure qu'il leur suffit de cueillir les seuls lauriers qui croissent sur cette cîme. Leurs camarades, plus ou moins péniblement, les suivent sur le sentier, mais nul ne songe à dépasser la hauteur on l'on est parvenu. Tout le monde, maîtres et élèves, est satisfait. Voilà une classe moyenne, arrêtée dans son essor. Or, même dorée, la médiocrité est un mal, le mal où cette classe risque de tomber, si elle ne regarde pas plus loin et plus haut, au delà de cet horizon restreint. Engagez-la, au contraire, à étendre sa vue sur toute la chaîne de montagnes : elle aperçoit des pics plus élevés que celui où elle s'est peut-être endormie; et le désir lui vient aussitôt d'en tenter l'ascension... Etablissons donc un concours sérieux entre les maisons secondaires de la région universitaire; maîtres et élèves s'y intéresseront, ceux-ci en s'astreignant à un plus grand effort, ceux-là en imposant des exigences plus sévères; et un redoublement d'ardeur en sera l'heureuse conséquence. Ne dit-on pas que, dans certains établissements, — qui ne dépendent pas de nous, — le professeur n'hésite pas parfois à négliger le groupe de ses élèves médiocres pour se consacrer aux autres et leur procurer le moyen de conquérir, dans de grands concours, des prix ou accessits qui honoreront sa maison et le mettront lui-même en relief ? Nos maîtres, eux, sont trop consciencieux pour sacrifier personne, mais, chez nous comme ailleurs, le concours interscolaire est un fécond stimulant du travail.

Ce sont ces services de concours entre les élèves et de formation des professeurs que les Instituts catholiques rendent aux établissements qui se rattachent à eux.

De tels services ne peuvent pas être inappréciés de ceux qui ont pour mission de veiller sur leurs écoles de théologie et d'enseignement secondaire. Aussi s'efforcent-ils de rendre aux Instituts catholiques, en attachement paternel, en protection efficace et en généreux subsides, tout ce qu'ils reçoivent d'eux.

N'est-ce pas, Messeigneurs, la raison de votre empressement, malgré vos travaux si absorbants, à participer annuellement à la cérémonie qui nous réunit en ce jour ? Vous voulez donner un témoignage public de vos sentiments, et ainsi en étendre la contagion, envers une institution qui sert si bien vos diocèses, envers le recteur qui la dirige avec une incomparable autorité, envers les professeurs qui s'y dévouent sans relâche. Vous voulez aussi étudier ensemble les mesures susceptibles de rendre l'œuvre commune plus prospère et ses services plus éminents encore.

Au spectacle de votre reconnaissante sollicitude, les maîtres s'animent de plus de zèle encore, les étudiants de plus d'ardeur au travail, les familles de plus de confiance, les amis et bienfaiteurs de plus de générosité.

Serait-il possible que, dans ce concert unanime, un groupe n'apportât pas sa note, et précisément celui dont nous venons de rappeler qu'il reçoit de si grands bienfaits de la part de l'Institut catholique ? Nul ne peut le craindre. Au contraire, en vertu d'une certaine justice commutative, nos collèges et séminaires tâchent de rendre autant qu'on leur donne : c'est de ces services dont je dois maintenant vous entretenir.

II

Trois éléments sont indispensables à la vie d'un Institut d'études supérieures : il lui faut — c'est évident — des maîtres, des élèves et des ressources. Voyons comment nos séminaires et collèges contribuent à les leur fournir.

Des maîtres d'abord. Et quand ils sont de valeur, comme ceux dont s'enorgueillit si justement l'Institut catholique de Toulouse, le service n'est pas négligeable qu'ont rendu les établissements où ils enseignaient et qui ont consenti à s'en séparer.

Ici encore, il est vrai, nous rencontrons des autodidactes qui, sans avoir jamais professé ailleurs, ont su se préparer tout seuls à occuper avec distinction des chaires universitaires. Leur mérite est très grand, mais leur cas est spécial. L'exception confirme toujours la règle et, suivant la règle ordinaire, — qui n'est d'ailleurs pas particulière à l'enseignement libre, — les professeurs de Facultés catholiques, à quelque branche du clergé, séculier ou régulier, qu'ils appartiennent, au moins dans certains ordres de sciences, ont d'abord enseigné dans les séminaires, scolasticats ou collèges, où leurs supérieurs les avaient placés, parce qu'ils avaient reconnu leurs aptitudes, et où, accroissant encore leur culture et leur formation pédagogique, ils se sont distingués pour une mission supérieure.

L'utilité d'un tel noviciat est considérable. En s'y référant, ne pourrait-on réhabiliter l'aphorisme, qu'il est coutume de railler, suivant lequel la meilleure manière d'apprendre est encore d'enseigner ?

Si la science, en effet, peut s'acquérir dans des livres ou dans des laboratoires, un savant de laboratoire ou de bibliothèque n'est pas toujours un bon professeur. Autre est la méthode de découverte et d'assimilation, autre celle d'exposition. L'art d'enseigner, délicat entre tous, ne s'acquiert pas facilement ni sûrement dans un manuel de pédagogie. La pratique, mise au service des acquisitions d'autrui et de la réflexion personnelle, complète la formation du maître et l'achemine vers l'apogée de son art.

L'artiste, évidemment, n'appuiera pas sur les mêmes touches, s'il se propose d'instruire un enfant de dix ans ou un étudiant de vingt ans; mais il aura acquis la maîtrise de son clavier, et il n'aura qu'à transposer, suivant les circonstances, pour réaliser l'harmonie rêvée. Et c'est pourquoi un bon professeur de séminaire, de scolasticat ou de collège, clair et précis dans son enseignement, habile à se dégager à temps des détails d'érudition où il faut qu'il pénètre, attentif à faire suivre les analyses nécessaires et l'étude fragmentée des éléments ainsi dégagés, de fréquentes synthèses et de larges vues d'ensemble, habitué d'ailleurs à procurer, dès que le besoin s'en manifeste, à l'attention de ses auditeurs, la détente utile, — ce professeur, maître en l'art d'enseigner, est prêt à l'exercer sur un plus vaste terrain et d'une chaire plus élevée.

La profession du religieux suppose un bon noviciat : de même, la profession du docteur est heureusement préparée par le noviciat du régent. N'est-ce pas ce qu'ont pensé les chefs d'une illustre Compagnie, quand ils ont décrété d'affecter tous leurs jeunes religieux à l'enseignement secondaire, avant de les admettre aux études théologiques et de les diriger plus tard vers l'enseignement supérieur ?

Et c'est, Messieurs de l'Institut, un premier service que nous vous offrons. Vous nous avez donné d'excellents professeurs pour nos maisons; nous vous rendons les meilleurs pour la vôtre.

Avec des professeurs, nos établissements vous donnent aussi des élèves. Bien plus, ils vous fournissent presque exclusivement votre clientèle.

Dénombrez vos étudiants. Vous constaterez que, sauf très rare exception, ils ne sortent pas des collèges et lycées de l'Etat. Ceux qui, pratiquement, mésestiment l'enseignement chrétien du second degré, ne voudraient pas commettre l'illogisme de lui témoigner leur confiance au degré supérieur.

En sens inverse, hélas ! d'autres, et trop nombreux, se rendent coupables de cet illogisme. Pas assez chrétiens ou insuffisamment éclairés, après avoir fait crédit à nos collèges, et souvent au détriment de leurs intérêts, puisqu'ils ont dû renoncer au privilège des bourses d'études et d'autres avantages matériels, et fermer à leurs enfants l'accès de certaines carrières administratives, — ces parents, par une inexplicable inconséquence, affectent d'ignorer nos Facultés catholiques, où ils trouveraient des garanties, au moins égales à celles qu'on leur offre ailleurs, de compétence et de dévouement; et leur inconséquence est d'autant plus grave qu'elle se produit à l'heure où leurs enfants, dans la fougue de l'adolescence, auraient plus que jamais besoin du frein moral et religieux dont ils auraient ici le bénéfice, sous le signe du Christ et sous la protection de l'Eglise, sans s'exposer à rencontrer ailleurs dans le milieu scolaire et même dans l'enseignement, le naufrage de leur vertu et celui de leur foi.

Cet abandon n'est heureusement pas un fait général; et je salue fièrement, Messieurs de l'Institut, cette phalange, ici présente, de vos étudiants, cette phalange, trop réduite peut-être, mais fidèle et ardente d'anciens élèves des collèges libres, des séminaires et des scolasticats, c'est-à-dire des établissements qui ont toujours été et qui demeurent la source presqu'unique du recrutement de vos disciples. Cette source, nos éducateurs se préoccupent, soyez-en certains, de la rendre toujours plus abondante, afin de mieux remplir, avec leur devoir de reconnaissance envers vous, leur devoir de charité envers leurs enfants bien aimés, dont ils ont entouré la jeunesse d'une paternelle sollicitude, et dont ils voudraient, grâce à vous, pourvoir l'adolescence de garanties semblables, pour la préservation, le développement et le rayonnement de leurs convictions religieuses et de leur vie chrétienne.

Mais ce double devoir de reconnaissance et de charité ne les détermine pas seulement à vous envoyer des élèves aussi nombreux que possible; il leur inspire aussi de préparer au mieux vos futurs disciples à recevoir la haute culture intellectuelle et morale que vous leur procurerez.

Car, ils n'ont pas failli, en premier lieu, à leur mission de maîtres chrétiens, préoccupés avant tout de l'éducation du cœur et de la volonté. N'est-ce pas leur principale raison d'existence, puisqu'on ne trouve que chez eux ce que les meilleurs professeurs de la maison d'en face ne peuvent communiquer, sans contredire les principes de laïcité et de neutralité dont ils se réclament ?

De plus, la formation intellectuelle de ces jeunes gens ne le cède en rien à leur préparation morale. Ce n'est pas, en effet, dans nos collèges et séminaires qu'on rencontre cette préoccupation excessive de l'érudition livresque, à la remorque de programmes encyclopédiques, ni cette poursuite, tolérée sinon favorisée, des spécialisations prématurées. Des plans d'étude officiels, nos professeurs ne retiennent que ce qui est strictement nécessaire pour le succès de leurs candidats aux examens publics. Pour le reste et avant tout, ils tâchent de faire accepter par les familles et apprécier par leurs élèves les disciplines classiques, si efficaces, aujourd'hui comme autrefois, pour la vraie culture de l'esprit. Et à cette œuvre de formation intellectuelle, ils apportent un tel acharnement que le seul reproche qu'on puisse parfois leur adresser, c'est d'exagérer presque leur dévouement : c'est, pour éviter une peine à leurs enfants, de doubler la leur; c'est de trop broyer le grain de la science, avant de le leur donner à manger : reproche formulé d'ailleurs avec plus d'admiration que de sévérité, et accepté sans repentir ni ferme propos.

Heureux, les élèves de tels maîtres ! Ils sont bien préparés à devenir les vôtres.

Aux services rendus aux Universités catholiques par les séminaires et collèges qui leur fournissent des maîtres et des élèves, s'en ajoute un troisième que nous pouvons affirmer aussi et plus nécessaire que les deux premiers, à condition de ne pas le comparer avec eux dans l'ordre de leur intrinsèque dignité. Ce secours, il serait impropre de l'appeler le nerf de la guerre, puisque les conquêtes de la vérité qui le postulent, sont éminemment pacifiques. Mais le développement de ces conquêtes fait progresser les esprits et les sciences, et ce mouvement en avant, ce cheminement, suppose un viatique. Donnons-lui donc ce nom.

Bien faible, me direz-vous, le viatique offert par les établissements libres de la région universitaire, car il ne représente que le cinq pour cent du budget annuel de l'Institut. Mais autres sont les apparences et autre la réalité. D'où viennent, en effet, les allocations dix fois plus élevées qui forment la part contributive des divers diocèses ? Sous quelles inspirations sont-elles recueillies ?

D'abord et surtout sous la très haute inspiration de NN. SS. les Evêques Protecteurs, dont les instances se renouvellent auprès de leurs diocésains, afin de ne pas laisser une trop grande disproportion entre les ressources ordinaires de l'œuvre qui leur est si chère et ses charges trop lourdes, aggravées encore par le renchérissement continuel du marché. Or, quand leur voix s'est faite plus prenante, quand leurs appels sont devenus plus pressants, à quoi ont-ils surtout pensé, sinon aux services que rend l'Institut catholique à leurs séminaires et collèges diocésains ? Et n'est-ce pas encore de cette raison, dont ils se sont servi comme d'un argument, pour émouvoir les cœurs dont ils sollicitaient la charité ?

Leur voix a été répercutée par MM. les Curés dans chacune de leurs paroisses... Ah ! le dévouement des curés ! Et quelle gratitude ne devons-nous pas leur garder, chers Messieurs, pour le désintéressement avec lequel ils l'exercent en votre faveur, à un moment où tant d'œuvres les sollicitent : œuvres diocésaines de première nécessité, comme celles des vocations et du denier du clergé; œuvres paroissiales de toute sorte ! Et, dans leur nombre, les plus héroïques sont ceux qui ont des écoles libres à soutenir.

Non, certes, qu'ils pensent à opposer l'enseignement primaire à l'enseignement supérieur. Deux devoirs distincts peuvent se hiérarchiser, mais jamais se contredire. On ne doit donc pas les disjoindre, alors surtout qu'il s'agit, comme ici, de réaliser, à des degrés divers et pour des milieux différents, la consigne divine : « Allez et enseignez toutes les nations. »

Cependant, l'héroïsme n'est pas à la portée de tous, et il faut vivre avant de philosopher. Tous, d'ailleurs, n'ont pas également réfléchi au rôle des Universités catholiques; quelques-uns ne l'ont pas suffisamment compris. Quel sera donc l'animateur, invisible mais agissant, de cette nécessaire croisade, sinon le professeur qui, appréciant la maison de sa formation technique, est tout disposé à mettre à son service les relations que son ministère lui a ouvertes avec les meilleures familles de nos diocèses ? Pourquoi telle quête paroissiale a-t-elle été plus fructueuse ? Pourquoi un don plus généreux vient-il inopinément apporter une agréable surprise ? Parce que le parloir d'un de nos collèges ou séminaires a été le théâtre d'une démarche insoupçonnée, que la reconnaissance d'une âme fidèle a provoquée, et que le sentiment aigu de certains bienfaits et de certains besoins a su rendre efficace.

C'est ainsi qu'aux services que leur rendent les Instituts catholiques les autres établissements scolaires libres, groupés autour d'eux, cherchent à répondre.

Bienfaits pour bienfaits. Après ces échanges ininterrompus, reste-t-il des créanciers et des débiteurs ? Dieu seul le sait. De part et d'autre, c'est du dévouement et du désintéressement, de la reconnaissance et de la charité, une collaboration intelligente, un attachement mutuel et un même amour de Dieu et des âmes de la jeunesse. Avec de tels atouts, comment appréhenderions-nous de ne pas gagner la partie ? Comment craindrions-nous, en particulier, que le secours du Saint-Esprit que nous allons implorer, et les bénédictions de NN. SS. les Evêques Protecteurs ne servent pas à rendre bonne et féconde la nouvelle année universitaire ?

Daignent notre distingué Chancelier et mes vénérés collègues agréer que je me fasse, auprès de Leurs Grandeurs, l'interprète des sentiments respectueux de tous les maîtres, élèves et amis de notre cher Institut catholique !

Daignent Mgr le Recteur et le Corps doctoral croire à l'estime et à l'admiration qu'on leur porte !

Pour vous, mes jeunes amis, sachez apprécier le bonheur d'être à semblable école; et à la vue de tout ce qu'on vous consacre de science et de zèle, concevez une idée toujours plus haute du travail qui s'impose et du devoir que vous avez à remplir.

Vous tous, enfin, mes chers frères, puissiez-vous toujours mieux accorder à notre enseignement supérieur chrétien le secours de votre confiance et l'aide de votre charité ! Ce faisant, vous assurerez à vos enfants l'avenir le meilleur, et vous servirez très efficacement les deux grandes causes de l'Eglise et de la Patrie. — Ainsi soit-il.

Rapport de M. le chanoine MAISONNEUVE, *doyen de la Faculté de théologie, sur les travaux de l'année scolaire.*

MONSEIGNEUR LE CHANCELIER,
MESSEIGNEURS,
MESDAMES, MESSIEURS,

Les cours professés à l'Institut catholique de Toulouse ont, assurément, pour objet de préparer nos chers et laborieux étudiants à des examens difficiles, dont le succès leur obtiendra des grades canoniques ou universitaires permettant de remplir avec plus d'autorité les fonctions que NN. SS. les Evêques leur confient, mais ils sont aussi destinés à les aider à penser par eux-mêmes, à fortifier leur jugement, à augmenter leur savoir, et, vers ce but, à leur faire connaître et appliquer les méthodes spéciales, sans lesquelles on ne peut acquérir aucune science.

C'est pour cela que les professeurs s'attachent principalement à traiter certaines questions importantes auxquelles ils consacrent leurs leçons.

Ce rapport annuel voudrait vous présenter avec brièveté le résumé de notre enseignement durant la dernière année scolaire; j'espère qu'il sera exact, je m'accuse et m'excuse des défauts et des lacunes qui le feront paraître imparfait et incomplet,

Bossuet a dit un jour : « On veut de la morale dans les sermons, et on a raison, pourvu qu'on entende que la morale chrétienne est fondée sur les mystères du christianisme ». C'est en vertu de ce principe que les décisions des casuistes dépendent des principes dogmatiques, que le professeur de théologie scolastique a étudié les vices et les péchés. Empruntant à saint Augustin sa définition : « Le péché est une parole, une action, un vouloir contraires à la loi éternelle », il a considéré les diverses causes de la différenciation et de la gravité des fautes, les facultés humaines que le péché peut infecter de sa souillure, les impulsions qui conduisent aux actes mauvais les êtres intelligents et libres. Ces questions se rattachent au troublant problème du mal et donc aux rapports qu'il soutient avec notre sensibilité, notre raison et notre liberté, dont les impressions et les décisions sont soumises à tant d'influences : ignorance, passion, tentation, malice originelle. Il était essentiel de déterminer comment Dieu, infiniment saint, concourt à l'acte coupable, en quel sens et en quelles circonstances on peut soutenir qu'Il aveugle et endurcit le pécheur. La Somme de saint Thomas a fourni à M. Hourcade le texte éclairé et commenté par ses leçons.

Je suis tout à fait certain qu'aucun des auditeurs du R. P. Cavallera ne serait tenté d'appliquer au cours de théologie positive le mauvais jeu de mots prêté à un disciple du jésuite Petau, chez lequel, paraît-il, le talent du professeur n'égalait point la prodigieuse science : *Théologie positive, théologie sopitive.* Définissant l'objet, exposant la méthode, indiquant les instruments de travail qui facilitent les indispensables recherches, le professeur a exposé et interprété la doctrine du Concile de Trente au sujet du Sacrement de Pénitence. Comment il apparaissait aux Pères de l'Eglise, des origines à saint Augustin, les développements dont les Docteurs du moyen âge l'ont en quelque manière enrichi, déterminant la forme sous laquelle il a victorieusement affronté les attaques de l'hérésie au XVIe siècle. On ne peut mettre en doute le haut intérêt de ces spéculations, si propres à justifier et à fortifier la foi et la piété.

Samuel est l'un des personnages de l'Ancienne Loi qui a obtenu notre sympathie et dont l'adolescence obéissante est volontiers présentée comme un modèle aux enfants chrétiens. Un livre de la Bible hébraïque porte son nom; il est intitulé dans la *Vulgate* : premier livre des Rois. M. l'abbé Ducros l'a examiné au point de vue historique et critique. On sait que la chaire d'histoire sainte exige la connaissance de l'hébreu et même de plusieurs idiomes sémitiques et aussi des langues anglaise et allemande en lesquelles sont rédigés de nombreux ouvrages d'exégèse favorables ou hostiles au catholicisme.

Les Actes des Apôtres, cette histoire si attachante de l'Eglise primitive, ont fourni au professeur les éléments d'une vie de saint Paul, de sa conversion à sa captivité. Il a décrit l'apostolat de ce chrétien magnanime embrasé d'amour pour Jésus, auquel il a consacré sa doctrine, son éloquence, son zèle, ses miracles, ses souffrances, sa sainteté, n'ayant d'autre ambition que de vivre et de mourir pour lui.

L'Histoire de l'Eglise montre la réalisation progressive du royaume de Dieu révélé par Notre-Seigneur Jésus-Christ. M. le chanoine Saltet estime avec raison que son enseignement doit étendre l'esprit par des vues générales, et l'aiguiser par la discussion des problèmes. D'où un ensemble de leçons traçant les grandes lignes avec les divisions successives subordonnées entre elles et détaillées, offrant à l'étudiant les cadres dans lesquels il peut diriger en le dominant son travail personnel.

Le 7e anniversaire de l'Université de Toulouse provoquait une étude des Universités médiévales et spécialement de la nôtre. Des exercices pratiques ont porté sur la paléographie et sur l'influence hagiographique des Actes apocryphes des Apôtres, particulièrement dans la vie de saint Denys de Paris.

Enfin, dix-huit conférences sur l'art du moyen âge si attrayant, si expressif, dont les chefs-d'œuvre fixent en quelque sorte et exaltent nos croyances, furent données en partie par les étudiants eux-mêmes, en partie par des archéologues de notre ville.

La théologie fondamentale est une préparation nécessaire à toutes les sciences sacrées. On a essayé, cette année, de montrer la suite de la Tradition dans les œuvres des Pères de l'Eglise, de Tertullien à saint Jean Chrysostome; il était visible que l'exposition de la doctrine, immuable en ses dogmes essentiels, a suivi, en quelque manière, la marche des hérésies, surtout de l'arianisme dont saint Athanase, saint Basile, les deux Grégoire de Nazianze et de Nysse ont magistralement réfuté les criminelles divagations; mais la philosophie, l'histoire, l'éloquence ont été de précieux auxiliaires de la théologie qui s'ordonne, se perfectionne au cours des siècles et tend, providentiellement, vers les définitions où s'incarne un idéal de vérité et de beauté.

Personne ne doute que l'ordre et la clarté ne soient d'inappréciables avantages; aussi, devons-nous être reconnaissants aux Souverains Pontifes Pie X et Benoît XV, auxquels nous devons le Nouveau Code de Droit canonique. Le R. P. Fournier s'est occupé du Sacrement de l'Ordre, raison d'être des droits, privilèges et obligations des clercs; aux fonctions qui leur sont confiées sont attachées — du moins en théorie — des bénéfices qui ne furent pas toujours négligeables. Ces avantages sont naturellement liés à des lois qui concernent leur érection, leur collation et leur abandon.

Ce cours ouvre des perspectives sur l'histoire du Droit, retracée par le professeur, depuis les Conciles de Constance et de Bâle, siégeant à une époque si tourmentée, parmi des conflits douloureux et dangereux, en des circonstances toujours agitées et parfois tragiques. Heureusement, l'admirable Concile de Trente formula les droits et les devoirs, conditions des vertus et des bienfaits que l'Eglise de Dieu répand sur le monde entier.

Les personnes — politiques ou autres — si empressées à déclamer contre les religieux, devraient, au préalable, s'astreindre aux privations et aux sacrifices qu'impose à ceux-ci la noble ambition d'une vie parfaite. Cela serait de nature à leur imposer quelques scrupules et à gêner parfois, assez désagréablement, leurs habitudes peu courageuses. Le R. P. Besson, doyen, a exposé les prescriptions du Code, adaptées aux divers Ordres religieux; elles varient, évidemment, suivant la fin prochaine que s'efforce d'atteindre chaque famille spirituelle : contemplation, œuvres de charité, apostolat, enseignement; autant de bienfaits qui justifient la vénération dont les chrétiens honorent ces disciples d'élite de Jésus et qu'ils s'efforcent d'imiter, selon leur état et leur vocation, en des confréries ou associations groupées par des pratiques pieuses dont il importe d'énumérer et de classer les avantages.

Avantages spirituels, sans doute, mais que soutiennent et protègent des biens temporels et terrestres, de même que les âmes trouvent des auxiliaires dans les corps auxquels elles sont unies. Fondation, suppression des ordres religieux, de leurs provinces et de leurs maisons; leur administration disciplinaire, spirituelle et temporelle : admission, formation, profession des religieux; leurs obligations et leurs privilèges; règles à observer dans les cas où, par voie légitime ou désertion coupable, un religieux se séparerait de son institut — autant de questions auxquelles le professeur a répondu en interprétant les articles du Code.

Dans un cours de droit public de l'Eglise, M. le chanoine Trilhe a déterminé les rapports entre l'Eglise et l'Etat, qui ont forcément occasionné des litiges et des conflits, depuis les luttes du Sacerdoce et de l'Empire et, sans nul doute, durant et même avant les règnes de Constantin et de Théodose.

Il me semble que Cicéron, dans le curieux dialogue où il décrit le tableau de l'éloquence politique et judiciaire, a prévu le cours de M. le chanoine Crouzil. L'un des personnages qu'il met en scène, Brutus, qui a donné son nom à cet ouvrage, se réjouit d'avoir entendu Sulpicius, orateur et jurisconsulte, « Quum vellem cognoscere jus nostrum pontificium qua ex parte cum jure civili conjunctum est », ne peut-on traduire : quand Sulpicius développait les rapports du droit canon et du droit civil ? Ici même, le professeur a dû envisager, dans son cours, sous des aspects quelque peu différents, des questions analogues. Sans violer aucun des principes affirmés par le Pape Boniface VIII dans la célèbre bulle : *Unam sanctam*, l'évolution sociale, les erreurs et les hérésies et aussi des aspirations et des transformations ont amené des distinctions entre l'idéal nécessaire et la contingente réalité, ont contraint le pouvoir spirituel à des concessions opportunes, à des concordats désirables et salutaires. M. le Professeur a consacré une autre partie de son cours au droit administratif et à l'organisation judiciaire. Spécialement destinés à préparer les candidats à la licence et au doctorat, ces leçons intéressent au plus haut point tous ceux qu'intimide l'appareil redoutable forgé par les innombrables articles de nos Codes et qui, résolus à s'abandonner avec une respectueuse déférence à l'intégrité de nos magistrats, redoutent cependant de s'aventurer dans le maquis de la procédure et de s'y égarer. La confiance n'exclue pas la prudence... qui est une vertu.

Si l'on se croyait sûr, autrefois, d'une science philosophique définitive, c'était assurément de la logique. Etant l'exercice même de la raison, ses lois semblaient identiques aux lois de l'intelligence. Cette discipline intellectuelle est, hélas ! dépréciée et bouleversée, comme tout le reste. Le R. P. Cathala s'est attaché à définir et à distinguer l'objet propre de la logique. L'analyse des opérations de l'esprit lui a permis de suivre chacune d'elles dans l'exercice de sa profonde et féconde activité. Cela l'autorisait à marquer la place souveraine et unique que tient le concept dans la vie de l'esprit. Au plus haut sommet de ses spéculations s'élève le concept de l'être autour duquel se groupent et s'ordonnent tous les éléments qui composent la métaphysique générale. Si cette notion convient excellemment à Celui qui possède l'être dans sa perfection et sa plénitude, il s'agit aussi de déterminer la manière dont elle s'applique par analogie aux créatures qui reçoivent l'être par imitation, participation, communication de l'essence divine. La théorie de l'acte et de la puissance permet d'établir les catégories qui contiennent, par des attributions exactes et dans une hiérarchie magnifique, tous les produits de la Création divine. La métaphysique est aussi nécessaire à la morale, à la science, à l'art, à la sociologie, à la politique elle-même, qu'elle est indispensable à la théologie.

La psychologie serait-elle affranchie de cette sujétion ? Un philosophe anglais contemporain protestait naguère en ces termes contre cette dépendance : « On suppose que les pensées ne peuvent aller et venir toutes seules, mais ont besoin d'une personne pour les penser ». Ce mépris impudent du bon sens que professent des philosophes émancipés, ne vous ferait-il pas croire qu'ils considèrent les pensées comme des grandes filles qui, désirant marcher à leur guise, n'ont nul besoin d'une mère pour les conduire, puisqu'aussi bien on nous affirme qu'elles n'ont point de mère ? C'est pour cela, sans doute, que la plupart d'entre elles s'empressent de courir comme de petites folles vers les asiles d'aliénés. M. le chanoine Michelet s'efforce de les en détourner. Etudiant la conscience, la perception, la mémoire, il montre ces facultés jaillissant, pour ainsi dire, d'une substance spirituelle, l'âme, qui échappe à toutes les prises phénoménistes. De même, il éclaire la psychologie thomiste des émotions, dont il démontre la valeur, la précision et l'actualité, en opposition avec l'empirisme de l'école anglaise, de Ribot, de W. James et aussi avec un décevant idéalisme.

Dans son cours de morale il a institué la critique du sociologisme tel qu'il est formulé en diverses écoles, de Rousseau à A. Comte et d'Emmanuel Kant à Durkheim. Ici encore il recourt au thomisme établissant les droits et les devoirs sur l'expérience et la raison, le fait et la métaphysique.

La connaissance humaine saisit-elle autre chose que des illusions et des apparences ? Nos sensations atteignent-elles des réalités ? Nos jugements affirment-ils des vérités ? Nos raisonnements ont-ils le pouvoir de remonter des phénomènes aux lois, de descendre des principes aux conséquences ? Résoudre ces problèmes difficiles mais inévitables dont la solution négative se traduirait par cette conclusion désespérante et absurde : « Rien n'existe », tel est l'objet de la critériologie à laquelle M. le chanoine Baylac a consacré une partie de son cours. C'est à Aristote et à saint Thomas qu'il a eu surtout recours pour apprécier le Nominalisme, le Conceptualisme, le Réalisme excessif qui ont obscurci et troublé les notions de l'évidence, de la certitude, des moyens d'atteindre la vérité, confrontant le criticisme kantien avec la critériologie thomiste, il a montré que le système du philosophe allemand est l'apologie d'un vain et néfaste subjectivisme.

M. le doyen de la Faculté de philosophie a entrepris l'exposé et la critique du positivisme d'Auguste Comte; malgré le génie de ce penseur, sa tentative fait songer à un oiseau dont on a crevé les yeux et coupé les ailes; telle la raison dont, sans la métaphysique, les efforts et les élans demeurent stériles, si bien que le fondateur de l'école positiviste a été contraint d'édifier une morale et une religion dont le moins qu'on puisse dire, c'est qu'elles sont contradictoires et puériles.

S'il n'est pas exact que la sociologie soit appelée à remplacer bientôt la philosophie, il est indiscutable que les sciences sociales prennent une importance et obtiennent une faveur exceptionnelle à certains égards très justifiées.

Trois chaires furent créées, ici même, dont l'une (chaire Léon XIII) est consacrée à la doctrine sociale de l'Eglise. Instituée par Notre-Seigneur Jésus-Christ, l'Eglise réalise l'idéal de justice et de charité et s'en inspire toujours dans ses rapports avec les nations et les lois qui dominent les relations internationales; le R. P. Cavallera était chargé de cet enseignement.

Titulaire de la chaire Albert de Mun (législation sociale), Me Pigasse a traité des sociétés à participation ouvrière, des caisses d'épargne, des coopératives, des sociétés de secours mutuels, des assurances.

Dans la chaire Frédéric le Play (économie politique), M. Decomble s'est occupé de la production, de la consommation, de la répartition des richesses, avant, pendant et depuis la dernière guerre.

Le cycle d'études dure trois ans. Une quinzaine d'élèves ont subi, avec succès, les épreuves des examens. Ils sont invités à compléter leur succès par une thèse qui leur ouvrira les nouvelles carrières honorables, lucratives, bienfaisantes, d'ingénieur social, de secrétaire de syndicat, de surintendante d'usine.

Le culte des humanités s'est trop souvent amoindri et attiédi parmi ceux-là mêmes qui ont reçu la mission de le propager et de le défendre, mais il est célébré dans les Instituts catholiques et spécialement en notre maison avec éclat et ferveur. Les maîtres de notre Faculté des lettres sont fidèles à ce service dont ils sont chargés.

Les lettres françaises sont enseignées en deux chaires distinctes. M. le chanoine Monbrun devait traiter de la littérature mondaine au XVIIe siècle. Il l'a étudiée principalement dans les maximes, lettres, mémoires, portraits, romans; rarement, sans doute, pouvait-on trouver un milieu plus favorable à cette éclosion que la Cour et la ville sous Louis XIV : les idées, les mœurs, les goûts naissent, se développent, se transforment par suite des relations entre les gens du monde et les gens de lettres. Les *Caractères* de La Bruyère, si riches en informations et en réflexions, apparaissent comme une sorte de synthèse qui ne devient pleinement intelligible et expressive que par les événements de la vie de leur auteur, son « génie », les origines et les qualités de son œuvre.

Le professeur a dû aussi raconter les débuts de la célèbre lutte entre Voltaire et J.-J. Rousseau; on sait qu'elle fut prolongée et acharnée. La lettre à d'Alembert sur les spectacles est, à certains égards, un épisode de cette querelle; les tragédies de l'auteur de *Zaïre* fournissant à Rousseau des arguments contre le théâtre, excessifs peut-être mais animés par une passion ardente et un véritable lyrisme qui sont les qualités attrayantes de ce malfaiteur de génie.

M. le doyen de la Faculté des lettres a traité du théâtre et spécialement de la comédie au XVIIIe siècle. La gaieté de Regnard, la délicatesse de Marivaux, la finesse de Le Sage, l'ironie de Dancourt l'ont amené jusqu'à Beaumarchais, l'auteur du *Barbier de Séville* et du *Mariage de Figaro*. On sait que l'âpre satire de Beaumarchais favorisa les idées de rébellion qui éclatèrent durant la Révolution française. M. le chanoine Samouillan a marqué l'influence de Diderot sur l'art dramatique et la sensiblerie dont il fut imprégné. Après avoir comparé au génie de Molière le talent de ses successeurs, il a montré ce que doivent à Beaumarchais les auteurs dramatiques du XIXe siècle; on le retrouve parfois dans l'art de la composition de Scribe, l'ingéniosité de Sardou, le dialogue d'Augier, le romantisme d'Alexandre Dumas, les paradoxes de son fils, mais avec ces ressemblances, le professeur n'a point négligé d'indiquer les différences qui caractérisent les pièces du théâtre contemporain.

M. le chanoine Dufréchou s'est attaché à la philologie française considérée dans les œuvres de nos vieux chroniqueurs et, spécialement, dans la remarquable histoire de la conquête de Constantinople de Villehardouin.

La littérature latine oblige le professeur à des études philologiques essentielles : la morphologie, les origines, les transformations de la langue, la formation et les variations de la syntaxe. Ne nous plaignons pas que des ronces et des épines semblent embarrasser les jardins de l'éloquence et de la poésie et entraver la croissance des tiges fleuries; elles sont les gardiennes austères mais vigilantes de leur évolution fertile et gracieuse. M. l'abbé Dumont a expliqué la correspondance de Cicéron. Pour les lecteurs qui parcourent ces lettres, il n'est guère de lecture plus attrayante, mais le commentaire requiert une étude approfondie, car l'éloquent orateur aborde les sujets les plus variés, la politique, la philosophie, la critique, les beaux-art. Il met en scène quantité de personnages; il raconte, il approuve, il raille, il condamne; il se montre intéressé, informé, curieux. Toute l'histoire de son temps revit en ces causeries alertes, incisives, parfois émues. Son style simple, élégant, spirituel, expressif suivant les sujets qu'il aborde, s'adapte à toutes les circonstances. Le professeur sait mieux que nous combien Cicéron est vaniteux, mobile, irrésolu, mais il loue sa droiture, sa bonté, son amour du bien public. N'oublions pas qu'il est mort un demi-siècle avant la naissance de Celui qui devait apprendre aux hommes à être « doux et humbles de cœur ».

Je ne sais si malgré le génie de Virgile, de Dante, de Shakespeare ou de Racine, aucune littérature a dépassé ou même égalé les merveilles de l'art grec. *L'Œdipe-Roi* de Sophocle, le « roi des drames », a dit un scoliaste, suffirait à justifier ou à excuser ce doute. Il a fourni un sujet de choix à M. le chanoine Dufréchou. Nous connaissons moins Hérondas, auteur alexandrin, auquel nous devons des mimes découverts à la fin du siècle dernier dans un papyrus d'Egypte conservé au British Museum. Le grammairien Diomède définit ce genre littéraire « une imitation de la vie ». Les candidats à la licence devaient expliquer le *Maître d'école*. Cette petite scène comique nous présente une mère réclamant pour son fils un châtiment si dur que son intervention auprès du pédagogue a fait dire : « Les mamans de ce temps-là avaient le cœur moins sensible que les papas d'aujourd'hui ».

D'autre part, le *Sacrifice à Asclépios* contient de nombreux détails intéressants pour l'histoire des religions à propos de deux ménagères désirant offrir un coq à Esculape.

Devant un autre auditoire, le même professeur prend occasion d'un vieux mystère espagnol : *El Mysterio de los Reyes magos* pour exposer, d'après un fragment du premier en date des mystères de la péninsule ibérique, les règles de la philologie espagnole.

C'est avec une gratitude attristée et attendrie que nous rappelons les consciencieuses et savantes leçons de notre cher et si regretté collègue, M. le chanoine de Supliey. Son cours d'allemand comprenait une étude approfondie de la grammaire et des exercices pratiques. Pour la langue anglaise, il dirigeait des traductions en anglais des fables de La Fontaine et des traductions en français des Odes du poète Keats.

Il n'est personne qui ne conçoive des sentiments d'admiration et de gratitude envers les savants qui nous prodiguent les merveilleux résultats de la science : de l'automobile au phonographe, de l'avion au cinématographe, de l'analgésie à la télégraphie sans fil, de l'antisepsie à la lumière électrique, combien de découvertes qui transforment l'existence humaine, au risque de la bouleverser quelque peu. Cependant, avons-nous réfléchi que ces inventions ne sont que les applications des principes, des lois, des expériences des mathématiciens, des physiciens, des chimistes, des biologistes, dont les hautes spéculations et les méditations prolongées sont en elles-mêmes très noblement désintéressées. C'est grâce à eux que la civilisation matérielle s'étend et progresse, mais leur ambition est, avant tout, de savoir pour comprendre.

Les maîtres qui professent en cette maison conforment leur enseignement à ce splendide idéal, assurés que du vrai naîtra l'utile, conséquence désirable certes d'une science théorique, qui soulève des questions innombrables, pose des problèmes qui paraissent insolubles aux profanes, mais qui entraîne et élève l'esprit en des régions où règne la pensée pure.

Il n'est pas superflu que les sciences du nombre, des figures, des propriétés et des combinaisons de la matière soient enseignées en nos Instituts; non qu'il y faille distinguer une physique orthodoxe ou une chimie catholique, mais parce que les croyances de nos éminents professeurs suffiraient à les préserver de certaines aberrations contre lesquelles proteste la raison. Dans un article sur la physique indéterministe, — c'est-à-dire celle qui déclare vaines les lois de la nature, — on lit cette déclaration (j'ai la satisfaction de vous dire qu'elle est proférée par un Allemand) : « L'inanité du principe de causalité est définitivement établie ». Cela veut dire : Les effets n'ont pas de causes. En vérité, lorsqu'on ose formuler de si lamentables sottises connût-on à merveille la théorie des Quanta et les hypothèses qui découlent de la radioactivité, on est un savant disqualifié.

Le temps est venu où l'autorité de nos éminents professeurs n'est point superflue pour opposer un préservatif efficace à cette anarchie intellectuelle.

C'est avec une fierté joyeuse que nous saluons les succès de notre Ecole supérieure d'agriculture. Sur quatorze élèves sortants, onze ont obtenu cette année le certificat d'études agronomiques. La lumière dont Purpan est le foyer rayonne au delà de la région universitaire. L'école compte 1.700 élèves par correspondance. Il est regrettable que l'exiguïté des locaux borne à 60 le nombre des élèves qui serait beaucoup plus considérable si l'on pouvait faire droit aux demandes d'admission. De plus en plus, l'enseignement de l'agriculture devient complexe et exige l'intelligence et le travail de nos étudiants. La biologie, la chimie, l'anatomie et la physiologie végétale et animale exigent des leçons spéciales alternant avec des travaux pratiques : semailles, labourages, cultures variées. Si le poète a dit : « C'est un très grand honneur que posséder un champ », songez que cet avantage suppose la connaissance des droits du possesseur, des notions économiques et juridiques et le désir très louable de rendre salutaire et fructueuse l'influence qu'assurent la compétence, la droiture et le dévouement.

J'aurais voulu plus et mieux dire, mais je craindrais que ma bonne volonté ne p[illegible] indiscrète et présomptueuse. Puis-je me permettre d'emprunter au Psalmiste la description dont la liturgie honore la Vierge immaculée, Mère de Jésus et la nôtre ? Il me semble que, sacrée et profane, la science chrétienne est assise comme une Reine à la droite du Roi immortel, parée d'un vêtement composé d'un riche tissu rehaussé de fils d'or et embelli par la diversité des broderies, au dessin précis, au coloris harmonieux, courant sur sa trame élégante et souple. Sa beauté est faite d'unité et de variété. Tous ici, animés d'un même zèle, nous désirons passionnément saisir la science pour l'honneur de l'Eglise, l'amour de la vérité, la gloire de Dieu.

RESULTATS DES EXAMENS DE L'ANNEE SCOLAIRE 1928-1929

FACULTÉ DE THÉOLOGIE

Ont été reçus licenciés en théologie : MM. Cazeaux (Carcassonne), Guittard (Rodez), Parrel (Toulouse), tous les trois *cum magna laude;* MM. Serval (Bayonne), Lazuech (Auch), Gaston (Toulouse), tous les trois *cum laude.*

Ont été reçus docteurs en théologie : M. Salles (Tarbes), *cum magna laude,* thèse : *La doctrine spirituelle de Cassien;* M. Bec (Rodez), *cum laude,* thèse : *La vertu de charité, se nature et son excellence.*

Ont subi avec succès l'examen oral pour le doctorat en théologie : MM. Barral (Toulouse), Baron (Auch), R. P. Fidèle (des Mineurs Capucins).

M. Desjardins (Toulouse) a soutenu avec succès sa thèse pour le doctorat en théologie, sur le sujet suivant : *Aux origines du pouvoir temporel des Papes : la prétendue donation de Quierzy.*

FACULTÉ DE DROIT CANONIQUE

Ont été reçus bacheliers en droit canonique : R. P. Agathange (des Mineurs capucins), *cum maxima laude;* M. Fabre, *cum magna laude;* MM. Bésineau, Roudié, de Saint-André, tous les trois *cum laude;* MM. Lacaze, Hély.

A été reçu licencié en droit canonique : M. Thiriet (Toulouse), *cum laude.*

Ont subi avec succès l'examen oral pour le doctorat en droit canonique : MM. Lacroix (Toulouse), Thiriet (Toulouse), R. P. Antoine Moreau (des Frères Mineurs).

FACULTÉ DE PHILOSOPHIE

Ont été reçus bacheliers en philosophie : M. Verdet, *cum magna laude;* R. P. Friard (des Augustins de l'Assomption), *cum laude.*

Ont été reçus licenciés en philosophie : M. Verdet, *cum laude;* R. P. Friard.

FACULTÉ LIBRE DES LETTRES

Ont obtenu les certificats de :

Morale et sociologie : M. Boucay (de la Congrégation de Garaison).
Logique et métaphysique : M. Boucay.

Etudes grecques : MM. Cadars, A. B.; Pech (Carcassonne), A. B.; Soulié (Rodez), A. B.; Calvet (Carcassonne); Prat (Auch); Valat (Rodez); Zizard (Rodez).

Etudes latines. — MM. Garric (Rodez), A. B.; Malaterre (Toulouse), A. B.; Cazeaux (Toulouse); Mespoulet (Cahors).

Littérature française. — Mlle Bessière, A. B.; MM. Dugros (Montauban); Garric (Rodez); Mespoulet (Cahors).

Grammaire et philosophie. — MM. Cadars, B.; Frézouls (Albi), B.; Zizard (Rodez), B.; Mespoulet (Cahors), A. B.

Etudes littéraires classiques. — MM. Marty (Tarbes), B.; Serval (Bayonne), A. B.; Urricarriet (Bayonne); Mlle Til.

Littérature anglaise. — M. Lartigue (Bayonne).

Thème anglais. — M. Marty (Tarbes), B.

Version anglaise. — M. Marty (Tarbes), A. B.

Littérature espagnole. — Mlle Barthe, A. B.

MM. Frézouls, Lartigau et Mespoulet ayant obtenu 4 certificats d'études littéraires supérieures sont licenciés ès lettres.

ÉCOLE SUPÉRIEURE DES SCIENCES

Ont obtenu les certificats de :

Mathématiques générales. — M. Soniguet (Auch); Mlles Maritan, Montenot et Rouzaud.

Calcul différentiel et intégral ou analyse. — M. Marquès (Albi), A. B.

Physique générale. — MM. Laporte, de Naurois.

Chimie générale. — MM. Marquès (Albi), T. B.; Lavigne (Tarbes); Roche (de la Congrégation de Bétharram), Tourrou (Pamiers).

Minéralogie. — M. Soniguet (Auch), A. B.

Zoologie. — R. P. Bergounioux (des Frères Mineurs).

MM. Marquès, de Naurois, Soniguet et Mlle Maritan, ayant obtenu trois certificats d'études supérieures ou plus, sont licenciés ès sciences.

PRIX

Le Prix de la Faculté de théologie a été décerné à M. l'abbé Bec (Rodez); celui de la Faculté des lettres à M. l'abbé Mespoulet (Cahors); celui de la Faculté des sciences à M. l'abbé Bonnefoy (Mende).

CONCOURS INTERSCOLAIRE. — MÉDAILLES

Instruction religieuse : Fernand Proupech (P. S. Gourdon).

Philosophie, dissertation : Jean Béheran (P. S. Ustaritz).

Mathématiques élémentaires : Roger Siot (P. S. Nay).

Sciences, philosophie : Henri Cabart (Ecole Beauséjour, Narbonne).

Sciences, première : Alphonse Molinier (Collège Valence d'Albigeois).

Composition française : Jean Ramondou (Ecole Saint-Caprais, Agen).

Version grecque : Fernand Proupech (P. S. Gourdon).

Version latine : Marcel Boutonnet (P. S. Saint-Pierre, Rodez).

Thème latin : Jean Eyharts (Ecole Saint-François, Mauléon).

Programme des Cours pour l'Année Scolaire 1929-1930

FACULTÉS CANONIQUES

THÉOLOGIE

Théologie fondamentale. — M. le chanoine Maisonneuve, docteur en théologie, doyen : *la Tradition et les Pères de l'Eglise;* les lundi et mercredi, à neuf heures et demie.

Théologie positive. — M. Cavallera, docteur en théologie : *la Théologie de saint Augustin;* le jeudi, à neuf heures et demie; le vendredi et le samedi à dix heures et demie.

Théologie scolastique. — M. le chanoine Hourcade, docteur en théologie : *De Gratia,* les lundi, mardi et jeudi, à dix heures et demie.

Ecriture sainte, langues sémitiques. — M. Ducros, docteur en théologie : *Histoire biblique à partir de la ruine de Samarie. Saint Paul, épîtres aux Corinthiens;* le mercredi, à dix heures et demie, et le vendredi, à neuf heures et demie. Cours d'hébreu, les mercredi et vendredi, à quatorze heures. Cours d'araméen, le mardi à quatorze heures.

Histoire ecclésiastique. — M. le chanoine Saltet, docteur en théologie : *Histoire des Papes depuis le* VIe *siècle jusqu'à la fin du* XIe*;* les mardi et samedi, à neuf heures et demie; exercices de paléographie et de critique, le mardi à quinze heures.

Histoire de l'art chrétien. — M. le chanoine Saltet : Conférences pratiques sur *L'histoire de l'architecture et de la soulpture jusqu'à la fin de la période romane;* le vendredi, à vingt heures et demie.

DROIT CANONIQUE

Droit public et privé de l'Eglise. — M. Besson, docteur en théologie, doyen : *Pénitence et mariage;* les lundi et mercredi, à quatorze heures et demie (deuxième semestre).

M. Fournier, docteur en théologie : *Normes générales, les clercs, les laïques;* les lundi et mercredi, à quatorze heures et demie (premier semestre). — *Histoire du Droit canonique, des origines au Schisme d'Occident;* le mardi, à 14 heures et demie.

M. le chanoine Trilhe, docteur en droit canonique : *Procédure criminelle, procédures spéciales; des délits et des peines;* les lundi et mardi, à 15 heures. — *Le droit public de l'Eglise : les principes;* le mercredi, à quinze heures et demie.

Droit civil ecclésiastique. — M. le chanoine Crouzil, docteur en droit canonique, docteur en droit civil : *Les libertés publiques;* le mercredi, à neuf heures. — *Organisation administrative et judiciaire;* le samedi à quatorze heures et demie.

PHILOSOPHIE

Logique et métaphysique. — M. Cathala, docteur en théologie, professeur : *Cosmologie générale et spéciale* et explication des auteurs de licence; le lundi à dix heures et demie et le samedi à huit heures un quart. — *Questions spéciales de métaphysique,* le vendredi, à huit heures un quart.

Psychologie et morale. — M. le chanoine Michelet, docteur en théologie : *Psychologie*, explication des auteurs de licence; le lundi, à neuf heures et demie. *Morale et sociologie,* exercices pratiques; le mercredi, à neuf heures et demie.

Critériologie et histoire de la philosophie. — M. le chanoine Baylac, licencié en philosophie, doyen : *Critériologie;* le mercredi, à dix heures et demie, et le samedi, à neuf heures un quart. — *Histoire de la philosophie, le problème de la connaissance d'après Aristote et Kant;* le vendredi, à neuf heures un quart.

Histoire de la philosophie moderne. — M. Sirven, docteur ès lettres, les vendredi et samedi, à quatorze heures.

ENSEIGNEMENT ÉCONOMIQUE ET SOCIAL

M. Cavallera, docteur en théologie : Doctrine sociale de l'Eglise.
M. Pigasse, docteur en droit : législation sociale.
M. Decomble, docteur en droit : sciences économiques.

Les cours de ces trois séries ont lieu le samedi, de quatorze à seize heures.

Divers : pratique des organisations et des œuvres, le dimanche, à dix-sept heures (cours sociaux du dimanche).

FACULTÉ LIBRE DES LETTRES

Littérature grecque. — M. le chanoine Dufréchou, licencié ès lettres : version grecque, le mardi, à dix-sept heures (tous les quinze jours); auteurs grecs, le jeudi, à dix heures trois-quarts; philologie grecque, le samedi, à quinze heures trois-quarts.

Littérature latine. — M. le chanoine Gimazane, docteur ès lettres.

M. le chanoine Degert, docteur ès lettres, doyen honoraire : auteurs latins, le samedi, à quatorze heures.

M. Dumont, docteur ès lettres : philologie latine, le lundi, à quatorze heures; correction des devoirs, le mercredi, à quatorze heures (tous les quinze jours).

Littérature française. — M. le chanoine Samouillan, docteur ès lettres, doyen, le mardi, à dix heures trois quarts.

M. le chanoine Monbrun, licencié ès lettres, les lundi et mercredi, à dix-huit heures; le vendredi, à quatorze heures, correction de la dissertation française (tous les quinze jours).

Ancienne littérature chrétienne. — M. Cavallera, docteur ès lettres, le samedi, à dix heures et demie.

Histoire. — M. le chanoine Clergeac, docteur ès lettres, le mardi, à dix heures.

Philosophie. — M. l'abbé Sirven, docteur ès lettres, le vendredi et le samedi, à quatorze heures.

Langues vivantes. — M. l'abbé Gatimel, licencié ès lettres, licencié en allemand, licencié en anglais, allemand : le mercredi, à dix heures et demie; anglais : le mercredi, à quatorze heures; le jeudi, à treize heures et demie.

M. le chanoine Dufréchou, licencié ès lettres : espagnol, le lundi, à neuf heures.

ÉCOLE SUPÉRIEURE DES SCIENCES

Algèbre et mécanique. — M. le chanoine Domec, licencié ès sciences, les mardi, mercredi et vendredi, à dix-sept heures, et le samedi, à quatorze heures.

Analyse et mathématiques générales. — Mgr Thomas, licencié ès sciences, directeur; les lundi et jeudi, à huit heures; les lundi, jeudi, vendredi et samedi à dix heures.

Physique générale. — M. le chanoine Carrière, docteur ès sciences, les mercredi et jeudi, à dix-sept heures.

Chimie générale. — M. le chanoine Carrière, docteur ès sciences, le mercredi, à neuf heures, et le samedi, à dix-sept heures.

Biologie générale. — M. Boule, le lundi, à neuf heures et demie.

ÉCOLE SUPÉRIEURE D'AGRICULTURE

Les cours sont strictement réservés aux élèves de l'École. — Pour avoir le programme, s'adresser à la Direction, à Purpan, près Toulouse.

TABLE DES MATIÈRES

ARTICLES

NOTES ET CRITIQUES

BULLETIN

DE

LITTÉRATURE ECCLÉSIASTIQUE

PUBLIÉ PAR L'INSTITUT CATHOLIQUE DE TOULOUSE

N°s 1 et 2 — JANVIER-FÉVRIER 1929

Le Bulletin paraît tous les deux mois excepté août et septembre.

SOMMAIRE

RÉDACTION ET ADMINISTRATION : 31, Rue de la Fonderie, TOULOUSE

TOULOUSE	PARIS
LIBRAIRIE EDOUARD PRIVAT	LIBRAIRIE LETHIELLEUX
14, RUE DES ARTS	10, RUE CASSETTE

Le Bulletin paraît tous les deux mois, excepté août et septembre

Prix de l'abonnement : Pour la France : **15** fr.

Pour l'Etranger : **18** fr. pour les pays à demi tarif ; **20** fr. pour les autres.

Prix du numéro double : **3** fr. **50**

On peut payer par mandat-carte rose adressé au nom de M. C.-M. THOMAS, au « Bureau de chèques postaux de Toulouse, compte-courant nº 4437 ».

ORGANISATION DE L'INSTITUT CATHOLIQUE DE TOULOUSE

L'Institut catholique de Toulouse comprend les Facultés canoniques de théologie, droit et philosophie, une Faculté libre de lettres et une Ecole supérieure de sciences, fondées et entretenues par NN. SS. les Archevêques de Toulouse, d'Albi et d'Auch, par NN. SS. les Evêques de Montauban, Pamiers, Carcassonne, Cahors, Mende, Perpignan, Rodez, Aire, Bayonne, Tarbes, Agen, Périgueux, Tulle, dont les seize diocèses forment notre région universitaire.

Recteur : Mgr BRETON. — Secrétaire général : Mgr THOMAS. — Séminaire : M. FABRE, M. ROBERT. — Bibliothécaire : M. MONBRUN.

THÉOLOGIE

Théologie fondamentale : M. MAISONNEUVE, doyen.
Théologie positive : M. CAVALLERA.
Théologie scolastique : M. HOURCADE.
Histoire ecclésiastique : M. SALTET.
Ecriture sainte et Langues sémitiques : M. DUCROS.

DROIT

Droit canonique : M. BESSON, doyen, M. TRILHE, M. FOURNIER.
Droit civil ecclésiastique et science sociale : M. CROUZIL.

PHILOSOPHIE

Logique et métaphysique : M. CATHALA.
Psychologie : M. MICHELET.
Critériologie et Histoire de la philosophie : M. DAYLAC, doyen.
Sciences : M. CARRIÈRE.

LETTRES

Littérature française... M. SAMOUILLAN, doy.; M. MONBRUN.
Littérature latine...... M. DEGERT, d. hon.; M. DUMONT.
Littérature grecque... M. CLERGEAC.; M. DUFRÉCHOU.
Anc. litt. chrét.... M. CAVALLERA.
Allemand, anglais... M. de SUPLICY.
Espagnol........ M. DUFRÉCHOU.

SCIENCES

Algèbre supérieure et mécanique : M. DOMEC.
Calcul différentiel et intégral : Mgr THOMAS, directeur.
Physique : M. CARRIÈRE.
Chimie : N.
Biologie : M. BOULE.

La correspondance, le montant des abonnements et les ouvrages pour comptes rendus doivent être adressés à la DIRECTION du BULLETIN DE LITTÉRATURE ECCLÉSIASTIQUE, 31, rue de la Fonderie, Toulouse (Haute-Garonne).

Les abonnements non refusés et non payés seront recouvrés par traite postale, les frais de recouvrement étant à la charge de l'abonné.

LIVRES ENVOYÉS A LA RÉDACTION

A. d'Alès. *De sanctissima Eucharistia.* Paris, Beauchesne, in-8, xv-176 pages.

Almanach catholique français pour 1929. Paris, Bloud, in-12, 464 p.

F. Anizan, O. M. I. *Le Dieu au Cœur qui rayonne.* Paris, Lethielleux, in-12, 238 p.

Bibliothèque catholique des sciences religieuses : Dom Baudot, O. S. B., *Le bréviaire*, 171 p. — Mgr Legendre, *Le pays biblique*, 243 p. — A. Michel, *Les fins dernières*, 174 p. — R. Plus, S. J., *La sainteté catholique*, 148 p. — J.-B. Senderens, *Création et évolution*, 161 p. — A.-D. Sertillanges, *Les grandes thèses de la philosophie thomiste*, 247 p. Paris, Bloud et Gay, vol. in-12.

J. Charton, C. SS. R. *Prenez et lisez. Courtes méditations pour la jeunesse.* Paris, librairie Saint-Paul, in-24, x-472 p.

Derniers souvenirs sur Guy de Fontgalland, 1913-1925. Paris, Bonne Presse, in-18, 127 p.

Deux enfants. Notes et souvenirs recueillis par une amie. Préface d'E. Baumann. Paris, Bonne Presse, in-18, 101 p.

Documents du Saint-Siège (1918-1924). Texte et commentaires publiés par la Revue des Communautés religieuses. Louvain, Museum Lessianum. Paris, Giraudon, in-8, 96 p.

M. Grabmann, *Einfuhrung in die Summa Theologiae des heiligen Thomas von Aquin.* Fribourg, Herder, in-12, 183 p.

J. Guiraud, *L'inquisition médiévale* (Collection : *La vie chrétienne*). Paris, Grasset, in-12, 251 p., 12 fr.

P. Halflants, *Livres de chevet. Essai de catalogue raisonné des meilleurs manuels pour l'entretien de la culture générale.* Nouvelle édition. Genval (Belgique), de Lannoy, in-12, 70 p., 7 fr.

J. Joergensen, *Le livre d'outremer.* Traduction et illustration d'A. Carof. Paris, Beauchesne, in-12, vi-536 p., 24 fr.

Dom H. Leclercq. *La vie de Notre-Seigneur Jésus-Christ.* Paris, Bonne Presse, in-8, lxix-330 p.

Abbé de Martrin-Donos, *Douze nouvelles séries de méditations pour les Heures Saintes et pour les adorations du T.-S. Sacrement.* Avignon, Aubanel fils aîné, in-12, 142 p., 7 fr. 70.

R. P. Mézard, O. P., *Doctrine spirituelle de sainte J.-Fr. de Chantal.* Paris, Lethielleux, in-12, 604 p., 25 fr.

P. Miterre, *Saint Bernard de Clairvaux.* Un moine arbitre de l'Europe au xiie siècle. Genval (Belgique), de Lannoy, in-12, 192 p., 15 fr.

A. Molien, *La prière pour les défunts.* Avignon, Aubanel fils aîné, in-12, 195 p.

Mystiques anglais. Le feu de l'amour. Le modèle de la vie parfaite. Le Pater, par Richard Rolle, l'ermite de Hampole. Traduits par D. M. Noetinger. Tours, Mame, in-12, cx-399 p.

A. Théry, *Le Père F.-A. Vuillermet, des Frères Prêcheurs.* Paris, Lethielleux, in-12, xi-259 p.

Toulouse — Imprimerie du Centre, 28, allée Jean-Jaurès. — V. 717.

BULLETIN

DE

LITTÉRATURE ECCLÉSIASTIQUE

PUBLIÉ PAR L'INSTITUT CATHOLIQUE DE TOULOUSE

Nos 3 et 4 — MARS-AVRIL 1929

Le Bulletin paraît tous les deux mois
excepté août et septembre.

SOMMAIRE

RÉDACTION ET ADMINISTRATION : 31, RUE DE LA FONDERIE, TOULOUSE

TOULOUSE
LIBRAIRIE EDOUARD PRIVAT
14, RUE DES ARTS

PARIS
LIBRAIRIE LETHIELLEUX
10, RUE CASSETTE

Le Bulletin paraît tous les deux mois, excepté août et septembre

Prix de l'abonnement : Pour la France : **15** fr.
Pour l'Etranger : **18** fr. pour les pays à demi tarif ; **20** fr. pour les autres.
Prix du numéro double : **3** fr. **50**

On peut payer par mandat-carte rose adressé au nom de M. C.-M. THOMAS, au « Bureau de chèques postaux de Toulouse, compte-courant nº 4437 ».

ORGANISATION DE L'INSTITUT CATHOLIQUE DE TOULOUSE

L'Institut catholique de Toulouse comprend les Facultés canoniques de théologie, droit et philosophie, une Faculté libre de lettres et une Ecole supérieure de sciences, fondées et entretenues par NN. SS. les Archevêques de Toulouse, d'Albi et d'Auch, par NN. SS. les Evêques de Montauban, Pamiers, Carcassonne, Cahors, Mende, Perpignan, Rodez, Aire, Bayonne, Tarbes, Agen, Perigueux, Tulle, dont les seize diocèses forment notre région universitaire.

Recteur : Mgr BRETON. — Secrétaire général : Mgr THOMAS — Séminaire : M. FABRE, M. ROBERT. — Bibliothécaire : M. MONBRUN.

THÉOLOGIE

Théologie fondamentale : M. MAISONNEUVE, doyen.
Théologie positive : M. CAVALLERA.
Théologie scolastique : M. HOURCADE.
Histoire ecclésiastique : M. SALTET.
Ecriture sainte et Langues sémitiques : M. DUCROS.

DROIT

Droit canonique : M. BESSON, doyen, M TRILHE M FOURNIER.
Droit civil ecclésiastique et science sociale : M. CROUZIL.

PHILOSOPHIE

Logique et métaphysique : M. CATHALA.
Psychologie : M. MICHELET.
Critériologie et Histoire de la philosophie : M. BAYLAC, doyen.
Sciences : M. CARRIÈRE.

LETTRES

Littérature française... M. SAMOUILLAN, doy., M. MONBRUN.
Littérature latine..... M. DEGERT, d. hon., M. DUMONT.
Littérature grecque... M. CLERGEAC, M. DUFRÉCHOU.
Anc. litt. chrét.... M. CAVALLERA.
Allemand, anglais... M. de SUPLICY.
Espagnol........ M. DUFRÉCHOU.

SCIENCES

Algèbre supérieure et mécanique : M. DOMEC.
Calcul différentiel et intégral : Mgr THOMAS, directeur.
Physique : M. CARRIÈRE.
Chimie : N.
Biologie : M. BOULE.

La correspondance, le montant des abonnements et les ouvrages pour comptes rendus doivent être adressés à la DIRECTION du BULLETIN DE LITTÉRATURE ECCLÉSIASTIQUE, 31, rue de la Fonderie, Toulouse (Haute-Garonne).

Les abonnements non refusés et non payés seront recouvrés par traite postale, les frais de recouvrement étant à la charge de l'abonné.

Germain BRETON

Recteur de l'Institut Catholique de Toulouse

VIE DE LA MÈRE MARIE-EUGÉNIE

Fondatrice de l'Assomption

Un volume in-8°, 530 pages
Madron, 91, Avenue Malakoff, Paris (XVIe).

Ferdinand CAVALLERA

Professeur de Théologie positive à la Faculté de Théologie de Toulouse

SAINT JÉROME

LA VIE ET L'ŒUVRE

Première partie : **La Vie.**

Deux volumes in-8°, XII-344 et IV-229 pages
(Couronné par l'Académie Française : Prix Thérouanne)
Spicilegium Sacrum Lovaniense, Fascicules 1 et 2
Louvain, 40, rue de Namur.

Antoine DEGERT

Doyen de la Faculté libre des Lettres

HISTOIRE DES SÉMINAIRES FRANÇAIS

JUSQU'A LA RÉVOLUTION

(Couronné par l'Académie Française : Prix Juteaux-Duvigneau)
Paris, Beauchesne, 2 vol. in-12 de XV-440 et 513 pages

Louis DESNOYERS

Professeur d'Écriture sainte à la Faculté de Théologie de Toulouse

HISTOIRE DU PEUPLE HÉBREU

DES JUGES A LA CAPTIVITÉ

Tome 1er. — **LA PÉRIODE DES JUGES**

Un volume in-8, XVI-430 pages, avec deux cartes.
Picard, 82, rue Bonaparte, Paris, VIe
Desclée, 30, rue Saint-Sulpice, Paris, VIe

Henri BOUASSE

Professeur à la Faculté des Sciences de Toulouse

et

Zéphyrin CARRIÈRE

Professeur à l'Institut Catholique de Toulouse

INTERFÉRENCES

Un volume in-8°, 450 pages.

DIFFRACTION

Un volume in-8°, 450 pages
DELAGRAVE, 15, rue Soufflot (Paris Ve)

LIVRES ENVOYÉS A LA RÉDACTION

F. Amiot. *Mystères de gloire. La transfiguration. La résurrection. L'ascension. La Pentecôte.* Paris, Desclée, in-12, 106 p., 5 fr.

F. Auburtin. *En péril de mort.* Paris, Spes, in-12, 132 p.

A. Cance. *Le Code de droit canonique. Commentaire succinct et pratique.* T. III, 2e éd. Paris, Gabalda, in-12, VIII-530 p., 25 fr.

C. Colli-Lanzi. *Theologia moralis universa,* vol. 3 et 4. Turin, Marietti, in-8, 371 et 625 p., 40 fr.

R. P. Duchaussois, O. M. I. *Sous les feux de Ceylan. Chez les Cinghalais et les Tamouls.* Paris, Grasset, in-12, 381 p.

Mère Elisabeth de la Croix. *Sept retraites* précédées d'une notice biographique. Paris, Lethielleux, in-12, 359 p., 18 fr.

R. P. Fanfani et M. Th. Porte. *Marie-Clotilde de Savoie, princesse Jérôme Napoléon* (1843-1911). *Vie et lettres.* Paris, Téqui, in-8, VIII-180 p., 15 fr.

C. Grolleau. *Louange de l'hostie. Anthologie de poèmes modernes en l'honneur du T.-S. Sacrement* (*Ars et fides,* n. 16). Paris, Bloud, in-12, 256 p., 14 fr.

S. Grégoire le Grand. *Le Pastoral,* traduction nouvelle par J. Boutet (*Pax,* 29). Paris, Desclée, in-12, XXIII-312 p., 15 fr.

S. Ignace de Loyola. *Exercitia spiritualia. Textus hispanicus et versio litteralis.* Turin, Marietti, in-24, XX-356 p., 6 lires.

R. Hoornaert. *L'âme ardente de saint Jean de la Croix.* Paris, Desclée, in-16, 133 p.

J. Joergensen. *Le livre d'outremer.* Traduction et illustrations Andrée Carof. Paris, Beauchesne, in-16, VI-534 p., 24 francs.

L. Laboise. *Les dévotions liturgiques spéciales des paroisses.* Avignon, Aubanel fils aîné, in-12, 123 p., 6 fr.

L'Imitation de Jésus-Christ. Traduction de Félix de Lamennais; réflexions de Jean de Lamennais. Paris, Payot, in-12, XVI-374 p., 25 francs.

G. London. *De Pie IX à Pie XI.* Paris, Editions des Portiques, 144, avenue des Champs-Elysées, in-12, 188 p.

Marie de l'Incarnation, Ursuline de Tours. *Ecrits spirituels et historiques* publiés par Dom Cl. Martin, réédités par Dom A. Jamet. Tome Ier. Paris, Desclée, in-8, 424 p.

F. Mourret. *La Papauté.* Paris, Bloud, in-12, 208 p.

H. Perroy. *La mission d'un enfant. Votre ami Guy.* Lyon, Vitte, 2 vol. in-12, 240 et 118 p., 10 fr. et 4 fr. 50.

H. Pinard de la Boullaye. *Conférences de Notre-Dame de Paris, Carême 1929. Jésus et l'histoire.* Paris, Spes, 7 fascicules, 10 fr.

Petit guide en voie d'union à Dieu. Turin, Marietti, in-16, 40 p., 1 fr. 50.

S. Thomas d'Aquin. *Somme théologique. La tempérance,* t. I et II, par le P. Folghera. Paris, Desclée, 2 vol., in-24, 347 et 382 p., 24 fr.

MM. Vaussard. *Le Carmel.* Paris, Grasset, in-12, 258 p.

TOULOUSE — IMPRIMERIE DU CENTRE, 28, ALLÉE JEAN-JAURÈS. — V. 717.

BULLETIN

DE

LITTÉRATURE ECCLÉSIASTIQUE

PUBLIÉ PAR L'INSTITUT CATHOLIQUE DE TOULOUSE

Nos 5 et 6 — MAI-JUIN 1929

Le Bulletin paraît tous les deux mois excepté août et septembre.

SOMMAIRE

RÉDACTION ET ADMINISTRATION : 31, Rue de la Fonderie, TOULOUSE

TOULOUSE
LIBRAIRIE EDOUARD PRIVAT
14, RUE DES ARTS

PARIS
LIBRAIRIE LETHIELLEUX
10, RUE CASSETTE

Le Bulletin parait tous les deux mois, excepté août et septembre

Prix de l'abonnement : Pour la France : **15** fr.

Pour l'Etranger : **18** fr. pour les pays à demi tarif ; **20** fr. pour les autres.

Prix du numéro double : **3** fr. **50**

On peut payer par mandat-carte rose adressé au nom de M. C.-M. THOMAS, au « Bureau de chèques postaux de Toulouse, compte-courant nº 4437 ».

ORGANISATION DE L'INSTITUT CATHOLIQUE DE TOULOUSE

L'Institut catholique de Toulouse comprend les Facultés canoniques de théologie, droit et philosophie, une Faculté libre de lettres et une Ecole supérieure de sciences, fondées et entretenues par NN. SS. les Archevêques de Toulouse, d'Albi et d'Auch, par NN. SS. les Evêques de Montauban, Pamiers, Carcassonne, Cahors, Mende, Perpignan, Rodez, Aire, Bayonne, Tarbes, Agen, Perigueux, Tulle, dont les seize diocèses forment notre région universitaire.

Recteur : Mgr BRETON. — Secrétaire général : Mgr THOMAS — Séminaire : M. FABRE, M. ROBERT. — Bibliothécaire : M. MONBRUN.

THÉOLOGIE

Théologie fondamentale : M. MAISONNEUVE, doyen.
Théologie positive : M. CAVALLERA.
Théologie scolastique : M. HOURCADE.
Histoire ecclésiastique : M. SALTET.
Ecriture sainte et Langues sémitiques : M. DUCROS.

DROIT

Droit canonique : M. BESSON, doyen, M TRILHE, M. FOURNIER.
Droit civil ecclésiastique et science sociale : M. CROUZIL.

PHILOSOPHIE

Logique et métaphysique : M. CATHALA.
Psychologie : M. MICHELET.
Critériologie et Histoire de la philosophie : M. BAYLAC, doyen.
Sciences : M. CARRIÈRE.

LETTRES

Littérature française... : M. SAMOUILLAN, doy. ; M. MONBRUN.
Littérature latine..... : M. DEGERT, d. hon. ; M. DUMONT.
Littérature grecque... : M. CLERGEAC. ; M. DUFRÉCHOU.
Anc. litt. chrét.... M. CAVALLERA.
Allemand, anglais... M. de SUPLICY.
Espagnol........ M. DUFRÉCHOU.

SCIENCES

Algèbre supérieure et mécanique : M. DOMEC.
Calcul différentiel et intégral : Mgr THOMAS, directeur.
Physique : M. CARRIÈRE.
Chimie : N.
Biologie : M. BOULE.

La correspondance, le montant des abonnements et les ouvrages pour comptes rendus doivent être adressés à la DIRECTION du BULLETIN DE LITTÉRATURE ECCLÉSIASTIQUE, 31, rue de la Fonderie, Toulouse (Haute-Garonne).

Les abonnements non refusés et non payés seront recouvrés par traite postale, les frais de recouvrement étant à la charge de l'abonné.

Germain BRETON

Recteur de l'Institut Catholique de Toulouse

VIE DE LA MÈRE MARIE-EUGÉNIE

Fondatrice de l'Assomption

Un volume in-8°, 530 pages

Madron, 91, Avenue Malakoff, Paris (XVIe).

Ferdinand CAVALLERA

Professeur de Théologie positive à la Faculté de Théologie de Toulouse

SAINT JÉROME

LA VIE ET L'ŒUVRE

Première partie : **La Vie.**

Deux volumes in-8°, XII-344 et IV-229 pages

(Couronné par l'Académie Française : Prix Thérouanne)

Spicilegium Sacrum Lovaniense, Fascicules 1 et 2

Louvain, 40, rue de Namur.

Antoine DEGERT

Doyen de la Faculté libre des Lettres

HISTOIRE DES SÉMINAIRES FRANÇAIS

JUSQU'A LA RÉVOLUTION

(Couronné par l'Académie Française : Prix Juteaux-Duvigneau)

Paris, Beauchesne, 2 vol. in-12 de XV-440 et 543 pages

Louis DESNOYERS

Professeur d'Écriture sainte à la Faculté de Théologie de Toulouse

HISTOIRE DU PEUPLE HÉBREU

DES JUGES A LA CAPTIVITÉ

Tome 1er. — **LA PÉRIODE DES JUGES**

Un volume in-8, XVI-430 pages, avec deux cartes.

Picard, 82, rue Bonaparte, Paris, VIe

Desclée, 30, rue Saint-Sulpice, Paris, VIe

Henri BOUASSE

Professeur à la Faculté des Sciences de Toulouse

et

Zéphyrin CARRIÈRE

Professeur à l'Institut Catholique de Toulouse

INTERFÉRENCES

Un volume in-8°, 450 pages.

DIFFRACTION

Un volume in-8°, 450 pages

DELAGRAVE, 15, rue Soufflot (Paris Ve)

LIVRES ENVOYÉS A LA RÉDACTION

A. Auffray. *Un grand éducateur. Le bienheureux Dom Bosco (1815-1888).* Lyon, Vitte, in-8, xxiv-569 p., 20 fr.

R. H. Benson. *L'épreuve de Marion Tenterden.* Roman traduit de l'anglais par R. Philipon et M. Boyé. Paris, Beauchesne, in-12, 415 p., 15 fr.

J. Besson. *L'Action française et la conscience chrétienne. Décisions de la S. Pénitencerie. Texte et commentaire.* Paris, Spes, in-12, 96 p., 4 fr.

Bibliographie des Frères Mineurs, Capucins de la Province de Toulouse (1592-1928), publiée par ordre du T. R. P. Aloys de Moulins. Toulouse, les Voix franciscaines, 32, rue des Potiers, in-8, x-96 p.

H. Charles, S. J. *Jésuites missionnaires. Syrie, Proche-Orient.* Paris, Beauchesne, in-8 illustré de 150 héliogravures, 116 p., 10 fr.

R. P. Coulet. *L'Eglise et le problème de la famille. VI. La préparation de l'enfant à la vie.* Paris, Spes, in-12, 198 p., 10 fr.

P. Croizier, de *l'Action Populaire. L'actualité en tracts, 80 tracts in-4°, formant chacun une courte et substantielle étude d'une question à l'ordre du jour.* Paris, Spes, 20 fr.

M. Favier. *Marguerite Sinclair.* Paris, Bonne Presse, in-24, 99 p., 1 fr. 50.

Mgr Grente. *Sommes-nous les fils de la Sainte Eglise ?* Paris, Bonne Presse, in-24, 54 p., 2 fr.

L. Dennefeld. *Le Messianisme.* Paris, Letouzey, in-8, 301 p.

R. Jolivet. *La notion de substance. Essai historique et critique sur le développement des doctrines d'Aristote à nos jours.* (Bibliothèque des archives de philosophie). Paris, Beauchesne, in-8, 337 p.

G. Kanters. *La dévotion au Sacré-Cœur de Jésus dans les anciens Etats des Pays-Bas* (xiie-xviie siècle). Bruxelles, Dewit, in-12, xv-297 p., 8 fr. — *Supplément. Nouvelle série de documents de la Belgique et de la Hollande*, x-90 p., 3 fr.

Ludovic de Besse, O. M. C. *La Science du Pater. Nouvelle édition.* Paris, lib. Saint-François, 4, rue Cassette, in-12, xiv-392 p., 15 fr.

Ph. Maroto, O. M. F. *De extraordinario Iubilaeo anni 1929.* Rome Via Banchi Vecchi, 11, in-4°, 87 p.

Le P. Louis Querbes, fondateur de l'Institut des clercs de Saint-Viateur. Paris, Bonne Presse, in-12, 272 p., 14 grav., 6 fr.

H. Petitot, O. P. *Mademoiselle de la Rochetière, en religion Mère Marie de Jésus, fondatrice de l'Institut Marie-Thérèse.* Paris, Bonne Presse, in-12, 184 p., 5 fr.

H. Reverdy. *Les fausses maximes de la jeunesse.* Paris, Spes, in-12, 190 p., 9 fr.

H. Sarrette. *Voix d'en haut. Conférences à de jeunes travailleuses sur la souffrance.* Paris, Spes, in-12, 85 p., 3 fr.

J. Toulemonde. *Pour avoir l'autorité.* Paris, Bloud, in-8, 129 p., 10 fr.

Fr. Trochu. *Le Bienheureux Théophane Vénard.* Lyon, Vitte, in-8, xvi-540 p., grav., 22 fr.

Yves de Mohon, O. M. C. *Le don de sagesse. Introduction* par le P. Théotime de Saint-Just. Paris, lib. Saint-François in,-12, 309 p., 12 fr.

TOULOUSE — IMPRIMERIE DU CENTRE. 28, ALLÉE JEAN-JAURÈS. — W. 370.

BULLETIN

DE

LITTÉRATURE ECCLÉSIASTIQUE

PUBLIÉ PAR L'INSTITUT CATHOLIQUE DE TOULOUSE

Nos 7 et 8 — JUILLET-OCTOBRE 1929

Le Bulletin paraît tous les deux mois excepté août et septembre.

SOMMAIRE

RÉDACTION ET ADMINISTRATION : 31, RUE DE LA FONDERIE, TOULOUSE

TOULOUSE	PARIS
LIBRAIRIE EDOUARD PRIVAT	LIBRAIRIE LETHIELLEUX
14, RUE DES ARTS	10, RUE CASSETTE

Le Bulletin parait tous les deux mois, excepté août et septembre

Prix de l'abonnement : Pour la France : **15** fr.

Pour l'Etranger : **18** fr. pour les pays à demi tarif; **20** fr. pour les autres.

Prix du numéro double : **3** fr. **50**

On peut payer par mandat-carte rose adressé au nom de M. C.-M. THOMAS, au « Bureau de chèques postaux de Toulouse, compte-courant n° 4437 ».

ORGANISATION DE L'INSTITUT CATHOLIQUE DE TOULOUSE

L'Institut catholique de Toulouse comprend les Facultés canoniques de théologie, droit et philosophie, une Faculté libre de lettres et une Ecole supérieure de sciences, fondées et entretenues par NN. SS. les Archevêques de Toulouse, d'Albi et d'Auch, par NN. SS. les Evêques de Montauban, Pamiers, Carcassonne, Cahors, Mende, Perpignan, Rodez, Aire, Bayonne, Tarbes, Agen, Perigueux, Tulle, dont les seize diocèses forment notre région universitaire.

Recteur : Mgr BRETON. — Secrétaire général : Mgr THOMAS. — Séminaire : M. FABRE, M. ROBERT. — Bibliothécaire : M. MONBRUN.

THÉOLOGIE

Théologie fondamentale : M. MAISONNEUVE, doyen.
Théologie positive : M. CAVALLERA.
Théologie scolastique : M. HOURCADE.
Histoire ecclésiastique : M. SALTET.
Ecriture sainte et Langues sémitiques : M. DUCROS.

DROIT

Droit canonique : M. BESSON, doyen, M. TRILHE, M. FOURNIER.
Droit civil ecclésiastique et science sociale : M. GROUZIL.

PHILOSOPHIE

Logique et métaphysique : M. CATHALA.
Psychologie : M. MICHELET.
Critériologie et Histoire de la philosophie : M. BAYLAC, doyen.
Sciences : M. CARRIÈRE.

LETTRES

Littérature française... M. SAMOUILLAN, doy. M. MONBRUN.
Littérature latine..... M. DEGERT, d. hon. M. DUMONT.
Littérature grecque... M. CLERGEAC. M. DUFRÉCHOU.
Anc. litt. chrét.... M. CAVALLERA.
Allemand, anglais... M. de SUPLICY.
Espagnol........ M. DUFRÉCHOU.

SCIENCES

Algèbre supérieure et mécanique : M. DOMEC.
Calcul différentiel et intégral : Mgr THOMAS, directeur.
Physique : M. CARRIÈRE.
Chimie : N.
Biologie : M. BOULE.

La correspondance, le montant des abonnements et les ouvrages pour comptes rendus doivent être adressés à la DIRECTION du BULLETIN DE LITTÉRATURE ECCLÉSIASTIQUE, 31, rue de la Fonderie, Toulouse (Haute-Garonne).

Les abonnements non refusés et non payés seront recouvrés par traite postale, les frais de recouvrement étant à la charge de l'abonné.

GERMAIN **BRETON**

Recteur de l'Institut Catholique de Toulouse

VIE DE LA MÈRE MARIE-EUGÉNIE

Fondatrice de l'Assomption

Un volume in-8°, 530 pages

MADRON, 91, Avenue Malakoff, Paris (XVIe).

FERDINAND **CAVALLERA**

Professeur de Théologie positive à la Faculté de Théologie de Toulouse

SAINT JÉROME

LA VIE ET L'ŒUVRE

Première partie : **La Vie.**

Deux volumes in-8°, XII-344 et IV-229 pages

(Couronné par l'Académie Française : Prix Thérouanne)

Spicilegium Sacrum Lovaniense, Fascicules 1 et 2

LOUVAIN, 40, rue de Namur.

Antoine **DEGERT**

Doyen de la Faculté libre des Lettres

HISTOIRE DES SÉMINAIRES FRANÇAIS

JUSQU'A LA RÉVOLUTION

(Couronné par l'Académie Française : Prix Juteaux-Duvigneau)

Paris, BEAUCHESNE, 2 vol. in-12 de XV-440 et 513 pages

LOUIS **DESNOYERS**

Professeur d'Écriture sainte à la Faculté de Théologie de Toulouse

HISTOIRE DU PEUPLE HÉBREU

DES JUGES A LA CAPTIVITÉ

Tome 1er. — **LA PÉRIODE DES JUGES**

Un volume in-8, XVI-430 pages, avec deux cartes.

PICARD, 82, rue Bonaparte, Paris, VIe

DESCLÉE, 30, rue Saint-Sulpice, Paris, VIe

HENRI **BOUASSE**

Professeur à la Faculté des Sciences de Toulouse

et

ZÉPHYRIN **CARRIÈRE**

Professeur à l'Institut Catholique de Toulouse

INTERFÉRENCES

Un volume in-8°, 450 pages.

DIFFRACTION

Un volume in-8°, 450 pages

DELAGRAVE, 15, rue Soufflot (Paris V^e^)

LIVRES ENVOYÉS A LA RÉDACTION

J.-A. ANDREU, *Moderna visio del Lullisme*, Barcelona, Casa de Caritat, 8°, 118 p.

E. BYRNE, *Bourdaloue moraliste*. Paris, Beauchesne, in-8°, 504 p.

Bibliothèque catholique des sciences religieuses : J. CALVET, *Littérature française*, 218 p.; — L. DENNEFELD, *Histoire des livres de l'Ancien Testament*, 176 p.; — P. GALTIER, S. J., *Le péché et la pénitence*, 220 p.; — Y.-E. MASSON, O. P., *Vie chrétienne et vie spirituelle*, 226 p.; — F. VERNET, *La spiritualité médiévale*, 290 p. Paris, Bloud, in-12, le vol. 12 fr.

Dom Th. BECQUET, O. S. B., *Sagesse de vie*. Les fondements d'une vie pleine selon l'enseignement catholique. Paris, Beauchesne, in-12, 134 p., 12 fr.

Dr. R. DE GUCHTENEERE, *La limitation des naissances* (Birth-Control). Paris, Beauchesne, in-12, 237 p., 12 fr.

E. GASC-DESFOSSÉS, *La Révolution française. III. La Convention. IV. Le Directoire et le Dix-Huit Brumaire*. Paris, Beauchesne, in-8° 2 vol. de 811 et 356 p., 30 et 15 fr.

F. FRADET, S. M. M., *Les œuvres du B. de Montfort*. Ses cantiques. Paris, Beauchesne, in-8°, 873 p.

A.-M. JACQUIN, O. P., *Histoire de l'Eglise. I. L'antiquité chrétienne*. Paris, Desclée, in-8°, 700 p., 50 fr.

LA TOUR DU PIN LA CHARCE, *Vers un ordre social chrétien. Jalons de route*, 1862-1907. Nouvelle édition. Paris, Beauchesne, in-8°. 514 p.

C. OTTAVIANO, *Metafisica del concreto. Saggi di una apologetica del cattolicismo*. Roma, Signorelli, in-8°, 312 p., 16 lire.

PIE XI *Lettre Quae nobis. Principes et fondements généraux de l'action catholique*. Paris, Bonne Presse, in-16, 64 p., 2 fr.

M.-J. PINET. *La vie ardente de Gerson*. Paris, Bloud, in-12, 250 p., 12 fr.

L. PRUNEL *S. Guillaume d'Auxerre* (378-448). (Les Saints). Paris, Gabalda, in-12, IV-188 p., 7 fr. 50.

M.-J. ROUET DE JOURNEL, S. J., *Enchiridion Patristicum*. Ed. 6 et 7. Fribourg, XXIV-803 p., 8 mk. 50. — *Madame Swetchine*, in-12, 400 p., 12 fr.

F. SEGARRA, S. J., *De identitate corporis mortalis et corporis resurgentis. Disputatio theologica*. Madrid, Razon y Fe, in-12, 278 p., 8 pesetas.

J. DE TONQUÉDEC, *La critique de la connaissance*. (Bibl. des Archives de Philosophie). Paris, Beauchesne, in-8°, XXX-565 p., 40 fr.

Card. VAN ROEY, *De virtute charitatis Quaestiones selectae*. Malines, Dessain, in-8°, 368 p.

J. VANDERVORST, *Israël et l'ancien Orient*, 2e éd., revue. Bruxelles, Dewit, in-8°, XVI-452 p., planches et carte, 75 fr.

TOULOUSE. — IMPRIMERIE DU CENTRE. 28, ALLÉE JEAN-JAURÈS. — W. 370.

BULLETIN

DE

LITTÉRATURE ECCLÉSIASTIQUE

PUBLIÉ PAR L'INSTITUT CATHOLIQUE DE TOULOUSE

Nos 9 et 10 — NOVEMBRE-DÉCEMBRE 1929

Le Bulletin paraît tous les deux mois excepté août et septembre.

SOMMAIRE

RÉDACTION ET ADMINISTRATION : 31, Rue de la Fonderie, TOULOUSE

TOULOUSE
LIBRAIRIE EDOUARD PRIVAT
14, rue des Arts

PARIS
LIBRAIRIE LETHIELLEUX
10, rue Cassette

Le Bulletin parait tous les deux mois, excepté août et septembre

Prix de l'abonnement : Pour la France : **15** fr.

Pour l'Etranger : **18** fr. pour les pays à demi tarif ; **20** fr. pour les autres.

Prix du numéro double : **3** fr. **50**

On peut payer par mandat-carte rose adressé au nom de M. C.-M. THOMAS, au « Bureau de chèques postaux de Toulouse, compte-courant nº 4437 ».

ORGANISATION DE L'INSTITUT CATHOLIQUE DE TOULOUSE

L'Institut catholique de Toulouse comprend les Facultés canoniques de théologie, droit et philosophie, une Faculté libre de lettres et une Ecole supérieure de sciences, fondées et entretenues par NN. SS. les Archevêques de Toulouse, d'Albi et d'Auch, par NN. SS. les Evêques de Montauban, Pamiers, Carcassonne, Cahors, Mende, Perpignan, Rodez, Aire, Bayonne, Tarbes, Agen, Perigueux, Tulle, dont les seize diocèses forment notre région universitaire.

Recteur : Mgr BRETON. — Secrétaire général : Mgr THOMAS — Séminaire : M. FABRE, M. ROBERT. — Bibliothécaire : M. MONBRUN.

THÉOLOGIE

Théologie fondamentale : M. MAISONNEUVE, doyen.
Théologie positive : M. CAVALLERA.
Théologie scolastique : M. HOURCADE.
Histoire ecclésiastique : M. SALTET.
Ecriture sainte et Langues sémitiques : M. DUCROS.

DROIT

Droit canonique : M. BESSON, doyen, M TRILHE, M. FOURNIER.
Droit civil ecclésiastique et science sociale : M. CROUZIL.

PHILOSOPHIE

Logique et métaphysique : M. CATHALA.
Psychologie : M. MICHELET.
Critériologie et Histoire de la philosophie : M. BAYLAC, doyen.
Hist. de la phil. moderne : M. SIRVEN.
Sciences : M. CARRIÈRE.

LETTRES

Littérature française... { M. SAMOUILLAN, doy. M. MONBRUN.
Littérature latine..... { M. DEGERT, d. hon. M. DUMONT.
Littérature grecque.. { M. CLERGEAC. M. DUFRÉCHOU.
Anc. litt. chrét.... M. CAVALLERA.
Allemand, anglais... M. GATIMEL.
Espagnol........ M. DUFRÉCHOU.

SCIENCES

Algèbre supérieure et mécanique : M. DOMEC.
Calcul différentiel et intégral : Mgr THOMAS, directeur.
Physique : M. CARRIÈRE.
Chimie : N.
Biologie : M. BOULE.

La correspondance, le montant des abonnements et les ouvrages pour comptes rendus doivent être adressés à la DIRECTION du BULLETIN DE LITTÉRATURE ECCLÉSIASTIQUE, 31, rue de la Fonderie, Toulouse (Haute-Garonne).

Les abonnements non refusés et non payés seront recouvrés par traite postale, les frais de recouvrement étant à la charge de l'abonné.

LIVRES ENVOYÉS A LA RÉDACTION

Almanach catholique français pour 1930. Paris, Bloud, in-12, 448 p.; nombreuses illustrations, 6 fr.

M. Alonso, S. J. *El sacrificio eucaristico de la última cena del Señor, según el Concilio Tridentino.* Madrid, Razón y Fe, 8°, XXI-544 p., 25 pesetas.

Bulletin Joseph Lotte. 1re année. Paris, 61, rue Madame. Abonnement : 10 fr., mensuel.

J. Anger. *La doctrine du corps mystique de Jésus-Christ d'après les principes de la théologie de saint Thomas.* Paris, Beauchesne, 8°, 508 p.

Collection : *La Vie chrétienne* : Dom Cabrol. *La prière des premiers chrétiens;* E. Jacquier. *La parole de Dieu.* Paris, Grasset, 2 vol., 279 et 270 p., le vol., 12 fr.

Cahiers de la Nouvelle Journée, n. 15 : *Continu et discontinu.* Paris, Bloud, in-8°, 14 fr.

R. Gérest, O. P. — *Veritas. La vie chrétienne raisonnée et méditée.* III. *Sous l'égide de la Vierge fidèle.* Paris, Lethielleux, 12°, XVII-375 p., 18 fr.

Jean-Robert et G. Rémy. — *L'abbé Lemire.* Paris, Plon, 12°, 249 p., 12 fr.

Index critico-literarius. Revista trimestral de documentación. Tarragona, Biblioteca Antonio Agustín, San Pablo, 4.

La Tour du Pin La Charce. *Vers un ordre social chrétien. Jalons de route, 1882-1907,* nouv. éd. Paris, Beauchesne, 8°, 514 p.

H. Lavedan. *La belle histoire de Geneviève.* Paris, Plon, 12° 297 p., 15 fr.

M. Lepin. *Le Christ Jésus. Son existence historique et sa divinité.* Paris, Bloud, 8°, 412 p., 36 fr.

Lexicon für Theologie und Kirche herausg. von Dr. M. Buchberger. Fribourg, Herder, 8°, tome I. A. — Bartholomaeer.

M. Marnas. *Miriam. La jeunesse de la Vierge replacée dans son cadre historique.* Paris, Perrin, 12°, 352 p., 15 fr.

M. Meschler, S. J. *Le livre des Exercices de saint Ignace de Loyola,* édité par W. Sierp. Paris, Lethielleux, 12°, 3 vol. de 313, 345 et 426 p.

J. Rivière. *Le modernisme dans l'Eglise. Etude d'histoire religieuse contemporaine.* Paris, Letouzey, 8°, 589 p.

J. Schweizer. — *Le cardinal Louis de Lapalud et son procès pour la possession du siège épiscopal de Lausanne.* Paris, Alcan, 8°, 200 pages.

L. Théron de Montaugé. *Le Père Dubruel.* Paris, Spes, 12°, 247 p., 12 fr.

L. Vialleton. *L'origne des êtres vivants. L'illusion transformiste.* Paris, Plon, 12°, 395 p.

Mgr J.-M. Vidal. *Henri de Sponde (1568-1643).* Castillon (Ariège), Bureaux du *Bulletin historique,* 8°, VI-263 p.

La vie augustinienne. Première année. Paris, Bonne Presse. Abonnement : 10 fr. Paraît tous les deux mois.

TOULOUSE — IMPRIMERIE DU CENTRE, 28, ALLÉE JEAN-JAURÈS. — W. 370.

www.ingramcontent.com/pod-product-compliance
Lightning Source LLC
LaVergne TN
LVHW080537160826
845677LV00008B/1494

* 9 7 8 2 3 2 9 7 6 4 8 8 7 *